旅游规划系列丛书

基金项目：国家科技攻关计划重大项目
（批准号：2003BA 808A14）

旅游小城镇旅游资源开发与保护

周建明　张高攀　编著

中国建筑工业出版社

图书在版编目(CIP)数据

旅游小城镇旅游资源开发与保护/周建明，张高攀编著.
北京：中国建筑工业出版社，2009
(旅游规划系列丛书)
ISBN 978-7-112-11468-9

Ⅰ．旅⋯ Ⅱ．①周⋯②张⋯ Ⅲ．①城镇-旅游资源-资源开发②城镇-旅游资源-资源保护 Ⅳ．F590.3

中国版本图书馆CIP数据核字(2009)第186247号

责任编辑：郑淮兵
责任设计：赵明霞
责任校对：陈 波 刘 钰

旅游规划系列丛书
旅游小城镇旅游资源开发与保护
周建明 张高攀 编著
*
中国建筑工业出版社出版、发行(北京西郊百万庄)
各地新华书店、建筑书店经销
北京天成排版公司制版
北京云浩印刷有限责任公司印刷
*

开本：787×960毫米 1/16 印张：15 字数：336千字
2009年12月第一版 2009年12月第一次印刷
定价：39.00元
ISBN 978-7-112-11468-9
(18674)

版权所有 翻印必究
如有印装质量问题，可寄本社退换
(邮政编码100037)

本书编委会成员

主　编： 周建明　张高攀
参编人员： 王英杰　刘翠鹏　胡文娜　苏　航

序

随着我国经济社会的发展，城乡居民收入的增加，旅游需求进一步旺盛，而依托地方文化与特色资源的小城镇旅游发展越来越快，前景亦十分广阔。2006年建设部和国家旅游局联合召开了全国旅游小城镇发展工作会议，把握旅游小城镇发展潮流，也体现出中央政府相关主管部门对小城镇旅游的共同重视。

小城镇旅游与旅游小城镇相辅相承，辩证互动。前者侧重于小城镇的旅游发展，后者侧重于以旅游业为主导/支柱产业的小城镇发展；旅游小城镇研究是小城镇旅游研究的内容深化和典型案例支撑。无论小城镇旅游还是旅游小城镇的健康发展，都需要"以城乡规划为龙头，实现小城镇规划要与产业布局规划、区域交通规划、历史文化遗产保护规划和旅游发展规划等相关规划相衔接"。

由中国城市规划设计研究院旅游规划研究中心编著的这本书，恰恰体现了城乡规划与旅游发展的相互融合，理论研究与实践应用的相互促进。中国城市规划设计研究院（以下简称中规院）是中华人民共和国建设部直属科研机构，是全国城市规划研究、设计和学术信息中心。中规院旅游规划研究中心（以下简称旅游中心）是在城市规划学术信息中心设计部的基础上于1999年成立，专门承担区域旅游规划及旅游区（点）规划设计项目，已经完成和正在编制一批旅游规划设计项目，包括北京市石景山区、无锡市、拉萨市、珠海市、海口市等城市旅游总体规划及小城镇旅游规划。目前中规院旅游中心正承担"十一五"国家科技支撑计划课题《乡村生态旅游数字导引与景点服务技术开发及设备研制》，"乡村生态旅游资源分类编码与旅游资源评价指标体系研究"是其中一项子课题。可以说这本书是中规院旅游中心多年城乡规划和旅游规划实践及重大科研项目成果的结晶。

本书梳理了国内外小城镇旅游的发展过程，分析我国小城镇旅游发展的主要问题；以问题为导向，着墨于小城镇旅游资源分类与评价，划分资源型、旅游服务型和综合型旅游小城镇，并结合案例分析，针对不同类型的特点，提出相应的旅游资源分类与评价体系；提出小城镇旅游资源保护与开发模式，为提高其可操作性，进一步将资源型小城镇细分为历史文化型、风景型、生态型、乡村度假型、要素型、民族风情型、名人圣地型、水域型等类型，并辅以相应的案例支撑；最后借鉴国外相关政策，提出小城镇旅游资源开发与保护的政策建议。

  总之，这是对小城镇发展、城乡规划、旅游发展相关专业及实践感兴趣的读者，值得一读的一本书。

编者

2009.11.11

目 录

1 旅游小城镇与小城镇旅游 ... 1
1.1 旅游小城镇的概念 ... 1
1.1.1 小城镇 ... 1
1.1.2 特色小城镇 ... 2
1.1.3 旅游小城镇 ... 2
1.2 旅游小城镇的标准 ... 2
1.3 旅游小城镇的分类 ... 3

2 国内外小城镇旅游发展 ... 5
2.1 国内小城镇旅游发展 ... 5
2.2 国外小城镇旅游发展 ... 7

3 我国小城镇旅游发展的主要问题 ... 9
3.1 对旅游资源与开发条件的认识问题 ... 9
3.1.1 名城(镇、村)旅游资源的破坏和消失 ... 10
3.1.2 名城(镇、村)旅游开发进程中两极分化现象严重 ... 10
3.1.3 名城(镇、村)旅游环境的不断恶化 ... 11
3.1.4 名城(镇、村)旅游文化品位不高,教育功能不足 ... 12
3.1.5 名城(镇、村)旅游产品严重匮乏,缺乏创新 ... 12
3.1.6 名城(镇、村)旅游管理和运营体制尚未建立 ... 13
3.2 旅游资源开发建设及规划方面存在的问题 ... 13
3.2.1 小城镇规划方面的问题 ... 13
3.2.2 过度商业化 ... 14
3.2.3 建设中存在的环境问题和解决对策 ... 16
3.2.4 小城镇的保护问题 ... 17
3.3 旅游管理与旅游发展配套条件 ... 20
3.4 其他问题 ... 21
3.4.1 主题重复、产品单一 ... 21
3.4.2 开展旅游影响当地居民正常生活 ... 22

  3.4.3 超容量问题 ·· 22

4 小城镇旅游资源分类与评价   23

 4.1 小城镇旅游资源的分类标准 ······································· 23
  4.1.1 总则说明 ·· 23
  4.1.2 旅游小城镇分类说明 ·· 23
 4.2 小城镇旅游资源的具体分类 ······································· 25
  4.2.1 资源型旅游小城镇 ··· 26
  4.2.2 旅游服务型小城镇 ··· 32
  4.2.3 综合型旅游小城镇 ··· 32
 4.3 小城镇旅游资源分类案例 ·· 33
  4.3.1 资源型旅游小城镇案例分析 ······························· 33
  4.3.2 旅游服务型旅游小城镇案例分析 ························ 70
  4.3.3 综合型旅游小城镇 ··· 72
 4.4 小城镇旅游资源评价标准 ·· 72
  4.4.1 关于旅游资源分类与评价研究的国内外情况 ········· 72
  4.4.2 国内关于小城镇旅游研究的情况 ························ 77
  4.4.3 综合评价指标体系的研究 ································· 79
  4.4.4 评价方法的研究 ·· 80
  4.4.5 关于某一类旅游资源评价的研究 ························ 81
  4.4.6 小城镇旅游资源的分类与评价体系总体说明 ········ 82
  4.4.7 小城镇旅游资源的分类与评价指标体系 ·············· 95
 4.5 小城镇旅游资源评价案例 ·· 104
  4.5.1 江南水乡古镇 ··· 104
  4.5.2 旅游城镇旅游资源的评价 ······························· 108

5 小城镇旅游资源保护与开发模式   111

 5.1 国内外相关研究理论及实践 ····································· 113
  5.1.1 国外相关研究理论及实践 ································ 113
  5.1.2 国内研究理论及实践 ······································ 119
 5.2 旅游城镇旅游资源开发内涵、原则、内容和类型 ········· 123
  5.2.1 旅游城镇旅游资源开发的含义 ························· 123
  5.2.2 旅游城镇旅游资源开发的原则 ························· 123
  5.2.3 旅游城镇旅游资源开发的内容 ························· 125
  5.2.4 旅游城镇旅游资源开发的类型 ························· 126

5.3 旅游服务型小城镇 ······ 128
5.3.1 旅游服务型小城镇旅游资源和环境特点 ······ 128
5.3.2 旅游服务型小城镇旅游资源保护、利用中出现的问题 ······ 128
5.3.3 旅游服务型小城镇旅游资源的保护、利用原则 ······ 128
5.3.4 旅游服务型小城镇旅游资源开发方向 ······ 129
5.3.5 案例 ······ 129
5.4 旅游资源型小城镇 ······ 131
5.4.1 历史文化型小城镇 ······ 133
5.4.2 风景型小城镇 ······ 187
5.4.3 生态型小城镇 ······ 194
5.4.4 乡村度假型小城镇 ······ 202
5.4.5 要素型小城镇 ······ 206
5.4.6 民族风情型小城镇 ······ 208
5.4.7 名人圣地型小城镇 ······ 212
5.4.8 水域型小城镇 ······ 215
5.5 旅游综合型小城镇 ······ 217

6 小城镇旅游资源开发与保护的政策研究 218

6.1 国外区域政策研究 ······ 218
6.1.1 美国的区域经济政策研究 ······ 218
6.1.2 德国区域经济政策研究 ······ 220
6.2 国外区域经济政策对我国的启示 ······ 222
6.3 采取的政策 ······ 223
6.3.1 小城镇发展资金上的政策不足 ······ 223
6.3.2 解决小城镇资金问题的政策供给 ······ 225
6.3.3 推进古镇保护与旅游利用的良性互动 ······ 226

附录 ······ 231

1　旅游小城镇与小城镇旅游

1.1　旅游小城镇的概念

1.1.1　小城镇

小城镇是其所在地区的中心和集中点,是以非农业生产活动为主,并有一些非生产活动(行政、文化等)的一种居民点。

我国现行建制镇的设置是 1983 年国务院开始制定的。建制镇(包括县城)是属于县领导的行政单位,工商业和手工业相对集中,聚居人口在 3000 人以上,其中非农业人口占 70% 以上,或聚居人口在 2500 人以上不足 3000 人,其中非农业人口占 85% 以上,在少数民族地区和边远地区,设镇标准可适当降低。1984 年国务院批转民政部《关于调整建镇标准的报告》,对设镇标准作了如下调整:

(1) 凡县级地方国家机关所在地,均应设置镇的建制。

(2) 总人口在 2 万人以下的乡,乡政府驻地非农业人口超过 2000 人的,可以建镇;总人口在 2 万人以上的乡,乡政府驻地非农业人口占全乡人口的 10% 以上的,也可建镇。

(3) 少数民族地区、人口稀少的边远地区、山区和小型矿区、小港口、风景旅游地、边境口岸等地,非农业人口即使不足 2000 人的,如确有必要,也可以设置镇的建制。

(4) 凡具备建镇条件的乡,撤乡建镇后,实行镇管村的体制;暂时不具备设镇条件的集镇,应在乡人民政府中配备专人加以管理。❶

小城镇系指介于(狭义)城市与乡村居民点之间的过渡性居民点,包括建制镇(含县城镇)和集镇。但需要特别明确的是:其一,小城镇应指行政建制镇或乡的"镇区"部分;其二,小城镇最基本的主体是建制镇(含县城镇);其三,小城镇的涵盖范围可以视工作需要上下适当延伸。

目前对"小城镇"涵盖范围的认识有如下几种:

(1) 县城镇:设市建制的县城镇(指县级市的城区——小城市)、设镇建制的

---

❶　白鹤松. 黑龙江省小城镇建设研究 [D]. 东北林业大学硕士学位论文,2002.

县城镇。

(2) 建制镇：设镇建制的县城镇、县城以外的建制镇。

(3) 集镇：乡政府驻地集镇、非乡政府驻地集镇。

本课题中"小城镇"的涵盖范围采用"1＋2＋3"的组合形式。❶

1.1.2 特色小城镇

特色小城镇泛指所有仍保存比较完整的古城、古乡镇和古村镇的小城镇。因其具有"特色"，对游客具有很强的吸引力，其特色在于有丰富的历史文化遗迹、特殊的文化艺术、独特的建筑、传统的手工艺品和优美的自然环境等。❷

1.1.3 旅游小城镇

旅游小城镇应该是指那些能吸引外来游客的小城镇。一般说来，它包括比较丰富的旅游资源，拥有具备一定接待能力的基础设施，在区域旅游市场上形象比较鲜明，旅游经济在小城镇 GDP 中所占的比重有持续增加的可能等。

1.2 旅游小城镇的标准

旅游型小城镇比一般小城镇更注重旅游景观的创造。旅游景观是在一般景观的基础上更强调艺术和特色创造，或者是区域惟一性和具垄断性的景观。旅游型小城镇比一般小城镇在景观特色建设和创造上具有更多的优势，包括旅游资源优势、环境优势、区位优势和交通条件优势等。❸

旅游型小城镇是小城镇的一种类型，小城镇所具有的景观，旅游型小城镇同样拥有，不同的是，旅游型小城镇的景观更具有"旅游价值"，这种旅游价值通常渗透在旅游型小城镇景观的各个系统和层次。

一般旅游型小城镇的特点可以通过以下几个方面来具体体现：

(1) 小城镇的旅游景点、景区，如人文历史遗迹、遗址、"历史地段"和公园等。

(2) 小城镇为旅游服务的餐饮娱乐和宾馆酒店。

(3) 小城镇对外旅游交通和城镇内部旅游线路。

(4) 小城镇的旅游商品售卖。

(5) 小城镇的导游指示系统等。

---

❶ 中国城市规划设计研究院，中国建筑设计研究院，沈阳建筑工程学院．小城镇规划标准研究[M]．北京：中国建筑工业出版社，2002．

❷ 陈福义，范保宁．中国旅游资源学[M]．北京：中国旅游出版社，2003．

❸ 朱燕．旅游型小城镇形象的规划设计研究——以重庆市域的旅游型小城镇为例[D]，2003．

反映在旅游行业上,以上五个方面就是"吃、住、行、游、购、娱"这六个旅游要素在小城镇空间、建筑和环境等方面的体现。当小城镇的游览功能和旅游服务功能的规划建设落实到小城镇的实体环境空间,小城镇的旅游特色就在小城镇的景观及其氛围中体现出来。

一般来说,旅游小城镇的标准概括如下:

(1) 小城镇旅游资源比较丰富,且有一定的特色,有可能开发成具有较强吸引力的旅游产品。

(2) 位于或者临近交通枢纽或干线(机场、火车站、国道、省道或高等级公路、客运码头港)。

(3) 旅游接待设施有一定的基础,有批量接待旅游团队和散客的能力。

(4) 有一些旅游行业管理机构。

(5) 旅游业已经或者有可能成为国民经济新的增长点,已经或者有条件发展成为国民经济的一个新兴产业、先导产业、支柱产业或主导产业。❶

1.3 旅游小城镇的分类(表1-1)

旅游小城镇分类　　　　　　　　　　　表1-1

大类	中类	小类	内容与范围	基本类型
资源型旅游小城镇	历史文化型	建筑	以建筑作为主要旅游资源的旅游小城镇	(1)风景建筑;(2)民居宗祠;(3)文娱建筑;(4)宫殿衙署;(5)宗教建筑;(6)纪念建筑;(7)其他建筑
		胜迹	以历史文化胜迹作为主要旅游资源的旅游小城镇	(1)遗址遗迹;(2)石窟;(3)雕塑;(4)纪念地;(5)科技工程;(6)摩崖题刻;(7)游娱文体场地;(8)其他胜迹
		风物	以民风民俗、风物作为主要旅游资源的旅游小城镇	(1)节庆仪典;(2)民族民俗;(3)宗教礼仪;(4)神话传说;(5)民间文艺;(6)地方人物;(7)地方物产;(8)其他风物
	风景型	天景	以天象和气候景观作为主要旅游资源的旅游小城镇	(1)日月星光;(2)虹霞蜃景;(3)风雨阴晴;(4)气候景象;(5)自然声象;(6)云雾景观;(7)冰雪霜露;(8)其他天景
		地景	以地质、地貌、岛屿等自然地文景观为主要旅游资源的旅游小城镇	(1)山地;(2)山景;(3)奇峰;(4)峡谷;(5)洞府;(6)石林石景;(7)沙景沙漠;(8)火山熔岩;(9)蚀余景观;(10)洲岛屿礁;(11)海岸景观;(12)海底地形;(13)地质珍迹;(14)其他地景

---

❶ 张俊峰. 旅游城镇的旅游资源开发与保护——以红原县邛溪镇为例 [D], 2003.

续表

大类	中类	小类	内容与范围	基本类型
资源型旅游小城镇	风景型	水景	以水域、水景风光作为主要旅游资源的旅游小城镇	(1)泉景；(2)溪涧；(3)江河；(4)湖泊；(5)潭池；(6)瀑布跌水；(7)沼泽滩涂；(8)海湾海域；(9)冰雪冰川；(10)其他水景
		园景	以园林为主要旅游资源的旅游小城镇	(1)历史名园；(2)陵园墓园；(3)专类游园；(4)其他园景
	休闲度假型	休闲观光娱乐型	充分利用城镇的旅游资源，以旅游休闲、观光娱乐为主体开发方式的旅游小城镇	(1)避暑避寒；(2)野营露营；(3)休疗养；(4)温泉浴；(5)海水浴；(6)泥沙浴；(7)日光浴；(8)空气浴；(9)森林浴
		度假型	充分利用城镇的旅游资源，以旅游度假为主体开发方式的旅游小城镇	
	生态型	生景	以自然生态环境、生物景观为主要旅游资源的旅游小城镇	(1)森林；(2)草地草原；(3)水域；(4)农业；(5)珍稀生物；(6)植物生态类群；(7)动物群栖息地；(8)物候季相景观；(9)其他生物景观
	要素型	旅游要素	以旅游要素"吃、住、行、购、娱"等作为主要旅游资源的旅游小城镇	(1)特色餐饮；(2)住宿；(3)特色交通方式；(4)特色商品、手工艺品；(5)特色娱乐方式；(6)其他旅游要素
旅游服务型旅游小城镇	自然风光旅游服务型		在优美的自然风光之地以旅游服务为主要功能的旅游小城镇	
	民俗旅游服务型		在民族、民俗风情游览地以旅游服务为主要功能的旅游小城镇	
	特色服务型		突出某种服务特色，如"吃、住、购、娱"等，以特色服务为主要功能的旅游小城镇	(1)特色餐饮；(2)住宿；(3)特色交通方式；(4)特色商品、手工艺品；(5)特色娱乐方式；(6)其他旅游特色服务
综合型旅游小城镇			旅游资源与旅游服务并重的旅游小城镇	

2 国内外小城镇旅游发展

2.1 国内小城镇旅游发展

旅游小城镇一般应蕴藏丰富的旅游资源,具有突出的旅游功能。我国旅游小城镇多建在有水的地方,或依江、或靠河、或临渠、或跨溪,因为水路在历史上是一种重要的交通方式。另外,考虑到安全和财力有限,建造时往往依山造势。小城镇正是靠着便捷的水路或险要的山势才成为昔日的物资集散和军事要害之地。历经风雨、饱经沧桑留存下来的厚实淳朴的建筑街巷,古韵古味的民间艺术,古朴纯良的民风民俗,使得旅游小城镇蕴涵着丰富的自然与文化旅游资源和很强的旅游功能,能让游客产生美感、快感和愉悦,得到美的享受。尤其是历史文化底蕴深厚的旅游小城镇,其资源与旅游特色更加突出。这些小城镇一般具有以下特点:

1. 小城镇"古韵"之美。小城镇经历了千百年的历史,其建筑、民俗和音乐无不透着一丝古韵。昆山周庄古镇临河而建的水阁、过街楼、石板街,古朴的马头墙、翘角檐;丽江大研镇纳西族的扎染、蜡染、东巴字画及古桥、古寺、古寨;广西扬美小城镇的青砖、灰瓦、石门墩;重庆磁器口小城镇幽长的石板路,清末建筑特有的白粉墙、木板门等,都散发着令人愉悦的古味。在小城镇,登高凭栏,临河就水,穿街过巷,登堂入室,那古道、小桥、民风与建筑,无不折射出古香古色的美韵。

2. 小城镇文化艺术之美。历史文化名镇类小城镇一般都有辉煌的历史,多是当地经济、文化和艺术的传承之地。这些小城镇曾经商贾云集,文化繁荣,名人汇聚,保留了丰富的文化艺术遗产。周庄古镇独具特色的吴文化,如江南丝竹、编竹篮、纺纱;大研古镇的纳西古乐、纳西舞蹈、东巴文字;磁器口古镇特有的竹枝词、川江号子;扬美古乐曲调简洁洗练,旷远悠扬,凝结着厚重的历史。所有这些都能让游客感受到文化艺术之美。

3. 小城镇自然之美。凡是去过周庄、丽江、巴音布鲁克镇的人都说,到了那里有一种远离尘嚣和进入另一个世界的感觉。小桥、流水、人家,质朴的民族风情都有不着粉膏的自然美。巴渝古镇远离城市,保留着原汁原味的自然古朴。那古井旁的辘轳、小河边的石磨和村边的纤道,现代人只有在电影里才能见到。自然的田园风光也赋予了小镇灵秀,扬美小镇古树参天,蕉林似海,荷花飘香,

2 国内外小城镇旅游发展

"草经冬而不枯,花非春仍常放",尤其是静卧在波光粼粼的左江边,愈发感到韵味无穷。随风逐浪的田野,硕果累累的果林,郁郁葱葱的古树和苍翠欲滴的竹林,无不令人陶醉、惊叹!因此,小城镇在陈旧中透着古朴,自然中含着俊俏,富有清新的自然美。❶

小城镇能够很好地满足当下人们的心理需求,一般旅游者都有新奇性、自尊性和情感性的心理需求,而小城镇旅游正好满足了人们的新奇和情感心理需求。在工业文明发达的今天,人们渴望走出城市,走进田园,回归自然,小城镇作为地域文化的代表,是当地生活和文化的再现,具有较大的魅力。近年来人们看惯了名山大川、雄关古城,相比较而言,小城镇旅游还是一种较新的旅游产品。另外,小城镇旅游往往是人文景观和自然景观的结合,特别是江南小城镇与西部小城镇都有美丽的田园风光,而中国古代文学作品中有关田园情趣的描写也使人们产生怀旧情结和对田园景色的向往,如陶渊明的"采菊东篱下,悠然见南山",王维的"日光随意落,河水任情流",以及孟浩然的"左右林野旷,不闻城市喧"等。古代诗人追求的意境,为我们描绘了一幅恬静、美好与祥和的田园风光,成为人们梦想的桃花源。而对于当今深居闹市的城里人来说,这更像是一种幻景。而且,许多城里人还有一份乡村情结,如当过下乡知青,祖籍在乡下,有亲戚朋友在乡村等,因此,小城镇旅游在一定程度上也满足了他们"重温旧梦,回归故里"的情感心理需求。❷

20世纪90年代以来,随着江南古镇周庄被旅美画家陈逸飞"发现"与"推销",一时间游客如云,在古镇周庄的示范效应下,处在同一地域的同里、甪直,以及浙江乌镇、西塘、南浔,竞相开始了旅游开发。这几个古镇被称为江南6个古镇。

从1993年起,通过有效保护与积极利用,周庄品牌效应日渐凸显,旅游获得了快速发展,每年来此的中外游客量以30%的速度递增。自1996年起,周庄成功地举办了7届旅游节。到2002年,游客人数达到260万人次,仅门票收入就超过1亿元。

相距周庄不远的同里景区作为太湖十三风景区之一,以其"小桥、流水、人家"的江南水乡风韵,"醇正水乡,旧时江南"的独特古镇内涵,也成为国内外游客趋之若鹜的旅游热点。2002年,同里旅游接待游客140余万人次,实现门票收入及其他附加收入3800万余元。

在江浙古镇的旅游示范带动下,全国各地兴起了保护与开发古镇的旅游热潮。像山西的晋中、湖南的湘西、福建的南部、广东的东北部、重庆、四川、安徽等,其中较为成功的有湖南的凤凰古城和山西的静升镇。

---

❶ 田喜洲. 古镇旅游开发与保护探索 [J]. 经济问题探索. 2003(2): 90-93.
❷ 田喜洲. 古镇旅游开发与保护探索 [J]. 经济问题探索. 2003(2): 90-93.

2002年，湖南凤凰县的旅游接待量达到了创纪录的89万人次，比1998年的15.5万人次增加了近5倍；旅游收入7430万元，是1998年1968万元的3.8倍。

近年来，山西静升镇在王家大院、资寿寺等景区景点的磁吸下，凭借山西晋中"一城四院"中四院之首的声誉，旅游业获得了空前的发展，2002年达到了百万人次的游人规模。

到目前为止，古镇已成为我国除风景区、都市旅游以外的最主要目的地。

2.2　国外小城镇旅游发展

就发达国家而言，无论是作为城市最发达国家之一的美国，还是城镇化速度发展惊人的日本，无论是大城市发达的英国和法国，还是中小城市高度发达的联邦德国，从20世纪60年代起，都无一例外地重视从城镇体系的末级——小城镇的建设入手，来制定引导工业人口向大城市以外地区扩散和鼓励农村发展的政策。美国于1968年通过了《新城镇开发法》，用法律规定了新城镇开发的一系列原则和标准，80年代又提出了新的"都市化"村庄，其基本思想都是城市、城市郊区和村镇建设的全面发展。联邦德国则从不同层次的区域规划、土地规划和城市规划入手，对各类地段的用途以及不同规模城镇必须拥有的设施做出了非常详细的规定，引导小城镇在高水平的要求下进行建设，从而使国内小城镇和中小城市高度发达，全国的人口分布状况得到了改善。日本的国土整治计划提出了建立"田园式小城市"的构想，建设了一批设施完善、环境优美、交通发达和居住便利的小城镇，大大缓解了大城市的人口压力，也使工业分布与资源配置逐步趋于合理。总的来讲，发达国家小城镇的大发展是在大城市急剧扩张，引起了一系列的经济和社会问题的背景下产生的，是一种经济发展到相当程度，在巨大物质财富和先进科技支撑下的"逆城市化"现象，也是一种更高层次上的城市化。❶

亚洲、非洲和拉丁美洲的一些发展中国家在城市化问题上也曾面临过大城市膨胀和农村凋敝的"消极型城市化"的问题，为了摆脱困境，许多国家也同样看到了中小城市和小城镇的积极作用，大力推行综合发展战略，繁荣经济，振兴农村，取得了显著的效果。❷

发达国家的城镇化起步较早，在城镇化道路的选择上也各具特色，最典型的国家是英国和美国。英国的城镇化是以乡村工业的高度发展为前提的，从某种意义上讲是以牺牲农业为代价的。美国与英国城镇化道路最大的不同在于，美国是在城镇化和工业化的同时实现农业现代化的，利用国际人口迁移满足了城镇化和

---

❶ 杨梦泓. 安阳市小城镇发展现状及对策研究 [D]；郑州大学硕士学位论文，2002.
❷ 杨梦泓. 安阳市小城镇发展现状及对策研究 [D]；郑州大学硕士学位论文，2002.

2 国内外小城镇旅游发展

工业化对劳动力的需求。此外,交通革命在美国城镇化进程中发挥着巨大的作用。外国政府在促进小城镇发展的举措方面主要表现为:创造就业机会,鼓励小型企业设在小城镇;提供住房和基本服务,鼓励迁入者在划拨的地基上自建住房;推行环境保护方式等。这些举措推动了国外小城镇的良性发展。近年来,各国普遍在大城市周围建立新城或卫星城,如英、法、美、日等都在伦敦、巴黎、纽约、东京等大城市外围建立了数目不等的新城,这些新城在规划和职能等方面都具有新的特点和内涵。

英国大伦敦地区的新城建设最早是根据 E·霍华德提出的"田园城市"理论兴建的。霍华德主张控制伦敦中心城内的人口,把多余的人口疏散到周围接近自然的小城镇去,从中体现出"城乡一体化"的观念。法国大巴黎地区从 1965 年起规划建设新城镇,新城镇规模较大,人口为 15 万~30 万人,既与巴黎或邻近城市保持便捷的交通联系,又具有相对的独立性,成为工商经济发达和环境优美的综合性城镇。荷兰兰斯塔德城市群则在其城市群的中心保留着一个 16 万 hm^2 的由农业景观构成的"绿心","绿心"与城市建成区间还设置了一个"绿色"缓冲地带,构成与众不同的"绿心"结构。瑞典斯德哥尔摩周围 26 个不同规模的新城,都十分注重保留自然景观,优化生态环境。加拿大的大温哥华区域,其中心城市被 8 个各有特色的"区域城镇中心"包围着,各城镇中心按居住密集型设计,工作、住房、购物、文化和社会服务都是集中的。❶ 日本新城发展则十分重视交通运输网的建设,按照车流、停车场能力来设计和规划用于私人汽车的新城道路,日本横滨港北新城的道路规划用地占全部用地面积的 21%。这些新城以生态学为基础,采用建筑用地与非建筑用地、城市形态与乡村形态交替更迭的布局方法,较好地体现了城市与周围乡村的和谐统一,并保留了较大空间用于娱乐和农业。

旅游作为城镇的基本功能之一,很早就引起了城市地理学界的注意,并被作为划分城镇类型的依据之一。❷ 最早对城镇进行分类的是奥劳索(M. Aurousseou),他将城市划分为六大类,其中第六大类是娱乐城镇,其主要功能是"疗养胜地"、"旅游胜地"和"度假胜地"。日本的西田与四郎 1931 年也进行了大致相同的划分,其中"疗养"和"游览"是城镇的两个基本类型。哈里斯(C. D. Harris)1943 年采用统计描述法对美国的城市职能进行了分类,其中把娱乐休养城市归入了 X 类。之后的学者们借助更多的统计方法和数学模型对城镇职能进行了研究,但由于旅游业缺乏常规的统计数据,导致在很多分类中旅游城镇没有得到体现,如 H. J. Nelso(1955 年)、Alexandersson(1955 年)和 T. W. Webb(1959 年)的研究。❸

---

❶ 张杰庭. 我国小城镇的发展模式研究. 数量经济技术经济研究,2003(12).
❷ 蒙睿. 旅游发展与旅游城镇城镇化互动关系研究 [D],2002.
❸ 许学强等. 中国乡村—城市转型与协调发展 [M]. 北京:科学出版社,1998.

3 我国小城镇旅游发展的主要问题

3.1 对旅游资源与开发条件的认识问题

古镇旅游资源包括特色文化、古建筑和自然环境，然而，它们在旅游开发中都受到不同程度的破坏。丽江古城的纳西文化已经受到了外来强势文化的撞击，民族风情变味，古风古韵无存，生活传统褪色，商业气息甚浓；在扬美，许多村民在古镇中建起了颇具现代气息的房屋，与古色古香的氛围极不协调，影响了古镇的总体效果，有的村民甚至把最具有旅游价值的明清古屋梁柱按斤论价拆卖。另外，古镇的自然环境也遭到了破坏。据统计，周庄古镇游客人均留下垃圾0.8kg，那么180万人次留下的垃圾就可想而知了；磁器口古镇在黄金周期间更是垃圾遍地，污水横流。❶

目前我国历史文化环境保护的重点还是表现在单一点状的公共建筑上，如寺观、祭祠、会馆和衙署等纪念物，或府邸、民居(如平遥的乔家大院、王家大院)。这种保护从实践结果来看，由于是孤立与静态的保护，在物质形态方面，忽视了各个单体存在的整体环境，在意识形态方面，则忽视了其存在的社会历史背景和人文环境，保护的价值因此被大大降低。在国外比如日本，这种历史文化保护正转变为通过保护视觉环境和日常生活环境，来寻找地方的历史文化景观所体现的历史文脉，继承发扬传统文化。只有通过深入挖掘地方人文精神，才能够既使当地居民对自身文化获得荣誉认同感，从物质实体环境中获得精神生活支柱，即身心两方面都能找到归属，又可以使旅游者从中获得异地文化的比较差异。

下面以历史文化名镇(村)旅游开发存在的问题为例，来说明当前我国对旅游资源与开发条件的认识上存在的种种不足。❷

历史文化名镇(村)除了拥有高质量的旅游资源以外，还以其方便的交通、活跃的经济、优越的商务与购物环境、发达的科技与信息、先进的服务与娱乐、强烈的城市文化等优势，对旅游者形成巨大的吸引力。随着我国旅游业的快速发展，历史文化名城不仅是区域政治、经济和文化中心，而且逐渐成为重要的旅游中心。

---

❶ 田喜洲. 古镇旅游开发与保护探索 [J]. 经济问题探索，2003(2)：90-93.
❷ 魏峰群. 历史文化名城旅游开发研究 [D]. 西北大学硕士学位论文，2003.

3 我国小城镇旅游发展的主要问题

经过多年的发展，历史文化名镇(村)的旅游开发工作由扩大旅游点的数量规模，逐步转到改善旅游环境质量和扩大环境容量上来，并注意发挥历史文化名镇(村)的资源优势，有计划有重点地建设与推出一批富有传统文化特色的旅游项目。经过近几年的发展，一大批具有民族特色、代表我国历史文化精华、反映历史文化名镇(村)旅游整体形象的人文和自然景观资源得到了较好的开发利用，特别是以云南的丽江古城，苏州的周庄、同里，浙江的乌镇、西塘，湖南的凤凰古城，山西的静升镇和浙江的高迁古村等为典型代表的历史文化名城(镇、村)，把历史文化名城(镇、村)旅游开发逐步引向深入，进一步增强了历史文化名城(镇、村)旅游产品在国际市场上的吸引力。

我国历史文化名城(镇、村)的旅游开发虽然取得了一定的成绩，但距世界先进水平还有很大的差距，还存在许多问题和矛盾，需要加以研究解决。

3.1.1 名城(镇、村)旅游资源的破坏和消失

历史文化名城(镇、村)与一般意义上的旅游区不同，它首先是一个活生生的实体，一直履行着作为城市(镇、村)的主要职能，生活在其中的人们需要生活、工作、休闲和娱乐。随着城市化进程的加快，人口的膨胀，现代化生活方式的演化对历史文化名城(镇、村)造成了巨大的冲击。在经济利益的片面驱动下，不断提高城市(镇、村)用地的使用率，导致许多文物古迹，具有历史文化价值的传统街区和民居建筑遭到破坏。当前错误对待历史文化名城(镇、村)的态度主要有：无视传统城市(镇、村)存在的价值，认为是束缚城市(镇、村)发展的枷锁，因而予以抛弃；在原址上建造崭新的城市(镇、村)，造成千城(镇、村)一面，缺乏生动丰富的地方特色和生活气息；片面追求经济利益，忽视社会和环境效益，没有正确处理好城市(镇、村)建设与名城(镇、村)保护的关系，简单地把高层建筑理解为城市(镇、村)现代化，在旧城改造中大拆大建，使古城(镇、村)的历史风貌遭到建设性破坏；在建设中拆除真文物，兴建假古迹，搞人造景观，形成毫无价值的建筑垃圾；还有的在城市(镇、村)标志性古建筑的周边，新建建筑的体量、造型、风格同名城(镇、村)整体风貌极不协调，这实际也是对历史文化的不尊重。人为的破坏常常带有毁灭性，有的拆除或迁移了文物古迹，有的甚至改变了历史文化名城(镇、村)的格局和风貌，使历史文化遗产和历史文化名城(镇、村)的人文景观、生态环境和古老的空间特色遭到严重破坏，甚至不复存在，致使名城(镇、村)珍贵的、不可再生的旅游资源在逐渐地破坏和消失。皮之不存，毛将焉附？这样终将会导致名城(镇、村)旅游开发成为无源之水、无本之木。

3.1.2 名城(镇、村)旅游开发进程中两极分化现象严重

中国是世界上旅游业发展速度最快的国家之一，现已进入世界十大旅游接待

国之列。改革开放以来，旅游入境人数及旅游外汇收入年均增长在20%以上，特别是20世纪90年代，增长幅度更大。与此同时，历史文化名城(镇、村)的旅游开发进程出现较为严重的两极分化现象，如江苏省旅游收入主要集中在旅游城市(镇、村)，其中南京等7个历史文化名城1999年的旅游外汇收入占全省的75.5%，国内旅游收入占全省的65.7%。在经济发达地区，历史文化名城(镇、村)的旅游开发工作如火如荼，但在经济不发达地区，历史文化名城(镇、村)的旅游开发有的还处于初期阶段，有的甚至没有得到应有的重视，并未能有效地发挥出历史文化名城(镇、村)特有的旅游资源优势，没有形成一定的旅游产业规模，因之也就无法带动城市(镇、村)或当地的社会经济发展。这种经济发达地区和经济不发达地区的不平衡形成历史文化名城(镇、村)开发中空间区域的两极化现象。

同时，国家级与省级历史文化名城(镇、村)旅游开发也存在两极化现象，如陕西省旅游收入主要集中在西安、咸阳、延安、韩城、榆林和汉中6座国家级历史文化名城，而大量的省级历史文化名城，如凤翔、三原、神木、城固、佳县、勉县、府谷、黄陵、蒲城、华阴和乾县这11座名城的旅游收入总和还无法达到省内任何一座国家级历史文化名城的旅游收入。反观上海周边的周庄、乌镇、同里，安徽境内的西递、宏村等，它们却与境内的历史文化名城旅游产业同步发展，甚至反超后者，而它们仅是规模很小的特色小城镇或民居村落，却闻名海内外，创造了极大的旅游经济效益和良好的社会效应，这种看似有违"常例"的现象，背后隐藏的含义令人深思。

3.1.3 名城(镇、村)旅游环境的不断恶化

一方面，我国国民受教育水平比较低，环境保护意识比较淡薄，就大多数旅游者而言，自觉地保护旅游环境的观念还未形成。加之中国流动人口数量巨大，经济收入和文化层次较低的旅游者人数急速增长，旅游环境保护意识在这一部分人群中更是缺乏。高密度的旅游人流和大量的不文明旅游行为对环境造成破坏的现象比较普遍，庞大的旅游人流所造成的旅游垃圾、空气污染、水体污染、植被破坏和噪声污染等一系列问题使历史文化名城(镇、村)承受着比一般旅游城市(镇、村)更大的环保压力。

另一方面，任何一个文物遗址和历史文化名城(镇、村)都有旅游容量的问题。如苏州园林，游客人数远远超过旅游容量的极限，尤其是在旅游旺季，更是人满为患，旅游者根本无法欣赏到中国古典园林艺术中那悠远诗意的神韵，使旅游质量大大降低。在历史文化名城(镇、村)中盲目地进行旅游开发，过度发展旅游业，致使当地物价飞涨，环境恶劣，设施匮乏，居民为此怨声载道，同时又使旅游充满商业气息，失去历史文化旅游的真正意义，使得名城(镇、村)旅游软环

境进一步恶化。

历史文化名城（镇、村）中旅游开发与文化遗产保护的关系处理不当，要么僵化保护，裹足不前，要么只顾开发利用，无视资源与环境保护。尤其在当前，在投资主体多元化与社会办旅游的发展模式下，宏观调控乏力和规划执行随意性大的粗放发展格局，使得科学利用与保护工作在政府、企业及旅游者三个层面上已明显脱节，利益驱动的短期旅游开发行为已严重危及到生态环境的良性循环，导致历史文化名城（镇、村）文化景观的变质、旅游资源的破坏和旅游软硬件环境的退化，这是历史文化名城（镇、村）旅游可持续发展的主要障碍。

3.1.4 名城（镇、村）旅游文化品位不高，教育功能不足

在外来文化和现代生活的巨大冲击下，一些历史文化的旅游开发常常摒弃珍贵的民族文化特色，忽视资源特有的文化价值，对文化缺乏有效的保护和继承，使一些独特珍贵的文化资源面临退化和消失的危险。同时却大量复制、模仿趋同于其他地域或流行文化的旅游产品，这些产品文化品位不高，教育功能不强，如追逐全国风靡的人造景观风、主题公园风等，一些历史文化名城（镇、村）经常闻风而动，不顾自身特色和条件，在城市中出现大量的微缩世界、西游记宫和仿古影视城等败笔。

此外，一些名城（镇、村）并没有深度挖掘自身的历史文化内涵，而是简单地将古朴的民俗文化、民族风情和肃穆的宗教仪式包装为粗俗的商业表演，原有的深厚历史文化价值被浅薄的商业价值所代替。所以，如何提高旅游产品的文化品位，避免民族文化旅游资源的过度商业化，充分发挥旅游文化的教育功能已成为历史文化名城（镇、村）在旅游开发过程中亟待关注的问题。

3.1.5 名城（镇、村）旅游产品严重匮乏，缺乏创新

近年来，一些名城（镇、村）在看到旅游开发为城市（镇、村）带来高收益、高回报的经济利益的刺激下，不断加大投资力度，使得历史文化名城（镇、村）的接待能力迅速增长，行、住等硬件服务设施已基本适应旅游发展的要求，但游、食、购、娱的开发建设明显滞后，尤其突出的是旅游产品的创新和开发不够，而这恰恰是历史文化名城（镇、村）旅游的重中之重，是旅游发展的核心和关键。历史文化旅游追求的是"神与物游，思与境谐"的美学最高境界，但我们看到的许多旅游产品几十年如一日，形式单调，观念陈旧落后，毫无创新，无法跟上时代进步和旅游活动不断更新的新形势与新变化。如：反映地方特色的旅游产品匮乏；产品深厚的东方文化底蕴发掘整理不够；旅游产品和商品趋同；适合旅游者需要的、参与性强的、健康向上的和富有民族特色的旅游娱乐活动严重不足；旅

游产品结构简单,更新缓慢,不能满足多层次旅游市场的要求;旅游产业结构不合理,粗放经营特征明显。尤其是历史文化类旅游产品,类型单一,多为静态观赏方式的旅游活动,参与性不强,游人体验经历较少,旅游兴趣不高,不利于调动游客的旅游积极性,进而影响名城(镇、村)旅游形象的提升乃至旅游业的发展壮大。

3.1.6 名城(镇、村)旅游管理和运营体制尚未建立

面对迅速壮大的旅游业,旅游行业、文物保护机构和城市建设管理部门的管理体制以及政策法规建设滞后所带来的问题和矛盾日益突出与尖锐,并在各个层面上影响着历史文化名城(镇、村)旅游业的健康发展。比如:历史文化名城(镇、村)的保护对旅游等产业具有巨大持久的推动作用,但历史街区的保护本身并不能产生直接的经济效益;城市更新和发展与名城(镇)保护工作产生诸多矛盾;旅游开发也同样对文物保护造成一定的影响等。因此,如何协调长期与短期效益的关系、保护与发展的关系以及历史与现代的关系,都是值得我们深思的问题。关系不顺,管理不力,各利益主体之间的摩擦碰撞现象的大量存在,尤其在城市建设、名城保护、资源开发与管理以及投资决策等方面的问题更为突出,同时,有法不依、执法不严和违法不究现象也时有发生。这些棘手的难题真的是不可避免和难以解决吗?笔者认为,协调各方利益、转化不利因素为有利因素、变被动为主动的关键在于名城(镇、村)旅游管理和运营体制的建立,名城(镇、村)旅游经济的高速增长亟待理顺体制,加强管理。❶

3.2 旅游资源开发建设及规划方面存在的问题

3.2.1 小城镇规划方面的问题

各层次的旅游规划对于成功地实现旅游发展是必要的。实践证明,如果某地的旅游以无规划模式发展,环境和社会问题会随之出现。从长远来看,不受制约和管理的旅游发展会消除目的地的吸引力,最终游人将不再前往目的地,即无规划的旅游发展是个自我毁灭的过程。小城镇旅游由于产品供给的多样性及所依托的环境的脆弱性,更需要合理的旅游规划,否则就会造成环境恶化、资源浪费和重复建设。当前小城镇开发旅游盲目性大,随意开发,开发层次低下,表现在旅游的管理、文化和消费的各个层面。例如黄山南麓的汤口镇,利用黄山余脉的沟谷地貌,开发了6处旅游景区,但大多与黄山的风格类似,既造成了资源的浪费

---

❶ 魏峰群. 历史文化名城旅游开发研究 [D]. 西北大学硕士学位论文,2002.

和重复建设,又使游人多花费了钱财,也给黄山造成了不好的影响。旅游开发缺乏地方特色也是无旅游规划的表现之一,许多开发项目存在明显的趋同化与雷同化,品牌单一,项目单调,缺少文化内涵,没有摆脱重复开发与模仿建设的怪圈,究其原因是未能结合地方的特色,即"地方文脉",未能综合考虑地方的自然地理特征、历史文化特征及现代艺术文化的研究结合,盲目赶潮流,造成开发的旅游区没有市场。❶

近年来我国旅游城镇规划建设工作的开展还存在不少问题。徐成酩(2002年)认为:短期行为,贪图眼前经济利益;裹足不前,决策落后于建设发展的需要;小城镇建设缺乏特色,旅游接待水平低;农居点建设零乱,农业与旅游建设脱节;法制不全,执法不力。

此外,一些旅游城镇在制定建设规划时,忽视"旅游"一词,规划未能与自然风光、名胜古迹、人文景观有机结合,其规划建设不能充分体现出旅游城镇特色,一味地大拆大建,求高求洋,也是必须克服的弊病。须知,旅游资源破坏后不可再生,这一点务必要引起规划设计人员及有关领导的高度重视。❷ 问题产生的主要社会根源和思想根源有:规划建设上管理部门没有认真履行其职责,领导包办代替,规划随着"长官意志"改;规划设计人员没有将规划建设与"地方特色"和"本土文化"相结合,规划建设不适应旅游发展的需要;轻视管理在规划建设中的作用,没有得力措施来保证规划建设工作的正常开展。从一些旅游城镇在规划建设中的成功经验可知,解决现存问题的措施也是多方面的,徐成酩❸、李秀森、王强、朱站得出以下结论:规划建设行为与政府意图的有机统一;规划充分体现"旅游"特色,建设无条件按规划执行;完善法规,依法管理,违法必究。这后一条对旅游城镇有更重要的意义,因为旅游城镇来往宾客多,经济发展快,违法违章建筑多,影响面很大。如张家界武陵源区天子山镇的人为拆迁便是一个深刻的教训,只有从严执法,才能保证规划建设按章办事,才能使建设与山水风光相映生辉,才能做到锦上添花,促进旅游城镇各项事业的健康发展。❹

3.2.2 过度商业化

一些古镇已经过度商业化或正面临过度商业化的威胁,违背了古镇恢复历史繁盛时期商业文化环境的文化旅游策划初衷。这一问题最典型的案例就是周

---

❶ 黄秋昊,赵媛,颜敏. 对小城镇发展旅游存在问题的思考 [J]. 小城镇建设,2003(6).
❷ 胡卫华. 乡镇旅游发展总体规划模式研究——以资兴市黄草镇为例 [D]. 中南林学院硕士学位论文,2003.
❸ 徐成酩. 旅游城镇规划建设中存在的问题及对策 [J], 小城镇建设,2002(9).
❹ 胡卫华. 乡镇旅游发展总体规划模式研究——以资兴市黄草镇为例 [D]. 中南林学院硕士学位论文,2003.

庄——0.47km² 的古镇区内有 100 多家商店和上百家饭店，严重影响到古镇人文景观的原真性。❶

随着游客数量的增加，小城镇旅游商业也在发展，一方面数量迅速增加，另一方面在商业档次提升的同时也出现了质的变异。

3.2.2.1 "量"的过剩

旅游商业不同于社区商业，其服务对象是来自于四面八方的游客，随着游客数量的增加，历史城镇旅游商业的数量有泛滥的趋势。以丽江为例，丽江旅游业从 1994 年起步，近 10 年来发展很快，2002 年的游客接待量已突破 300 万人次，紧随游客而来的是外来商业的大量涌入。最典型的是 1998 年，在德宏经营玉石珠宝的 108 户福建客商全部转入丽江，同时，为了发展地方经济，政府也积极鼓励外来客商来做生意，古城管委会副主任木崇根回忆说："1999 年以前，在东大街，我们的目标是争取每天开放一家新商铺。"这样做的结果导致了旅游商业的泛滥，据丽江古城管委会的初步统计，古城内经营户达 1300 多户，其中餐饮店 144 户，各种酒店客栈 146 户。

江南古镇周庄，几乎所有的沿街房子，除了个别景点，都破门开店，卖的大都是黝黑的假古董、鲜亮的旅游纪念品、批量生产的印刷画，另外沿街还有不少茶馆、饭店、酒肆、时装店。

3.2.2.2 "质"的变异

另一方面，旅游商业的变异则更为可怕，从丽江到处泛滥的东巴文字到古城内比比皆是的桑拿按摩、足浴按摩等场所，无不散发着"质"的变异的气息。这种变异实际上是由于旅游商业既要为游客提供一般服务，又要为游客提供特色服务造成的。

从更深的层次来看，旅游商业发展的变异实际上是由于随旅游而来的外来文化与历史城镇本土文化之间的冲突造成的，人们可以将这种文化冲突具象化。人们一般认为周庄主要问题还在于商业数量的过剩，而对于丽江谈论更多的是商业的变异，原因可能就在于丽江是纳西族的古城，相对于较临近上海的周庄，丽江古城处于一个相对封闭的区域环境中。

正是由于历史城镇商业发展的变异，有人说，丽江古城应改称丽江商业古城了，周庄变成了一个大市场。

3.2.2.3 旅游商业泛滥的危害

旅游商业的发展满足了游客的消费需求，政府和投资者都能从中获得收益。在经济利益驱使下，旅游商业就容易出现泛滥的趋势，这将使历史城镇的社会结构、经济格局、景观环境以至文化素质都发生一系列的变化。一部分游客及生意

---

❶ 蒋志杰. 江南水乡古镇文化旅游策划研究［D］：上海师范大学硕士学位论文，2004.

人甚至迁移进传统城镇,形成社会学意义上的所谓"入侵"。过度的社会文化和环境的改变,直接导致了旅游情景的丧失,削弱了历史城镇对外界的吸引力,反而会导致历史城镇综合收入的减少。

旅游商业的泛滥也导致了对于历史城镇的破坏。人们往往只注意到了商业发展带来的收益,却忽视了历史城镇遭到破坏后不可再生的高成本。

历史城镇商业发展的二重性集中体现了旅游和保护之间的冲突,因此搞好历史城镇的商业发展,对于协调历史城镇发展过程中保护和旅游之间的矛盾具有重要意义。

这一矛盾中,当前最突出也是最常见的现象就是古民居被逐渐"蚕食"的严重的"三化风"——"商业化、现代化、城市化"。这是古民居保护中的一大顽症,我国许多历史文化名镇(村)在改造过程中,由于没有从保持历史村镇特色风貌出发去规划建设,导致从规划方案到建设模式,都盲目模仿大中城市的风格,也不顾历史村镇的空间格局、尺度和当地文化传统,简单生硬地建广场、筑高楼、修宽马路、拓绿地,严重破坏了其千百年来形成的传统格局和历史脉络。❶

同时因为古民居大多属于私有房屋,大大增加了政府管理的难度。目前我国的房屋评估机构对古民居的文物价值没有评估的条件和权力,而国家的相关法律、法规和管理条例中,对具有文物价值的古民居拆迁赔偿也缺乏具体的规定,如深圳南头古城属省级文物保护单位,但古城内的民居又属于私人财产,保护问题由此产生。❶

3.2.3 建设中存在的环境问题和解决对策

小城镇旅游发展中存在的环境问题主要表现在:

(1) 资源破坏和浪费现象严重

资源是经济开发的物质基础,小城镇的发展不可能像大城市那样长距离地调运原材料,而是需要以开发当地资源为主,因此资源利用的整体性和永续性至关重要。

(2) 基础设施建设跟不上,总体环境质量差

我国的小城镇大部分具有悠久的历史,这些古老的城镇本来基础设施就不完善,加上近十几年来规模迅速扩大,新的基础设施建设跟不上,原有的基础设施又年久失修,造成许多城镇缺水、少电、涝渍、脏乱,整体环境质量较差。

(3) 环境污染日趋明显,污染类型多样化

小城镇的环境问题使环境污染日益成为一个严重的普遍性问题,难以控制和

---

❶ 王庆,胡卫华. 古民居保护与旅游开发——以深圳大鹏所城、南头古城为例 [J]. 小城镇旅游,2005(4).

根治，随之而来的是人们生活质量和身体健康程度不断下降，小城镇建设的经济效益被不断抵消，最终与美好的发展初衷相背离。

小城镇环境问题的解决对策——循环经济理念的运用：

用循环经济的理念来贯穿生态型小城镇建设的始终，顺应当前国际和国内的可持续发展热潮，是当前生态小城镇建设的一条最有效的途径。

(1) 循环经济的内涵

所谓循环经济，就是在可持续发展思想指导下，把清洁生产和废弃物的综合利用融为一体的经济，本质上是一种生态经济。

循环经济按生态规律，以环境友好的方式利用自然资源和环境容量，保护环境和发展经济，逐步以更小的代价、更高的效率，实现经济活动的生态化，做到物尽其用，直至做到"零"排放。它不仅能节约能源，减轻污染，增加经济效益，而且能从根本上协调人类和自然的关系，促进人类可持续发展。

(2) 发展循环经济是建设生态型小城镇的关键

建设生态型小城镇，必须通过推动循环经济的发展得以实现，即发展循环经济是建设生态型小城镇的关键。因为：第一，循环经济投入最小化；第二，排出最小化；第三，资源能源的使用效率最大化。❶

3.2.4　小城镇的保护问题❷

3.2.4.1　传统小城镇保护的类型

按文物古迹和历史环境保护的现状划分，传统小城镇可分为4种类型。第一是完整保护型，如平遥、丽江等，城内基本为传统建筑，新建筑很少。在保护工作中要把居民的需求摆在首位，坚持"以人为本"的开发建设原则，在处理保护与开发、保护与旅游、保护与居民生活等多对矛盾关系时，要以历史保护为基础，旅游开发为手段，并通过城镇景观保护与整治来彻底改善居住环境。第二是格局完整型，如山东聊城，城镇格局保护较好，同时有比较重要的古迹存在。应结合文物古迹和历史地段的保护，重点保护格局形态，体现城镇历史文化风貌。第三是点、线、面保护型，如保定古城，具有点状的文物古迹：直隶总督署、古莲花池等，传统街道包括东、西大街和城隍庙街及历史街区。应通过城镇景观设计与控制使其形成完整的空间网络，反映城镇历史延续和文化特色。第四是点状保护型，一些传统小城镇目前已找不到值得保护的历史街区，要全力保护好文物古迹及其周围环境，通过整治环境将文物古迹保护好，表现出这些文物古迹的历史功能和当时达到的艺术成就。

---

❶ 赵恩超等. 生态小城镇建设的循环经济思考[J]. 小城镇建设，2004(1).
❷ 梁玲玲. 小城镇建设中文物古迹保护研究[D]. 河北农业大学硕士学位论文，2001.

3.2.4.2 主要问题

目前我国历史建筑环境保护方面的工作存在严重危机,体现在小城镇中主要是保护观念上的偏差与误区及保护方式的简单化。

(1) 保护观念的偏差

1) 一些城镇建设的决策者,没有将城镇更新看成是一种长期的"新陈代谢"过程,对待历史文化遗产的态度过于急躁,对"现代化城镇"产生肤浅认识,简单理解为新奇的面孔、宽阔的街道和高耸入云的大厦,而把文化、历史承传等软性和隐性的城镇灵魂看成可有可无的东西。在实际操作中,有些小城镇的管理干部和规划设计人员把城市的管理、设计模式简单套用,使许多有鲜明特色的小城镇消失了,取而代之的是千篇一律的笔直的街道、盒子式的现代建筑。由于规划和建设上的盲目性,小城镇生活环境恶化,更多的是冷漠与压抑,缺乏归属感,即使一些认真对待保护的地方,也往往只愿意保护几个文物建筑点。20世纪90年代以来,消极对待保护的态度已有一定程度的改善,人们开始认识到"点"的保护不足以成大气候,而以假乱真的时尚情趣也注定保持不住长久的吸引力。如在北京、苏州等城市,20世纪80年代开始探索适合本地特色保护途径的尝试已取得了初步的成果,在某些历史地段与更新的试点中,如北京的国子监、苏州的周庄古镇及平江街区等,也为发现和解决现实中的复杂问题开拓出有见地、有实效的新路子。然而这些观念的进步只是在局部发挥作用,与审慎保护、适度更新的观念相比,我国小城镇整体保护形势不容乐观。

2) 祖祖辈辈居住在小城镇中的居民,对于保护的态度也不尽一致。年老长辈的生活习惯、心理行为是在古老的物质空间环境中铸就而成的,所以与这种环境十分吻合、默契;但年轻的一代,大多数向往新的生活模式。偏远的地区基本生活在旧的模式中,靠近城市的,则向城市看齐,力求缩小与城市之间的差距。但总的说来,都是不满足于旧的住房条件,如果有可能翻盖新房,便情不自禁地要学着城市的模式加以"革新"。随着现代化生活方式的渗透,当地居民对保护工作敬而远之,认为保护会全盘冻结生活水准,产生错误理解,对于历史环境,人们缺乏信心和耐心去进行需要长期付出精雕细刻之功的保护与更新。同时,到小城镇落户的农民受封建建筑等级观念影响较深,他们不能容忍自己房子在高度方面低于他人,样式方面落后于他人,认为街道建得整齐就是美的、好看的,这种单调雷同,把地域传统、文化特色丢得一干二净。

3) 设计人员的主观因素。有些现代派们认为,如果一个建筑物没有能够从其环境中脱颖而出,那么它就是失败的,绝非创作。一些设计者具有个人的表现欲望,不习惯设计背景建筑,如果看到他设计的作品融汇于环境之中而不显眼就感到难受。由于这一思想的影响,设计者认为没有必要将新建筑和老建筑协调,严重忽视文脉,设计的建筑物"各自为政",造成了建筑环境和城镇环境的极端混乱，缺乏生机，没有人情味，破坏了历史环境。

(2) 保护制度不完善

英国遗产委员会的保护专家大卫·沃伦谈到："在中国，文物被看成是让居民参观旅游的东西而不是日常生活的一部分。这种态度似乎体现在开发构思和总体规划中，可能因为它们受保护的法律与城市规划法是相互脱离的两个'法'。"我国的保护立法体系采用国家立法和地方立法相结合的方式，国家制定全国性保护法律及法规性文件，地方在立法权限范围内制定地方性法律、法规性文件。在有关保护的法规文件中，文物保护法律体系相对完善，名城和保护区目前仅有数量很少的法规性文件，以国务院及其部委或地方政府及其所属部门颁布、制定的"指示"、"规定"、"通知"等文件形式出现，缺乏与之对应的法律、法规。

中国的保护制度基本上是以自上而下的单向行政管理制度为保护制度的核心，主要靠专家的不断呼吁和政府的批示。政府把保护作为一项文化事业而包办一切，无法达到预期的保护目标。城市中的文物古迹有文物法制约保护，具体到小城镇里力度不够，管理困难。

3.2.4.3 具体表现

日本千叶大学教授木原启吉在他的《历史环境》一书中说，日本近代文物古迹所遭到的四次大劫难：一是明治维新以后，大量佛寺被毁；二是明治及大正初期开发贸易，大量古代文物外流；三是第二次世界大战，文物古迹毁于战火；第四次则是20世纪50年代后经济高速增长时，不但毁坏了文物，更破坏了历史环境。其中第四次破坏是最为严重的一次，它远远超过了第二次世界大战的战争破坏。在经济尚不发达时，文物古迹遭受的主要是自然破坏，在经济发展起步阶段，人们急于改变物质生活的条件，忽视或顾不得精神生活的需求，对文物古迹的人为破坏大大超过自然破坏。由于建设而造成的对文物古迹的破坏是惊人的，主要表现为：

(1) 建设性破坏

虽然文物古迹被拆迁的现象减少，但更多的是优秀民居、代表性建筑由于没有定为文物保护单位，而将其视为危房和封建落后的象征，对其进行彻底推倒重建的"现代化建设"。传统民居群和传统商业街在旧城改造中消失，代之而起的是火柴盒式的小洋房。比如，经常能看到一些小城镇辟建了40m宽的道路，在道路两旁建两层或三层的商店、楼房，街道空旷、尺度过大、缺乏人情味。与被拆掉的尺度宜人的老街相比，留下的是一种盲从和冷漠，街道两旁的建筑与拆掉的民居相比留下的则是呆板和单调。难怪有人曾批判："现代的城市规划师成了艺术领域的贫血儿，他只能在过去的艺术财富旁边建造沉闷不堪的成排房屋和令人生厌的'方盒子'。"

(2) 改造性破坏

在历史遗产的修复过程中，简单地采用现代建筑材料和工艺对损坏部位和墙头、檐口等部分进行仿古处理，破坏了文物古迹的历史完整。

(3) 把保护视为仿古重建

小城镇的历史遗产多数未列入国家或省级文物保护名单，地方官员在对待历史遗产的问题上有较大的决定权。为了搞经济，开发旅游业而仿古重建了一些建筑，但由于对历史景观缺乏科学的考证而经常闹出笑话，如徐州沛县，汉高祖的故里，1996年建造了一条"汉街"，殊不知中国历史一直到宋代才有繁华的商业街，而汉代实行闾里制，居民受到严格的管理，不允许沿大道开门开店，这种"假古董"建设是对历史文化遗产的破坏。

(4) 孤立保护单个文物建筑，把历史文化的保护等同于文物保护

设计者缺乏整体观念，忽略了单体建筑首先是具体环境中群体建筑的一员，忽略了环境空间与建筑的密不可分，忽略了良好的建筑设计的前提是必须塑造良好的空间环境，使文物古迹的环境遭破坏，星星点点的文物被高大的楼群所淹没，难以感到其价值之所在。

(5) 静态保护

与位于城市喧闹区的历史建筑不同，小城镇中的一些乡土建筑多位于不利区位。随着人口外流、财产继承等机会的产生，老建筑甚至变成无用的废弃物，任其破坏，一些"重点保护"的文物建筑处于濒危状态。而历史街区则产生更严重的后果，一方面房屋不让居民维修而成为危房，逐渐损坏，另一方面给居住于其间的居民带来生活上的不便，引发深层矛盾。

3.3 旅游管理与旅游发展配套条件

小城镇由于自身经济实力弱，建设资金匮乏，城镇基础设施和旅游相关设施建设不够完善，表现在交通、住宿、商业对旅游需求的供给不足及游憩设施的缺乏，一定程度上制约了小城镇旅游的发展。政府无力全权负责旅游投资，因为：第一，小城镇财政支出必须在平等的前提下，支持各产业发展。旅游业是否可以优先享受到足够的财政资金，应视具体情况。第二，在市场经济体制下，在旅游业发展的某些领域，私营部门可以更灵活机动地完成一些政府所不能完成的工作，公私合营可以起到各有分工、优势互补的作用。❶

人们到古镇旅游最不方便的地方是住宿、餐饮和上厕所。除周庄、丽江等少数几个开发较早的古镇外，大多数古镇没有像样的饭店，只有一些村民私人开设的小旅馆，住宿、饮食卫生条件达不到要求。最令人头痛的是农村没有干净的厕

---

❶ 黄秋昊，赵媛，颜敏. 对小城镇发展旅游存在问题的思考 [J]. 小城镇旅游，2003(6).

所，游客只能在当地村民自己搭建的简易厕所里方便，很是尴尬。同时，随着古镇旅游的兴起，废水、废物增多，火灾隐患增加，而相应的污水、垃圾处理设施和消防设施几乎没有。另外，对古镇的文物古迹缺少必要的文字说明，游客只看热闹，而看不懂古镇旅游的"门道"。❶

以乌镇为例，由于乌镇旅游开发历史很短，目前虽在景区内及外围道路等基础设施的建设上颇有成效，但餐饮、住宿、购物、娱乐等旅游设施的建设却显然未能满足当地旅游业快速发展的需要。

乌镇现有最高档次宾馆为准二星级宾馆子夜大酒店，然而酒店设施、卫生状况不尽如人意。此外尚有数家小型家庭旅馆，共约 200 张床位，多为仿古式建筑，价格较为便宜，20～30 元/位，卫生状况一般，目前主要面向前来旅游、写生的学生游客。随着旅游业的不断发展，现有设施无论质或量都难以满足日益增长的游客，尤其是中高消费层次游客的需要。

景区内现虽有三四家老字号酒店，但接待能力有限，难以满足各消费层次游客需要，特别是到双休日、节假日，景区内游人如织，各档次餐饮接待设施的匮乏成为来乌镇游客抱怨最多的因素之一。

2002 年上半年在帮岸南侧新辟一条购物街，约有 80 个摊位，初衷是在不破坏景区景观的前提下延长游客滞留时间，刺激游客消费，然而实际效果并不理想。由于该购物街既非旅游必经线路，亦非游客游程之终点，因此团队游客很少滞留于此，目前前来购物的多为散客。据了解，除双休日、节假日时生意尚可，平时街上较为冷清。除了这条购物街外，旅游公司还计划对沿东栅景区外围南侧街道进行整修，并将之改建为商业购物街，基于同样道理，我们认为这一设想仍值得商榷。

虽然整个东栅景区已实施"泛光工程"，但目前过夜客人数较少，尽管景区白天游人如织，然而下午 5 点之后，景区便立刻沉寂下来，可供游客参与的娱乐设施更是缺乏。随着二期工程的建设，乌镇将逐渐建设为兼有水乡古镇风光和现代人休闲度假中心的旅游地，针对休闲度假者的娱乐设施的增建势在必行。❷

3.4 其他问题

3.4.1 主题重复、产品单一

在一定区域内，古镇大致具有相同的自然、历史背景，因此无论从建筑、文

---

❶ 田喜洲. 古镇旅游开发与保护探索［J］. 经济问题探索，2003(2)：90-93.
❷ 王莉. 传统村镇旅游地居民态度与开发策略研究——以西递、宏村、屯溪老街及乌镇为例［D］. 安徽师范大学硕士学位论文，2004.

化和风俗上讲都有很多相似之处,古镇旅游开发主题容易出现重复。苏浙沪两省一市方圆 200km 范围内散落的几十个古镇,都打着"小桥、流水、人家"的牌子,旅游主题十分相似。在西南地区,由于民族风情比较相似,所以古镇旅游也大多是看看吊脚楼、跳跳竹竿舞、听听民族乐,大同小异。难怪有人担心古镇旅游开发会像 20 世纪的"主题公园"建设上一样出现重复浪费现象。另外,由于古镇本身的地域面积所限,可供开发利用的旅游资源较少,产品相对单一,而且目前古镇旅游开发只停留在观光的低层次上,积淀深厚的历史文化内涵还没有得到充分发挥,对游客难以形成强大的吸引力,因此,游客在古镇的停留时间较短,旅游业的关联带动作用没有得到充分发挥。❶

3.4.2　开展旅游影响当地居民正常生活

以乌镇为例,在文化旅游地中,当地居民的积极参与是旅游业发展的重要依托。然而在乌镇的整个东栅景区,居民生活因旅游开发之需受到了严格控制,临街人家白天不得在家中或门前摆摊设点、晾晒衣物,或从事任何形式的商业活动,这一方面可以视为乌镇旅游开发非常成功的一面,因为目前从问卷中游客普遍反映周庄商业氛围过浓,淡化了水乡古镇特有的宁静韵味,但与此同时,人们在游览乌镇时却感觉到这里似乎缺少了真实的生活气息,或者说"人气"。

同时,一个值得注意的现象是:在一期旅游开发过程中,曾让部分东栅居民搬出其世代居住的祖屋,引起了不少当地居民的不满,而那些仍居住在旅游线路上的居民,对于政府禁止其白天从事经营活动而无法从旅游发展中直接获利也颇有微词。多数群众对政府及旅游开发经营者表示不满,他们对于旅游开发非但不持热情、支持态度,反而存在抵触情绪,这一点尤其值得当地旅游部门及规划者重视,因为社区的积极参与和支持无疑是保证当地旅游业持续发展的重要因素之一。据悉,为了缓解这一矛盾,乌镇旅游管委会已作决定,让临街居民在帮岸南侧新辟的购物街租赁摊位,参与旅游商品经营活动。❷

3.4.3　超容量问题

以丽江古城为例,丽江城区不到 20 万人口,2000 年接待游客超过 290 万人次,2001 年超过 300 万人次,这意味着城区平均一个居民的游客接待量是 15 人次,而在旅游发达国家,或者发达地区,一般达到 1∶2 就算是一个比较高的水平了。丽江已经达到了 1∶15。

---

❶ 田喜洲. 古镇旅游开发与保护探索 [J]. 经济问题探索,2003(2):90-93.
❷ 王莉. 传统村镇旅游地居民态度与开发策略研究——以西递、宏村、屯溪老街及乌镇为例 [D]. 安徽师范大学硕士学位论文,2004.

4 小城镇旅游资源分类与评价

4.1 小城镇旅游资源的分类标准

4.1.1 总则说明

4.1.1.1 分类标准缺乏

我国目前还没有一个全国统一的旅游小城镇的分类标准,虽然近年来出台了一些有关旅游资源的分类标准,如《旅游资源分类、调查与评价》GB/T 1972—2003、《风景名胜区规划规范》GB 50298—1999 中对于风景资源的分类,但是随着城镇旅游热的升温,制定一个翔实的旅游小城镇的分类标准就显得尤为重要。

4.1.1.2 目的

编制本标准的目的在于总结旅游小城镇规划、建设、保护、利用的经验,参考和学习国外先进方法,建立符合我国小城镇特点的分类,以统一全国的小城镇分类,提高旅游小城镇规划编制、审批的科学性,提高小城镇保护、建设和管理的水平,促进小城镇的可持续发展。

4.1.1.3 适用范围

本标准适用于具有旅游资源和提供旅游服务的城镇,小城镇规划与设计的编制和审批、建设和管理、保护和利用等。本标准所称旅游小城镇包括建制镇、古镇、古村落。将建制镇、古镇、古村落作为本标准的适用对象,是考虑到在旅游热潮中,小城镇旅游的发展较为迅速,其保护和利用的问题日益突出,注重旅游小城镇的保护和利用,将有利于小城镇经济的可持续发展。

4.1.2 旅游小城镇分类说明

4.1.2.1 旅游小城镇

旅游小城镇应该是指那些能吸引外来游客的小城镇,一般说来旅游小城镇的旅游资源比较丰富,拥有具备一定接待能力的小城镇基础设施,在区域旅游市场上形象比较鲜明,特别是旅游经济在小城镇GDP中所占的比重要有持续增加的可能。任何城镇,在其形成之初都是以生产为基础的,以后在其发展的历史进程中,不同城镇由于其自然条件、地理位置、政治环境、历史背景、经济发展、文化教育等因素的差异,各自便出现自身特有的功能和地位,从而也就形成不同规模和性质的城镇,其中的一些城镇成为游人向往的观光旅游地,也便具有了旅游功能,成为旅游小城镇。

4.1.2.2 资源类型特征

一般而言,小城镇类旅游地的资源特征表现在以下几个方面:

(1) 人文旅游资源为主,自然旅游资源为辅

作为古镇类旅游地,不论其位于什么地方,也不论其资源的组合情况如何,作为资源主体的一定是人文类旅游资源,而自然类旅游资源作为背景或辅助。如江南水乡的六大古镇,或山西王家大院所在的静升镇,人文类旅游资源的数量、等级与分值要远高于自然类旅游资源。如北京石景山区的模式口古镇,自然类旅游资源占全部资源基本类型的 21.74%,人文类旅游资源(遗址遗迹、建筑与设施、人文活动)占 78.26%,表明人文类旅游资源占明显优势。

(2) 人文与自然旅游资源的高度融合

我国的多数保存较完好的古镇,之所以吸引大量游客,不仅仅是其中的建筑与布局,还有古镇所依托的环境,包括内部的自然环境和外部旷野的环境,使游客有如回归历史的意境。如周庄、同里小桥、街巷与流水(河流)的结合,以及古镇与现代建筑隔离所形成的历史环境。

(3) 人文类旅游资源按主类分比较齐全

古镇作为一个独立的、人口有相当集聚的地域,建筑与设施类旅游资源是其中的重要组成部分。同时,作为有相当历史的古镇,在长期的发展过程中都会形成其各自的文化传统,因而也就有了颇具特色的旅游商品和人文活动,只是一些古镇由于不注重其文化传统的保护而在现代化的浪潮中消失了。

(4) 在主类旅游资源中,建筑与设施类旅游资源突出

按《旅游资源分类、调查与评价》GB/T 1972—2003,从单体来说,建筑与设施类旅游资源数量最多,等级一般也较高。因为古镇的资源主体是各类建筑物的组合,将组合的资源分解成单体,可以包括住宅、宗教建筑、商业店铺、娱乐场所、行会等各类建筑,每类古建筑都可以成为一个独立的资源单体。

(5) 旅游要素的资源化现象明显

由于长期历史形成的传统,古镇一般都有其特色餐饮、特色住宿、特色娱乐、特色商品乃至特色交通工具,如江南水乡的以舟代步等。可以说,除了作为建筑与布局的主体旅游资源外,吸引游客趋之若鹜的就是古镇资源化的旅游要素了。根据我们对湖南洪江古城、凤凰古城,江苏的周庄、同里古镇,浙江的皤滩古镇,以及山西静升镇的调查,游客对古镇感兴趣的各要素中,选择特色餐饮、

住宿、娱乐、商品、交通的占了 32%～67%。

(6) 旅游商品和人文活动类旅游资源作为建筑与设施类旅游资源的辅助

根据我们对全国曾做过规划的 20 多个古镇的调查统计，具有旅游商品和活动类旅游资源的古镇占所有被调查的古镇总和的 82.3%。从资源的基本类型统计，一些古镇这两项的基本类型数有的甚至和建筑与设施类相当，如山西静升镇，但单体数和等级分值一般不如建筑与设施类。

(7) 旅游资源单体的紧密组合性

古镇作为一个特殊的人地关系地域系统，其吸引游客的主要是古镇的整体风貌与环境，其次才是古镇中的具体景点。如 2001 年对湖南凤凰的市场抽样调查和 2003 年对湖南洪江古城的抽样调查结果显示，古镇整体风貌与环境的吸引比例分别达到了 85.7% 和 96.2%。所以对古镇的保护不仅要保护其资源单体，更要保护其整体与古镇所依托的环境。❶

4.1.2.3 分类依据

本标准从我国的具体情况出发，根据旅游小城镇的资源现状特点，以及旅游经济发展的需要，以旅游小城镇的资源类型和主要功能作为分类依据。由于同一种旅游小城镇同时可以具备资源、游憩、景观、旅游服务等多种功能，因此，在分类时以其资源的主要特色和主要功能、性状，即主要功能、所处环境、现存状况、形态、特性、特征为依据划分。

4.1.2.4 相关法规

与旅游小城镇相关的现行法规和标准主要有：

《旅游资源分类、调查与评价》GB/T 1972—2003；

《风景名胜区规划规范》GB 50298—1999；

《镇规划标准》GB 50188—2007。

4.1.2.5 分类层

本标准将旅游小城镇分为大类、中类、小类、基本类型 4 个层次，共 3 大类、9 中类、15 小类，以反映旅游小城镇的具体情况以及旅游小城镇与其他各类资源类型之间的层次关系，满足旅游小城镇的建设管理、保护利用及规划设计等工作的需要。

4.2　小城镇旅游资源的具体分类

表 1-1 中就各类旅游小城镇的名称、内容与范围作了规定，以下加以综合分析并详细说明。

---

❶ 周建明. 中国古镇旅游资源的保护与利用 [J]. 小城镇建设，2005(5).

4.2.1 资源型旅游小城镇

具有优美的自然旅游资源或人文旅游资源的旅游小城镇,此类旅游小城镇在镇区或镇域范围内具备丰富的人文、自然旅游资源,或以人文旅游资源为主,或以自然旅游资源为主,或两者兼备,均是以旅游资源为主要吸引物的旅游小城镇。

资源型小城镇是指某种资源在某一特定小城镇内的密集分布和集中,在地理空间下形成一个该类资源富集的区域,而城镇社会经济的形成和发展又特别依赖或受制于这类特定资源的城镇。❶

4.2.1.1 历史文化型

(1) 内容

一些文物古迹比较集中,或能较完整地体现出某一历史时期的传统风貌和民族地方特色,具有重大历史价值或者革命纪念意义的小城镇。

(2) 特点

1) 具备古建筑和历史文化街区的特征

历史的积累性:古建筑和历史文化街区经过几百年甚至上千年的历史积累,是一代一代人智慧的结晶。

创作的艺术性:古时建一座建筑,经常是一群艺术家和建筑师的长期创作过程,再加上房主当时也有闲情逸致,建设周期可长达5年。

鲜明的时代性:每幢历史建筑都体现着不同时代的风格,我们所说的唐风、明风或清朝建筑,都有着不同的特色风貌。

文脉的继承性:一座城镇(村)的历史文化是不断延续的。❷

2) 具备淳朴的民风及浓郁的民族风情

具有古朴的民风、多彩的形态、独特的建筑和深厚的文化底蕴。❸

具有民族风情特色的旅游观光点,其旅游特色是集民族生活习俗、民族文化、民族建筑等于一体,极具诗情画意。如阿坝藏族自治州所属理县米亚罗民族风情区,不仅使游客沐浴在我国最大的红叶风景海洋中,而且神奇的藏羌文化、羌族的古寨、淳朴浓郁的民风等令游客流连忘返。

3) 具备革命纪念意义

革命纪念地类型的小城镇,是与中国革命发生极大联系的地方,如松潘毛儿盖会议会址,反映了红军长征中的一段惊心动魄的历史;或中国革命的伟大人物

---

❶ 马晓龙,黎筱筱. 资源型小城镇旅游发展模式与战略——临潼区研究 [J]. 小城镇旅游,2005(4).

❷ 仇保兴. 中国城镇化——机遇与挑战 [M]. 北京:中国建工出版社,2004.

❸ 王妮娜. 中国古城古镇古村古寨 [M]. 长沙:湖南人民出版社,2004.

故居所在地，如广安邓小平故居、南充仪陇朱德故居和乐至陈毅故居等。❶

(3) 此类型的旅游小城镇

1) 古村落

江南六大古镇：周庄、同里、甪直、南浔、西塘、乌镇。

浙江南溪江：芙蓉村、岩头村(园林瑰丽)、苍坡村、蓬溪村4个古村落。

安徽皖南古村落：皖南徽州地区是典型的"水口园林"景观(所谓"水口园林"就是村口溪水流经的水口地带，因借自然山水，广植高大乔木，点缀凉亭水榭，构成一幅质朴亲切的村落山水画卷)：黟县、西递、宏村、关麓、呈坎、唐模、歙县。

江西婺源古村落：清华、晓起、延川、思溪、理源、江湾镇、庆源。

福建永定土楼村落。

河南省博爱县寨卜昌。

2) 古城古镇

山西平遥古城、云南丽江古城、湖南凤凰古城、甘肃天水古城、云南喜洲古镇、湖南芙蓉镇、江西景德镇、四川福宝古镇、山西灵石静升镇、广西扬美古镇、浙江石塘镇。

3) 古村古寨

湖南张谷英村、江西流坑村、浙江诸葛村、浙江新叶村、陕西韩城党家村、山西丁村、贵州屯堡村寨。

(4) 我国首批历史文化名镇(村)名单

中国历史文化名镇(第一批)名单：

山西省灵石县静升镇

江苏省昆山市周庄镇

江苏省吴江市同里镇

江苏省苏州市吴中区甪直镇

浙江省嘉善县西塘镇

浙江省桐乡市乌镇

福建省上杭县古田镇

重庆市合川县涞滩镇

重庆市石柱县西沱镇

重庆市潼南县双江镇

中国历史文化名村(第一批)名单：

北京市门头沟区斋堂镇爨底下村

---

❶ 易德琴. 渝东北翼生态保护与城镇发展研究 [D]. 重庆大学硕士学位论文, 2007.

山西省临县碛口镇西湾村
浙江省武义县俞源乡俞源村
浙江省武义县武阳镇郭洞村
安徽省黟县西递镇西递村
安徽省黟县宏村镇宏村
江西省乐安县牛田镇流坑村
福建省南靖县书洋镇田螺坑村
湖南省岳阳县张谷英镇张谷英村
广东省佛山市三水区乐平镇大旗头村
广东省深圳市龙岗区大鹏镇鹏城村
陕西省韩城市西庄镇党家村

4.2.1.2 风景型

(1) 内容

风景实质上是在一定的条件之中，以山水景物及某些自然和人文现象所构成的足以引起人们审美与欣赏的景象。

风景区即景源集中、环境优美，具有一定规模和游览条件，可以供人们游览欣赏、休憩娱乐和进行科学文化活动的地域。

所谓风景型旅游小城镇即是位于风景名胜区内，依托优美的风景资源，旅游收入占主导地位的旅游小城镇。可以说，风景名胜区内的小城镇，具备与风景区相互协调、共生的关系，均属于该种类型。

以风景名胜为依托，发展旅游主导型小城镇。这类城镇以风景名胜为依托，通过与整个风景名胜区的整体开发相结合，发展成小城镇。这类小城镇既是风景名胜的有机组成部分，又是风景区的依托点。❶

(2) 特点

1) 满足风景构成的三要素：景物、景感、条件，引起人们审美和欣赏的风景旅游小城镇。

景物是风景构成的客观因素、基本素材，是具有独立欣赏价值的风景素材的个体。不同的景物，不同的排列组合，构成了千变万化的形体与空间，形成了丰富多彩的景象与环境。

景感是风景构成的活跃因素、主观反应，是人对景物的体验、鉴别、感受能力。

条件是风景构成的制约因素，是赏景主体与风景客体所构成的特殊关系。

2) 依托环境优美的风景名胜区，具备风景旅游服务功能。

---

❶ 王德彬. 内蒙古小城镇建设的原则、模式及途径 [J]. 内蒙古财经学院学报，2000(3).

3) 旅游城镇所辖区域内拥有风景名胜区，这一类型建立在旅游城镇有可资开发的风景旅游资源、有一定的区位优势的基础之上。其资源特色表现为：自然景观质量高，环境条件优越，人为破坏因素极少，布局和谐，气候宜人，借景空间范围广阔。

(3) 此类型的旅游小城镇

如浙江仙居县的白塔镇；新疆喀纳斯禾木村；福建省平潭县旅游村镇：坛南湾及各风景游览区内的村镇、田美镇、潭城镇；湖北鄂州市梁子镇；安徽巢湖市中庙镇；四川都江堰市龙池镇；四川盐源县泸沽湖镇等。

4.2.1.3 休闲度假型

(1) 内容

充分利用城镇的旅游资源，以旅游休闲、观光娱乐、度假为主体开发方式的旅游小城镇。旅游观光休闲度假的方式多种多样，如避暑避寒、野营露营、休疗养、温泉浴、海水浴、泥沙浴、日光浴、空气浴、森林浴等。此类休闲度假型小城镇常常以一种休闲度假方式或几种休闲度假方式为主，兼具其他旅游功能。

(2) 特点

1) 旅游度假一般选择在自然风景优美、气候舒适宜人、生态环境优良、区位条件优越的景观地带，休闲度假型小城镇自然具备度假条件和满足旅游度假休闲的功能。

2) 休闲度假型小城镇是一个融合度假旅游、观光旅游、会议旅游、商务旅游等多种旅游类型的综合性旅游区。度假区内的服务项目必须多样化，以满足不同类型、不同层次旅游者的需要。

(3) 此类型的旅游小城镇

如山东省即墨市鳌山卫镇；广东佛山高明市（县）杨梅镇；北京市昌平区长陵镇；福建省南平市夏道镇；四川省双流县黄龙溪古镇；四川省成都龙泉驿区的洛带镇。

4.2.1.4 生态型

(1) 内容

生态型旅游小城镇至今尚无确切的定义，世界各国对其理解和认识也不尽相同。1991年举行的世界建筑大会指出："生态城市必须是规划和建设在气候、文化、技术、工业和其所在地方条件等诸方面的整合（朱翔，1998年）。"国外一些学者认为生态城市必须是健康的、生态活泼的、人性的、生态良好的新技术城市（Sybrand Register，1987年）。我国近年来提出了小城镇可持续发展的概念，通过追求环境与资源效益的最大化和最优化，通过环境治理和资源节约提高人的生存能力，在追求环境和资源效益的基础上，提高社会空间、经济空间的利用效率，实现小城镇运行系统的全面生态化(朱宏兰,高伟生,2000年;刘怡,1998年)。尽管近年来我国各地的媒体和文件频繁地使用"生态城镇"、"生态小城镇"等概念,但究竟什么是生态小城镇,并没有给出明确的定义。

综合分析以上观点,并借鉴国内外对生态城市的定义,生态小城镇应包括以下几个要素:

1) 生态小城镇必须与规划和建设所在地的气候、文化、技术、工业和地方条件相适应;
2) 生态小城镇必须是健康的;
3) 生态小城镇必须是生态的;
4) 生态小城镇必须是人性化的;
5) 生态小城镇是应用新科技、新材料建成的新技术城镇;
6) 生态小城镇必须是可持续发展的。

由此可见,生态小城镇是基于小城镇社会—经济—自然复合生态系统,应用生态工程、社会工程、系统工程等现代科学和技术手段,结合新技术材料的使用而建成的健康的、生态活泼的、人性化的和可持续发展的人类居住区形式。❶

以自然生态环境、生物景观为主要旅游资源的旅游小城镇,生态环境包括森林、草地草原、水域、农业、珍稀生物、植物生态类群、动物群栖息地、物候季相景观和其他生物景观等,其中生态农业旅游小城镇是以农业文化景观、农业生态环境、农事生产活动以及传统的民俗为资源,融观赏、考察、学习、参与和娱乐等旅游活动为一体的旅游小城镇。

生态观光型旅游小城镇,一般处于远离城市的边远地区,或大城市周边,小城镇以自然田园山林风光吸引大城市居民的近距离出游,或以特殊的生态系统所表现出的景观特征吸引远距离的游客。这类小城镇的特色景观在于其特殊的生态系统,或乡村田园风貌的特色塑造和小城镇镇区优美环境的创造。❷

(2) 特点

1) 具有优美突出的自然生态环境,以自然生态风光取胜;
2) 群众具有很强的生态意识,注重生态建设;
3) "乡村旅游"的特点:这类旅游资源表现为"农家乐"的形式,这类小城镇的区位条件优越,其所属的乡村田园风光优美,是城市居民对回归大自然、融入大自然的追求的理想场所。

---

❶ 李卫. 生态小城镇建设理论初步探索 [D]. 北京林业大学硕士学位论文,2004.
❷ 朱燕. 旅游型小城镇形象的规划设计研究——以重庆市域的旅游型小城镇为例 [D]. 重庆大学硕士学位论文,2003.

生态小城镇的主要标志是❶：生态环境良好并不断趋向更高水平的平衡，环境污染基本消除，自然资源得到有效保护和合理利用；稳定可靠的生态安全保障体系基本形成；以循环经济为特色的社会经济加速发展；人与自然和谐共处，生态文化长足发展；城镇环境整洁优美，人民生活水平全面提高(全国城市规划执业制度管理委员会，2000 年；吴峙山，1991 年)。

首先，生态不仅反映小城镇环境优良程度，还包含小城镇功能布局的合理性，居住条件的特色内容，公共服务设施的人性化等诸多方面。

其次，生态小城镇通过运用生态学、社会工程等科学和技术手段进行一系列建设和改造，使小城镇成为布局合理、功能健全、环境良好的最优化居住形式。

再次，小城镇生态化过程中，需要解决不断出现的社会、经济、自然问题，而原有小城镇建设理论已不能完全解决这些问题，需要引入新学科、新领域的技术手段。

最后，小城镇是一个社会系统、经济系统和自然系统组成的复合系统，小城镇各个方面的生态化过程也就是系统各个指标的最优化过程，需要引入系统工程学的原理。

(3) 此类型的旅游小城镇

如江苏徐州铜山县汉王镇；新疆喀纳斯白哈巴、禾木村；浙江杭州安吉县；湖北秭归县归州镇。

4.2.1.5 要素型

(1) 内容

以旅游要素如吃、住、行、购、娱等作为主要旅游资源的旅游小城镇。此类旅游小城镇中除具备一定的风景及人文旅游资源外，主要以旅游要素作为主要的旅游吸引物，作为主要的功能来吸引游客。

(2) 特点

1) 以某种旅游要素为主要旅游特色，吸引专项旅游市场。

2) 旅游吸引物是旅游者决定流向的主要依据，是旅游产品构成的重要内容。旅游吸引物种类繁多，在价值量的计算上差异很大。特色美食这一旅游吸引物具有无法替代的地域、文化、历史价值。

特色美食是一种融物质与精神为一体的特殊文化现象。旅游者在览胜观光的同时，还需要有舒适的食、住、行、娱、购等物质享受。其中，食是第一位的。通过饮食来领略游览地的风味小吃、特色菜肴、名特产品，进而深入了解旅游地的风俗习惯、风土人情和文化特征等是游客的主要需要，所

---

❶ 李卫. 生态小城镇建设理论初步探索 [D]. 北京林业大学硕士学位论文，2004.

以特色美食在旅游经济中占有很重要的地位。其次，特色购物、特色娱乐、特色住宿、特色交通等都可以成为旅游吸引物，如湖南凤凰的蜡染布衣服，云南西双版纳景洪县的树上旅馆，海南黎族的竹竿舞以及湖南湘西的苗船等。

(3) 此类型的旅游小城镇

如云南瑞丽、畹町（边境贸易＋观光），东北、西北等边境小镇；江西景德镇；湖南凤凰县沱江镇。

4.2.2 旅游服务型小城镇

(1) 内容

所谓旅游服务型小城镇，是地处旅游风景点的建制镇。这类城镇多因地处旅游地带逐渐发展而成，旅游业的兴旺带动本区域内其他产业的发展。

旅游接待型小城镇是远离旅游中心城市的著名风景区的重要门户和游客主通道，小城镇本身一般缺乏旅游资源，但作为旅游接待地，它的特色景观在于优美整洁的城镇环境景观和得体的建筑景观，❶更主要的在于其特色旅游要素和特色、优质的旅游服务。

(2) 特点

第一，一般距离县城较近，或是某一区域范围的政治、经济、文化中心。

第二，与旅游地点邻接，可以近便地到达旅游地点。

(3) 此类小城镇

如贵州镇宁布衣族苗族自治县黄果树镇；贵州镇宁布衣族苗族自治县施洞镇。

4.2.3 综合型旅游小城镇

(1) 内容

旅游资源与旅游服务并重的旅游小城镇。此类小城镇在拥有一定的旅游资源的同时，利用小城镇的区位优势进行旅游服务内容的建设，实现资源与服务的双赢。

(2) 特点

1) 具备旅游资源型与旅游服务型小城镇的双重特点；
2) 旅游资源开发较为成熟，同时具备比较完善的接待设施；
3) 旅游业对小城镇其他相关产业的带动作用明显。

(3) 此类小城镇

---

❶ 朱燕. 旅游型小城镇形象的规划设计研究——以重庆市域的旅游型小城镇为例 [D]. 重庆大学硕士学位论文，2003.

如贵州镇宁布衣族苗族自治县施洞镇(龙舟节+民俗服务)。

4.3 小城镇旅游资源分类案例

4.3.1 资源型旅游小城镇案例分析

4.3.1.1 历史文化名城类型

晋中古城——平遥(图 4-1~图 4-3)

图 4-1 平遥古城

图 4-2 平遥景点：城隍庙

图 4-3 平遥民居

(出处：平遥旅游网 http://www.pytour.com/pyxs.htm)

1986 年被国务院公布为国家历史文化名城。

平遥古城在位于山西省中部，与太原相距约 90km，是一座具有 2700 多年历史的文化名城。平遥古城历尽沧桑，几经变迁，但自明清以来的 600 多年间，平遥城市面积和规划布局基本未变，成为迄今国内保存最完整的一座明清时期的古代县城。

(1) 资源特点

1) 珍贵的古代汉族民居建筑群

平遥古城内至今保存有近 4000 处传统的四合院民居，大多有百年以上的历史，其中 400 余处保存得相当完好，其中还有少部分为明代和罕见的元代民居，十分珍贵。这些古民居具有典型的中国汉民族北方地区特点，又是三晋地区民居的典型代表，具体表现在以下几个方面：

A. 是地上窑洞与四合院的完美结合；

B. 有狭长的平面布局和封闭的但极为丰富的院落空间；

C. 屋顶多为单坡和平坡相结合；

D. 民居院落整体形态为外雄内秀；

E. 民居中体现了丰富的中国传统风水和其他民俗内容。

平遥古城有众多的明清时期民居和古城墙、古街、古巷以及其他文物古迹共同完好地保留至今，是我国汉民族地区珍贵的孤例。

2) 独特而丰富的文物遗存

平遥古城素有"中国古建筑的荟萃和宝库"之称，文物古迹极多，整个古城完整地保存了 17～19 世纪的历史面貌，被誉为明清建筑艺术的博物馆，其古建筑及文物古迹，在数量和品位上均属国内罕见，堪称文物大县。

(2) 主要旅游景点

古城风貌、古城墙、明清商业街（市楼、票号财东宅用器物陈列馆、传统名吃铺、漆器艺术博物馆、同兴公镖局博物馆、天吉祥博物馆）、老票号、钱庄、双林寺、镇国寺、清虚观等。

(3) 平遥古城的保护

平遥古城得以保存完好并列入《世界文化遗产名录》，其过程是极其富有戏剧性的。古城因清末后中国的经济中心东移及其他诸多原因而逐渐被冷落下来，因经济发展较慢，至解放后，城内新建的建筑仍较少。但到 1981 年，在全国普遍兴起经济快速发展、城市大规模改扩建的高潮中，平遥古城也准备进行城市改造，在古城中纵横开拓几条大马路，拆除市中心原建的市楼等古建筑。当时的改扩建方案偶然被同济大学建筑规划学院的阮仪三教授闻知，他立即提出平遥古城是国家的历史文化名城，应给予完整保护。他提出了"新旧绝然分开，确保老城，发展新城"的方针，将城市改扩建改为另辟一块新区发展，在他的多方努力下，老城才得以完整地保留，并对外开放发展旅游业，所以平遥古城有"刀下留城"的说法。

(4) 开发利用方式

1) 南大街近年开辟了不少民俗客栈，是由原来的明清古宅改造而成的，既有古色古香的陈设，又有现代化的卫生、通信设施。其中较为出名的客栈有云锦成、天元魁、协顺隆、光绪客栈等。

2) 在平遥古城里众多的传统民居中，现已开发出十几处古民宅为重点游览景点，其中赵宅和王苌廷故居又被开发为集食、游、宿为一体的客栈。

3) 除上述介绍的几处名居之外，重点参观民居还有位于仓巷街 44 号的赵大第旧居、位于仁义街 37 号的王沛森旧居、位于范街 3 号院的张生瑞旧居、位于葫芦肚巷 7 号的冀玉岗旧居和位于西巷 14 号的范治旧居等。

高原春城——丽江(图 4-4～图 4-7)

图 4-4　古城新华街双石段

(出处：丽江纳西网 http://www.lijiang.com/)

图 4-5　古城建筑

(出处：丽江纳西网 http://www.lijiang.com/)

图 4-6　古城小巷

(出处：丽江纳西网 http://www.lijiang.com/)

图 4-7　古城八河

(出处：丽江纳西网 http://www.lijiang.com/)

丽江，是一个神秘而美丽的地方。在 1986 年被国务院公布为国家历史文化名城。丽江古城位于云南省西北部，地处滇西横断山脉与滇中高原的交界处，处于玉龙雪山、金沙江的怀抱之中，坐落于丽江坝子中央，海拔 2410m，面积 3.8km^2，人口约 2.5 万，是纳西族聚居地，还有汉、白、傈僳等 11 个民族居此，是全国惟一的纳西族自治县。

(1) 资源特点

1) 优美的自然景观

丽江古城坐拥于群山、河流之中。群山是指东北边的象山、金虹山和西北边的狮子山，古城就位于这三座山的结合部处。群山围着丽江坝子，丽江坝子又围着古城。古城原名大研，因整个丽江坝子形似一块大砚，"砚"与"研"相通。古城四周的丽江坝子青葱滴翠，有大自然绿海金浪的庄稼和牧歌清芬的草坪，有明净幽秘的湖水，更有无数淡泊宁静的村庄。紧邻古城周围，就有国家级、省级、地区级的旅游景点十多个，其中最为辉煌就是玉龙雪山和金沙江。古城就静处于这样的环境之中，日渐古朴、完美。

2) 独特的城市布局

整个丽江古城在城市建设中，未受"方九里，旁三门，国中九经九纬，经途九轨"的中原建城方式的影响。古城没有城墙，"城依水存，水随城在"是它最大的特点。丽江古城没有中规中矩的道路网，而是依山就水，路随地势，不求方正，不拘一格地随地形变化建房立街。房屋层叠起伏，错落有致，街道亦结合水系、坡势而建，往往不求平直但曲径通幽，形成了疏密有致、极为和谐的街景与城市空间。

丽江古城里的玉龙河和狮子山将城市清晰地一分为二，西边主要是近十几年修建的新城区，而东边就是保存完整的古城区。古城区以四方街为活动中心和商贸中心，以新华街、新义街、五一街、七一街等5条街道向四周辐射、延伸。

(2) 丽江古城的布局特色及城市生态资源价值分析❶

丽江古城以玉龙雪山为背景，以玉泉流水为血脉，以随地赋形的街道为骨骼，以民居为主体，以民族文化为灵魂，共同构成了自己独具的特色，这是纳西和其他民族的先民世代智慧的结晶，是先民们辛勤劳动培育出来的硕果。❷

1) 丽江古城的布局特色及其城市生态旅游资源价值

丽江古城的布局，既遵循了"以水先行"的中原古城建文化，又传承了以"独山拥江，负险立寨"为特点的本土文化。❸ 城市建设尊重自然，亲和自然，古城在历经数百年的累积和从内到外的发展过程之后，始终保持着一种似是无序却有序的自然形态平面格局。沿中河、西河、东河跨3条河呈自然形态布局，由此而形成的聚落形态，大都沿山势、水势布局，灵活多变，古城的整体轮廓与所在的地形、地貌、山水等自然环境取得和谐统一，体现出纳西族城镇的风貌，表现了纳西族的自然生态观念。如今，古城居民依靠穿街过巷的玉河水系，千年不

---

❶ 唐跃军. 丽江古城城市生态旅游开发研究 [D]. 武汉大学硕士学位论文, 2004.

❷ 余海波, 余嘉华. 木氏土司与丽江 [M]. 昆明: 云南民族出版社, 2002: 182.

❸ 严爱琼, 李和平. 丽江古城建城环境特色探讨. 工业建筑, 2002(8): 2.

衰，生生不息。在现代工业文明的强烈冲击下，古城发展足迹却古风犹存，成为世界宝贵的历史文化遗产。

A. 街巷空间：丽江古城的街巷起着划分和连通古城空间，容纳与组织古城功能的作用，街坊大都由自然曲折的街巷和水网分割，具有很大的随机性，面积大小相差悬殊，形状大都不规整。❶ 古城商贸中心四方街和3条河道（中河、西河、东河）对道路网络的形成起着主要的控制作用，道路陡峻迂回，街巷空间变化多端。古城的街道全系步行交通，街道两侧的建筑，有大小繁简不同的门楼、坚挺质朴的土石墙面、形态各异的雕花门窗、高低起伏的叠落式屋顶以及街头巷尾的绿化、水井、水塘等，给人以步移景换的感受，显现出变化多端、虚实对比的街巷空间效果。街道的宽度与高度比在1～2之间，形成亲切宜人、别具特色的深街幽巷。街巷路面铺以光滑整齐、图案自然雅致的五花条石，路面均设计有高度不同的倾斜度，主要是便于洗街和排水。古城的道路雨季不泥泞，旱季不飞灰，常年显得十分干净。

古城著名的四方街，是露天摊贩市场，也是古城的市中心。❷ 四大主街和两条侧街均从四方街向四周辐射开去，每条主街又各分出诸多小街窄巷，形成逐层外扩的格局，使四方街成为古城街巷四周道路的交会枢纽。

B. 水巷空间：水是丽江古城自然景致的灵魂。❸ 丽江古城对水的利用相当科学，全城由一泉起源，通过点、线、网状的大小河道渠沟而流经千家万户，既担当城市消防、居民用水的任务，又创造了"高原姑苏"风貌特色。❹ 水巷空间的源头是黑龙潭，形成自然河——玉河，后开挖的两条人工河——西河、东河，都是分匀玉河水。西河、中河、东河形成三大主流，入城后再分成若干细流，既保证居民日常用水，又防止玉河洪水泛滥。3条河水紧密交织在古城里，形成寻状水网，临街穿巷，入墙过屋，流遍全城。水面时隐时现，最宽处5～6m，最窄处不足1m。❺ 古城的街道依河而建，根据河水的来龙去脉布街辟路，古城一派"家家门前流清水，户户垂柳拂屋檐"的神奇高原山城水乡风光。❻

水占据丽江古城生活的核心位置。著名的"三塘水"就是丽江的一大创造，❼ 在古城多处可见，是一种节约用水、合理用水的良好形式，成为历史性景观和乡土景观的重要组成部分。

---

❶ 周文华. 云南历史文化名城 [M]. 昆明：云南美术出版社，1999：66-71.
❷ 石克辉，胡雪松. 云南乡土建筑文化 [M]. 南京：东南大学出版社，2003：133-135.
❸ 杨福泉. 纳西文明——神秘的象形文古国 [M]. 成都：四川人民出版社，2002：118.
❹ 丽江地区地方志编委会编. 丽江地区志 [Z]（上卷）. 昆明：云南民族出版社，2000：134.
❺ 严爱琼，李和平. 丽江古城建城环境特色探讨 [J]. 工业建筑，2002(8)：2.
❻ 杨福泉. 纳西文明——神秘的象形文古国 [M]. 成都：四川人民出版社，2002：120.
❼ 杨福泉. 纳西文明——神秘的象形文古国 [M]. 成都：四川人民出版社，2002：119.

C. 古桥的营造：桥是联络贯通丽江古城水系和街道系统的结构关节，将古城地面、水面牵系在一起，也是古城最早的建筑之一。在约 2km² 的古城区内，有大小桥 354 座，其密度为每平方公里 93 座，❶ 如著名的大石桥、万子桥、百岁桥、南门桥等。

丽江古城的桥还是古城的集市地和公共交流的场所。例如，中河上的大石桥，四方街南北两侧的石拱桥，均是丽江著名的古桥市遗址和独有的集市景观。

D. 民居建筑：城镇、建筑本身是社会生活的物化形态，民居建筑较之官府衙署、寺庙殿堂等建筑更能反映一个民族与一个地区的经济文化、风俗习惯和宗教信仰。丽江古城民居在布局、结构和造型方面按自身的具体条件及传统生活习惯，有机结合了中原古建筑以及白族、藏族民居的优秀传统，并在房屋抗震、遮阳、防雨、通风、装饰等方面进行了大胆创新发展，形成了独特的风格。其鲜明之处就在于无一统的构成机体，明显表现出依山傍水、穷中出智、拙中藏巧、自然质朴的创造性，在相当长的时间和特定的区域里对纳西民族的建筑艺术发展产生了巨大的影响。丽江民居是研究中国建筑史、文化史不可多得的重要遗产。❷

丽江古城的民居在建筑布局形式、建筑艺术手法等方面都有鲜明的地方特色，民居主要以合院式住宅为主，基本单位一般为三开间、内天井、中间厅堂、两侧两房，设独立式门楼，在此基础上，利用有限的基本单元组合成多变的院落，组合规划和方法不尽相同，形成多种模式化的平面格局。如"两坊拐角"、"三坊一照壁"、"四合五天井"、"前后院"、"一进两院"、"多院组合"等，其中"四合五天井"的建筑平面格局是纳西族传统文化的遗留。❸

丽江古城庭院园林与居民生活关系最为密切，采用各色卵石作为天井铺地，镶嵌成各种象征性花纹图案，既经济实用，又富有一定文化内涵的特征，这是丽江居民庭院的一大特色。❹

2）丽江古城的空间结构解析

在纳西族的传统空间理念中，对于山与水、神与祖先、森林与太阳的崇拜直接影响了纳西族村镇聚落的选址与布局。❺

对于纳西族来说，东方是太阳升起的方向，代表着光明和生命，因此民居建筑以坐西朝东为最佳朝向。山是神的居所，而水代表着与祖先联系的脉络，因此山、泉及其周围的森林受到虔诚的崇拜和严格的保护。所有这些，都使得纳西族

---

❶ 丽江地区地方志编委会. 丽江地区志 [Z]（上卷）. 昆明：云南民族出版社，2000：134.
❷ 屈维丽. 丽江古城 [M]. 广州：广东旅游出版社，2003：13.
❸ 丽江地区地方志编委会. 丽江地区志 [Z]（上卷）. 昆明：云南民族出版社，2000：849.
❹ 石克辉，胡雪松主编. 云南乡土建筑文化 [M]. 南京：东南大学出版社，2003：136-145.
❺ 郭大烈. 纳西族文化大观 [M]. 昆明：云南民族出版社，1999.

的居住空间具有山水相依的宜人环境和人神共处的象征性格。❶

古城外围的雪山河流具有神话与宗教的象征意义，属于象征领域；内部的小桥流水人家具有日常起居的功能，属于生活领域。❶ 这两个领域在纳西族的文化意识上密不可分，又在空间上清晰地分开，互不混居杂处，各自保持着高度的纯粹性。象征领域中分布着具有神话意义的玉龙雪山和金沙江等自然空间，以及东巴教的圣地白水台和佛教的寺院玉峰寺等宗教场所。丽江纳西族信仰的东巴教是原始的自然崇拜，没有固定的场所，不修建寺庙等建筑物，森林、雪山、泉水和河流等自然空间被当作圣地受到崇拜。❷ 这些场所都分布在城区之外，与日常的生活起居截然分开，充溢着精神世界的神圣氛围。

另一方面，在丽江古城内部则是纯粹的生活领域，全部由住宅、店铺、衙署等日常生活空间构成，而没有寺庙、宗祠等非日常生活设施，世俗色彩强烈，生活气息浓厚。古城中密布着以三坊一照壁为代表的民居建筑，以四方街为中心的商业店铺，用五花石铺就的街巷，由西河、中河和东河构成的用水系统，以及以"三眼井"为代表的水井设施。所有这些都与居民的日常生活起居直接相关，表现出纯粹的单一型空间构成特征，而没有采用城市内部点缀寺庙或宗祠的混合型空间构成。同时，古城外围的象征领域与内部的生活领域通过神话、艺术等形式紧密地联系在一起，玉龙雪山、狮子山和黑龙潭等自然景观是反复出现在纳西族神话、民歌、经书和文字中的主题，成为纳西族空间理念的符号和神灵的象征。具有代表性的如海拔 5596m 的玉龙雪山，它远在古城以北 15km 处，在东巴经中被称为"玉龙第三国"❸，是三多神❹ 的化身，具有神话的象征意义，同时又作为年轻人憧憬的爱情的理想王国❸，渗透进古城居民的日常生活意识。由此，玉龙雪山跨越了象征领域与生活领域的界限，成为精神世界与世俗世界共通的文化主题。

在丽江的象征领域与日常领域之间，形成了多义性的中间领域，如狮子山和玉龙分水处。中间领域既是象征领域的结束，又是生活领域的开始，兼具精神象征的意义与日常生活的功能。❶ 水在纳西族文化和空间理念中具有特殊重要的地位，在丽江古城的不同领域中表现为多种形态：在象征领域里，表现为玉龙雪山的雪、黑龙潭的泉潭以及玉河的河水，属于具有精神意义的自然形态；进入了古城内部的生活领域之后，水就以河道、水渠的形式出现，属于满足日常生活需要的人工形态；而在玉龙桥的玉龙分水处，玉河被分为三股，作为生活用水流入古城的大街小巷，通过"分水"的空间仪式从自然形态向人工形态转化。在这个意

---

❶ 张天新，山村高淑. 丽江古城的日常生活空间结构解析 [J]. 北京大学学报（自然科学版），2003(4)：469.
❷ 杨福泉. 多元文化与纳西社会 [M]. 昆明：云南人民出版社，1998：18-27.
❸ 和湛. 丽江文化荟萃 [M]. 北京：宗教文化出版社，2000：330-339.
❹ 杨福泉. 多元文化与纳西社会 [M]. 昆明：云南人民出版社，1998：34.

义上,玉龙分水处是从象征领域向生活领域、从精神范畴向世俗范畴转换的中间领域,具有空间的多义性特征。

总之,丽江古城是一座具有较高综合价值和整体价值的历史文化名城,它集中体现了地方历史文化和民族风俗风情,体现了当时社会进步的本质特征。流动的城市空间、充满生命力的水系、风格统一的建筑群体、尺度适宜的居住建筑、亲切宜人的空间环境以及独具风格的民族艺术内容等,使其有别于中国其他历史文化名城。❶ 古城科学合理的城市布局为现代旅游业的发展营造了独具魅力的环境氛围,是古城城市生态旅游开发的重要资源系统。

南阳市社旗县古镇保护(图4-8～图4-11)

图4-8 山陕会馆

图4-9 古牌坊

(出处:社旗网 http://sheqi.nynews.gov.cn/luyou/sshg/index.htm)

图4-10 千翠湖

图4-11 太和砖楼

(出处:社旗网 http://sheqi.nynews.gov.cn/luyou/sshg/index.htm)

---

❶ 屈维丽. 丽江古城 [M]. 广州:广东旅游出版社,2003:11.

(1) 资源特点

社旗县历史悠久，文物古迹众多，现有国家级文物保护单位 1 处，省级文物保护单位 1 处，县级文物保护单位 23 处。支撑历史文化名城的不仅是众多的文物古迹，更为重要的是具有历史完整性和历史原真性的传统街区。

老城内的历史街区清晰地勾勒出古镇几千年的发展历程，城内 72 条街巷保存较完好，并基本使用清时用名。街道格局成棋盘井字形，空间尺度宜人，南、北瓷器街板门店铺林立，商住院落建筑群集中，被誉为"清代一条街"。沿街建筑多为前店后宅式两层传统店铺，其中国家级历史文物保护单位山陕会馆更具魅力，它是中国会馆建筑的典型作品，建筑集宫殿、商馆、民居建筑之艺术精华，具有雄伟壮观和玲珑秀丽的南北建筑风格相结合的艺术特点，其建筑装饰木雕、石雕、砖雕、琉璃制作、彩画、刺绣均具有鲜明的艺术特色和审美价值。

(2) 城区现状

现社旗古镇内 72 条街格局依旧，古城墙蜿蜒曲折，具有完整历史面貌的清代一条街、古色古香的商府票号，以及建筑风貌依旧的清代商业民居。

但随着城市发展，人口剧增，古镇街区已遭到许多破坏，传统的"下店上宅"式的居住方式被打破，院落中自行加建、改建的现象十分普遍。另外，老城区的公共设施已不能满足人口增长的需要。由于房屋年久失修，传统木结构建筑普遍出现程度不同的破损，加之住户随意改建、拆建，使得院落空间杂乱，原有传统空间肌理变形、异化。

(3) 古镇的保护

1) 整体风貌保护（规划内容）

在老城区外围形成绿色保护圈，与老城一起构筑风景秀丽、生态良好、极具历史风貌的古镇形象。

控制建筑物高度，建筑形式、风格要有民族特色，保持较大绿化比例。重点历史文化保护区周围划为环境协调区，该区内应控制建筑高度，以保证观赏点之间良好的视线走廊，并应大量应用传统建筑风格，保持与历史景观之间的空间联系。

2) 具体对象保护

保护对象以下列标准进行选择：

A. 与历史事件有关的建筑；

B. 保存比较完好的典型实例；

C. 历史街区的标志性节点和边界。

同时，划出古建筑的保护等级，根据不同的等级采取不同的保护措施，不允许随意修改和拆除。重点保护区内的建筑应严格控制，其建筑风格应同古镇相协调；一般保护区内的建筑可不拘泥于古建筑形式，但带有古街韵味，避免与之混淆。

(4) 开发利用方式

社旗古镇的开发利用方式应遵循"合理利用、有效开发"的原则。

古镇遗存合理利用遵循以下几种模式：

1）恢复原初功能

由于年代久远，有些古镇遗存及其功能保存已不完整，甚至遭到破坏名存实亡，因此，应当根据名城的资源特性，恢复其原初功能。

2）名城价值的重视和提升

要将原来拥有的建制恰当地呈现出来，被湮没的要重视，把不明显的、价值不高的加以提升和集汇。

3）文化内涵的利用

古镇的文化特色是可持续发展的关键因素，在规划中应充分结合当地的会馆文化，恢复一些老字号，建设具有社旗古镇特色的历史文化名镇。

古镇的有效开发由以下几个方面构成：

1）能体现名城遗存的历史文化特色；

2）与名城遗存的环境相融合；

3）能促进与带动地方经济发展；

4）改善老城区环境和设施，方便市民生活。

老城区的保护必须同恰当地利用相结合方能持久。为了改善市民生活，将拆除那些有碍老城风貌的大体量现代建筑，搬迁酒厂、药厂等污染企业，把用地规划为绿地，改善居住环境，使原来单调的街道空间变得丰富多彩。❶

湖南省岳阳县张谷英镇张谷英村（图4-12～图4-15）

图4-12　古民居

图4-13　古民居外墙

---

❶ 郭明，闫欲晓. 历史文化名城的保护和利用——由社旗县历史文化名镇规划引起的思考 [J]. 小城镇建设，2004(5).

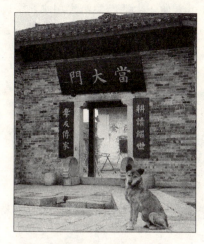 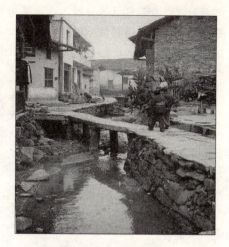

图 4-14 民居大门　　　　　　　图 4-15 张谷英村

(出处：徐作军 http：//www.cameraunion.net/forum/showthread.php? threadid=169619)

(1) 关于大屋风水、环境意象、生态等传统文化的发掘

张谷英大屋的风水格局和环境意象，包括村落选址布局与自然山川有机和谐地结合，无不显现出浓郁的传统文化特色和先人在这一方面所表现出来的智慧。因此，在保护这一古建文化的今天，必须充分认识其文化内涵并在此基础上发掘与弘扬。

1) 传统哲学思想的发掘

风水是我国独树一帜的文化现象，它是集古科学、哲学、伦理学、心理学、美学、民俗乃至生态观念于一体的综合性理论体系。古村先人在选址张谷英村时，充分展现出"天人合一"的哲学思想境界，大屋北依"龙形山"，前有"玉带"环绕的渭溪河，正应传统思想中的大禹治水方略，为最适宜"宅居"的地方。张谷英大屋地理生态与景观审美方面显现出的传统学术价值以及"天人合一"哲学思想的体现，对古村保持长期历史发展的重要性和影响力是不言而喻的。

2) 传统生态思想的发掘

传统风水的环境格局与生态选址的理想模式实质上就是对地质、水文、日照、风向、气候、景观等一系列的自然地理环境因素做出优劣的评价和选择，从而达到趋吉、避凶、纳福的目的。

风水观念中最佳村落基址为：基址后面有主峰山——来龙山，左右有岗阜的左辅右弼山(或称为青龙、白虎砂山)，山上要保持丰茂的植被，正前方有月牙形的池塘或弯曲的水流，水的对面还有一个对景山——案山，轴线方向最佳者为坐北朝南，基址正好处在这个山水环抱的中央，地势平坦而具有一定的坡度。不难想象，这种自然环境，背山可以屏挡冬日北来的寒流，而水则可迎接夏日南来之风，朝阳可以争取良好的日照，而且还可取得方便于生活与灌溉之用水，缓坡可以避免淹涝之灾，植被可以保持水土调节小气候。总之，这种理想的基址，容易在农、林、牧、副、渔的生存交替中形成良性的生态循环。张谷英村与这一传统风水理想基址完全吻合。

3) 传统风水景观的发掘

风水最佳选址通常包含以下一些基本的景观元素：

A. 以基址背景的主山、少祖山、祖山为衬托，形成多层次的立体画面，增强了风景的深度感和距离感。

B. 以河流、小溪、水池为基址前景，形成开阔的视野，隔水相望，恰似一幅波光水影、绚丽多姿的画面。

C. 作为风水地形之补充的人工风水景点如阁楼、牌坊、桥梁等，均具有易识别性和观赏性。

在发掘和保护大屋灿烂文化的今天，我们必须从客观实际出发，在尊重大屋原有风貌与景象的基础上，以修补与适当增添人文景观为主要手段，重塑昔日古村之风韵。

(2) 保护和开发方式

对于这样一个具有600多年悠久历史的古建筑文化精髓，在保护性发掘其文化内涵的同时，进行较合理的开发，并使其文化价值更具有魅力，将成为建设具有浓郁乡土气息的保护型生态农庄的理想模式。像张谷英古村这种具备典型的传统环境格局与生态选址的古村落，最易在农、林、牧、副、渔的生存交替中形成良性的生态循环，在开发建设这一瑰宝的时候，必须抓住以大屋为中心建设生态农庄这一基本点，立足就地取材，立足尊重原貌。

1) 关于大屋生态功能的修复与建设

对大屋生态空间的评价，不妨从下面5个功能机制的综合效应来说明和评价。

A. 光能利用方面：206个采光天井底下对应的水池的光反射及白光色散效应，促进了光辐射向热能的转换，从而较好地解决了大屋冬天取暖的一部分问题。故而我们有必要对现有206个采光天井下的水池加以修复，以确保其光能利用功能的正常发挥。

B. 风能利用方面：利用室内外温差，把空气导入大屋60多条巷道，并直通10个上堂，同时利用连通各天井下方水池的排水通道，使室内外空气对流，从而较好地完成了空气的新陈代谢。所以，对原有巷道和地下排水通道的修整也将是一个重要的保护内容。

C. 热能利用方面：大屋的厨房、炉灶墙连接卧室，利用火炕炊事余热取暖。故在保护大屋的今天，不妨拆除大屋内已建造的一些现代炊灶，复原先人原始的做法。

D. 循环效应方面：大屋在维护大自然的空气循环、水循环以及由此带来的热循环方面是值得去探索和保护的。

E. 视觉效应方面：大屋在结构布局上采用这种传统的"丰"字形院落环境，空间层次丰富，与地坪标高相差不多的范围使人们感觉到与万事万物共融；大屋牌坊与大屋间连接前坪与烟火塘，在视觉上既感庄严又觉可亲。

2）经济植物的开发和建设

对古村实施经济植物开发的过程中，宜紧紧抓住环绕大屋四周的两道封闭圈有计划地植种林木花果树，在第二道封闭圈的山峦上大量种植楠竹、杉木、梓木及常青林木等，同时恢复村头、地坪的古村大树及风水林。这样，形成两道郁郁葱葱的果林带和植被，不仅能够保持水土，而且可以调节温湿度，形成良好的小气候和怡人的自然环境。

3）农、牧、渔的合理开发和建设

自谷英公选址建宅开始，便确定了其后裔是以农业生产活动为主的田园生活取向，这也是中国封闭的自给自足的农村经济最典型的体现。必须在尊重原创意的基础上，结合其实际，努力构造一个农、林、牧、副、渔生存交替中形成的良性生态循环。因而其一，要还原大屋四周原貌，使之迅速形成一个土地肥沃、蛙叫蝉鸣的农作物生态园；其二，应当充分利用渭溪河水、池塘以及环绕大屋的第一道花木果树山等地理环境，适量养殖鸡、鸭、鱼、猪等畜牧，使之形成一个鸡鸭成群的动物生态链。这样，植物、动物、人群组成的一个良性循环的生态农庄必将自现其貌。❶

古村落保护——安昌古村落（图4-16、图4-17）

图4-16 村内小桥

图4-17 村内小河

（出处：中国绍兴政府门户网 http：//www.sx.gov.cn/portal/main/）

---

❶ 张轶群. 同一个屋檐下的聚落——张谷英村扫描［J］. 小城镇建设，2004(8).

浙江绍兴市安昌镇1991年被列为浙江省首批历史文化名镇,为绍兴四大名镇之一。安昌古村落北枕大和山,东西旗鼓对峙,西小江自西北向东南蜿蜒曲折穿境而过,地势西高东低。

(1) 安昌古村落现状存在的问题

1) 由于长期以来缺乏有效的规划管理,古镇风貌遭到了一定程度的破坏,比如拆除牌坊、翻轩、寺庙,拓建道路,新建风格不协调的建筑等。

2) 一些重要传统建筑不同程度地被占用——做办公室或仓库等,缺乏维修和管理,使其得不到合理利用和展示,古建筑日益破坏。

3) 由于社会生活生产方式的剧烈变化,原有的公共设施和商业网点日渐衰退,已不能满足现代生活需要,急需补充和改造。

4) 老台门建筑原有主人大多已不在当地,后搬入的居民在台门内乱搭乱建,致使一些传统建筑被毁,而新房建设又过快过大,破坏了古镇的古朴景观。

5) 由于缺乏必要的卫生设施,居民卫生习惯差,生活污水随处排放,造成街河被污染,整体卫生状况欠佳,同时建成区的绿化面积过少,环境质量不高。

(2) 保护措施

1) 功能的改善

A. 安昌现有的功能已趋于居住化,商业功能已逐渐退化,对外商业功能已几乎丧失。为满足居民的基本生活需要,保持现有江南商业规模是必须的。

B. 为配合今后的旅游开发,原有老街上的商业功能应逐步转化,加强为旅游服务的功能,开辟旅游商业,而将居民需求之商业功能移至新区。

C. 现存住宅内部根据建筑价值等级、质量状况进行适当的改造,增加必要的厨卫设施,改善居住条件。

D. 整修现有建筑的外观,恢复沿河翻轩,广开绿化,使古镇的风貌在原有的基础上得到恢复光大,使古镇的旅游功能得到强化和确立。

2) 用地布局的调整

A. 将古村落区范围内的,尤其是沿河两岸核心地带内的工厂、仓库全部迁出。原来是重要历史建筑的应当恢复原貌,如城隍庙等,其余可改建成商店和文化娱乐设施,风貌要与周围传统风貌相协调,以适应游客的需要。

B. 在适当部位要增添绿化和广场用地,以供人们休闲需要,可以结合原有戏台的恢复一起考虑,组成一个综合性的集散处。

C. 对于现有居住用地要加以控制和引导,根据需要可将部分居民调整到新区居住,将重要地段的民居改建成展示用地。

3) 空间形态的保护

A. 由街—河—街并行组成的线形空间是安昌古镇的主要特色,这个复合空间可以使人在岸上行走与在河上行驶产生不同的空间感觉，充分体现了水乡特点。对于这个复合空间应绝对保护，并尽可能恢复沿街翻轩，维护街道原有尺度。

　　B. 古村落应以商业街为核心，它拥有完整的街巷体系，尺度不尽相同，空间大小不一，分别体现出不同的功能。街巷是古村落的脉络，必须加以完整地保留，既可作人们的游览道路，又能让人们感受到传统的街巷空间。

　　C. 台门建筑有一定的格式和布局，它们在空间形态上反映了当地的建筑文化内涵，应重新展示在人们面前。

　　D. 作为水乡，就必须有丰富的水际空间，所以，必须恢复已被填塞的河段，保护古镇水际空间形态。❶

　　宏村、西递村（图 4-18～图 4-25）

图 4-18　宏村（一）

图 4-19　宏村（二）

图 4-20　宏村（三）

图 4-21　宏村（四）

（出处：古镇中国 http：//www.sozhen.com/）

---

❶　沈兵明等. 安昌古村落保护规划特点及其启示 [J]. 小城镇建设，2003(6).

4 小城镇旅游资源分类与评价

图 4-22　西递(一)

图 4-23　西递(二)

图 4-24　西递(三)

图 4-25　西递(四)

(引自：古镇中国 http://www.sozhen.com/)

  1999年的联合国教科文组织第24届世界遗产委员会上，安徽省黟县西递、宏村两处古民居以其保存良好的传统风貌被列入世界文化遗产，这是黄山风景区内的自然与文化景观第二次登录世界文化遗产名录，也是中国继北京后第二座同时拥有两处以上世界遗产的城市，同时也是世界上第一次把民居列入世界遗产名录。

  皖南山区的黟县是一个人口仅十来万的小县，西递、宏村就坐落在这里。唐朝大诗人李白曾赞美道："黟县小桃源，烟霞百里间。地多灵草木，人尚古衣冠。"道出了皖南乡村的独特意境：山水风物幽美，古老文化酝酿出淳厚从容的民风人情。

  作为皖南古村落代表的西递、宏村早在进入世界遗产之前就已经闻名遐迩。实际上，这里离南京、合肥400km，距杭州不足300km，在游人如织的黄山脚下，西递、宏村背倚秀美青山，清流抱村穿户，数百幢明清时期的民居建筑静静伫立。高大奇伟的马头墙有骄傲睥睨的表情，也有跌宕飞扬的韵致；灰白的屋壁被时间涂画出斑驳的线条，更有了凝重、沉静的效果；还有宗族祠堂、书院、牌坊和宗谱。走进民居，美轮美奂的砖雕、石雕、木雕装饰入眼皆是，门罩、天井、花园、漏窗、房梁、屏风、家具，都在无声地展示着精心的设计与精美的手艺。

西递、宏村古民居群是徽派建筑的典型代表，现存完好的明清民居440多幢，其布局之工、结构之巧、装饰之美、营造之精为世所罕见。

有950年历史的西递村面积近$13hm^2$，位于黟县县城东8km，整个村落呈船形，现有从14～19世纪的祠堂3幢、牌楼1座、古民居224幢。这里至今完好地保存着典型的明清古村落风格，民居中保存完整的古民居尚有122幢，被誉为"古民居建筑博物馆"。

西递村是一处以胡姓宗族血缘关系为纽带的古村落。这里的胡姓原为唐朝李氏皇帝的后裔，为躲避追杀到此避难，并世代繁衍生息于此。由于历史上较少受到战乱的侵袭，也未受到经济发展的冲击，村落原始形态保存完好，始终保持着历史发展的真实性和完整性。现保存的"精品"明清民居的主人，都是当年的徽商，所以直到今天，民居的客厅条案上，还摆着"老三样"：东瓶西镜，中间自鸣钟，寄寓着家人对在外经商亲人"永远平平静静"的希望。

西递村四面环山，两条溪流从村北、村东经过村落在村南会源桥汇聚，村落以一条纵向的街道和两条沿溪的道路为主要骨架，构成东向为主、向南北延伸的村落街巷系统。所有街巷均以黟县青石铺设，古建筑为木结构、砖墙围护，木雕、石雕、砖雕丰富多彩，巷道、溪流、建筑布局相宜。村落空间变化韵味有致，建筑色调朴素淡雅。

园林化情调是黟县西递古民居的又一艺术特色，小庭院内地面或铺设青石板，或用不同颜色的鹅卵石铺成图案。

宏村位于黄山的西南麓，黟县县城西南11km处，原是古代黟县赴京通商的必经之处。整个村落占地约$28hm^2$，其中被界定为古村落范围的面积有$19.11hm^2$。宏村距西递仅有18km，气候大致相同。

宏村始建于南宋绍兴年间(约1131～1162年)，距今约有900年的历史。宏村最早称为"弘村"，据《汪氏族谱》记载，当时因"扩而成太乙象，故而美曰弘村"，清乾隆年间更名为宏村。

宏村是以汪氏家族为主聚居的村落。汪氏是中原望族，自汉末南迁，其后裔遍布江南各地。宏村汪氏祖籍金陵，约在南宋时迁居到徽州，是为宏村始祖。

宏村整个村落布局似牛形，故被人们称为"牛形村"。全村以高昂挺拔的雷岗山为"牛头"，满山青翠苍郁的古树是牛的"头角"，村内鳞次栉比的建筑群是"牛身"，碧波荡漾的塘湖为"牛胃"和"牛肚"，穿堂绕屋、九曲十弯的人工水圳是"牛肠"，村边的4座木桥为"牛腿"，宏村就似一头卧牛处于青山环绕、稻田连绵的山冈之中。

宏村有着类似方格网的街巷系统，用花岗石铺地，穿过家家户户的人工水系形成独特的水街巷空间。在村落中心以半月形水塘"牛心"——月沼为中心，周边围以住宅和祠堂，内聚性很强。村落里现存有明清时期修建的民居158幢，其中的137幢保存完整。清民居建筑不仅拥有优美的环境、合理的功能布局和典雅的建筑造型，而且与大自然紧密相融，创造出一个既合乎科学，又富有情趣的生活居住环境，是中国传统民居的杰出代表之一。

村中民居大多将圳水引入宅内，形成村落特有的"宅园"、"水院"，使宏村的民居建筑开创了徽派建筑里别具特色的水榭民居模式。宏村是徽州传统地域文化、建筑技术、景观设计的杰出代表，具有极高的历史、艺术、科学价值，是徽州传统建筑文化的真实见证。宏村已被联合国教科文组织列入了《世界文化遗产名录》。

宏村人在南湖北畔建私塾6所，称"倚湖六院"，专供族人子弟授业解惑，以育人才之用。清嘉庆十九年(1814年)，六院合并重建，取名为"以文家塾"，又名"南湖书院"。书院占地面积6000余平方米，建筑高大宏伟，庄严宽敞，为徽州古书院代表建筑之一。

宏村古建筑中的承志堂，是皖南古民居中宏大、精美的代表作。这里仿佛就是徽派木雕工艺陈列馆，目光所触，尽是木雕镂空门窗，前厅横梁上的"宴官图"，中门上方护楼板上的立柱雕着"渔樵耕读"和南北财神，斗栱上是"三国演义"，边门上方的"商"字图案，全都层次丰富，人物繁复而生动，百余年后依然金碧辉煌。据说，当年经商发家的主人造房时，仅用于木雕表层的饰金，即费去黄金百余两。

合肥市三河镇(图4-26)

图4-26 三河镇

(出处：合肥旅游门户 http://www.hfly.gov.cn/default.jsp)

(1) 资源特点

肥西县三河镇位于合肥市肥西县东南,舒城、肥西、庐江三县交界处,北距肥西县城上派镇24km,南距庐江县城32km,西距舒城县城30km,镇域总用地面积4.71km²。

三河因丰乐河、杭埠河、小南河三水流贯其间而得名,由于位于肥西、舒城、庐江三县交界处,也是合肥、巢湖、六安三市的结合部,故有"一步跨三县,鸡鸣三县闻"之说。

三河古称"鹊渚",距今已有2500年的历史,远在春秋战国时候,小镇已具雏型,初称"鹊岸",为吴楚相争要地。公元前510年,吴国名将伍子胥率军在此击败楚军,三国时魏主曹操在巢湖训练水军,三河亦为魏军驻地。晋以后遂称"鹊渚镇",至明代始称三河镇。

古镇的特色,一为水,二为古。水是三河的精灵,镇内,五里长街,河环水绕;镇外,河网纵横,圩堤交错,具有"外环两岸,中峙三州"的独特地貌。有位三河籍诗人曾对故乡咏道:"三道春水,仍明澈,仍清长,仍柔波荡漾。"

除水乡特色外,三河历来以其古老、秀丽闻名,镇内的古街、古桥、古巷、古炮台、古民居、古城墙、古茶楼,无不向游人佐证和诠释三河的古老。

古镇三河因其东锁巢湖、北扼庐州、西卫龙舒、南镇潜川的特殊地理位置,自古便是兵家必争的战略要地。三河历史上曾发生过春秋战国时期的吴、楚相争的"鹊岸之战"。明末农民军张献忠率部攻打合肥时,回军途中在三河缴获双橹巨舟300余艘,并以此建立农民军水师。清咸丰八年(1858年),太平天国将领陈玉成、李秀成、吴定规率部在三河东、南、西一线筑九垒,合围李续宾的湘军悍旅,鏖战五天五夜,歼灭湘军6000余人,取得了近代史上有名的"三河大捷"。

悠久的历史使古镇三河成为钟灵毓秀、人文荟萃之地,也留下了许多历史遗迹、名人故居和历史文物。镇内现存有清代的古井、古炮、古城墙、太平军英王府,以及国民党高级将领孙立人故居和诺贝尔奖获得者杨振宁客居等。

(2) 旅游景点

游览古镇三河的线路可分为两条,一条是陆路旅游线,另一条是水上旅游线。

陆路旅游线上的景点主要有:军民坝、人民丰碑、英王路、英王府、大捷门、古西街、万年台、古城墙、国公桥、无蚊桥、城隍庙、一人巷、杨振宁客居等,这些景点无处不载有三河沉甸甸的历史,飘溢着三河特有的人文气息。尤其是行走在青石铺就的500多米长的古西街上,两侧是保持着明清建筑风格的民居,商埠马头墙飞檐翘角、雕梁画栋,平门格扇、雕花镂窗,都让人发思古幽情。古街

4 小城镇旅游资源分类与评价

上的一人巷、古更楼以及弹被絮、制杆秤、羽毛扇、晃麻油、红灯笼等各种民俗工艺让人流连忘返。

水上旅游线上的景点有：小南河、鹊廊、廊桥、三县桥、望月桥、天然桥、济公桥，以及忠武阁、竹苑新村、李府仓房等。乘船泛舟在近3000m长，连接丰乐河、杭埠河的小南河上，可见两岸座座青砖黛瓦的民居掩映在花红柳绿之中。青石砌成的码头和水边洗刷的村女相继映入眼帘，加之不时而过的座座古桥，使人产生一种置身江南水乡意境的感觉。每当夕阳西下，在摇曳的路灯下，小南河上渔火点点，小月埂上吹拉弹唱，不由不使人想起了桨声灯影中的南京秦淮河……

古镇三河因水得名，因水闻名，也不断遭受水患之苦。特别是1991年7月11日16时17分，丰乐河水位高达14.23m，新圩大堤溃决，古镇三河顿遭灭顶之灾。在那场震惊全国、震动世界的大洪水面前，在党中央、国务院的关怀和省、市直接指挥下，上下一心，军民合力，三河共转移、营救出6000灾民，创造了奇迹。三河灾后的复建工作也得到海内外的大量捐款资助，从而形成今日的新三河。三河人民为纪念在党的领导下抗洪救灾的伟大胜利，在三河镇的入口处树立了一座8m高的人字形纪念碑，碑上镌刻着"人民的丰碑"5个大字。

三河饮食文化源远流长，"三河虾糊"、"酥鸭元宝"、"八宝酥鸡"等名菜，不仅皮、肉、骨皆可入口，而且营养价值高，米饺、油炸粑粑、油炸烧卖等名点，香酥焦脆，鲜美可口，声名远播。❶

(3) 园林绿化

三河镇为水乡古镇，与水有着不可分割的联系，园林绿化系统以"水"为主旋律来展开。一是塑造滨水景观绿化结构。河流是城市环境的血液，体现一个地域的精神和灵魂，在城市的历史长河中，占有很重要的地位。古镇三面环水并和城中的小南河连通，形成与水环境相和谐的滨水景观绿化圈。小南河已经由臭水沟改造成了风景优美的游览区，丰乐河和杭埠河结合镇区防洪，增加绿化用地，加强绿化力度，在天然水景观的基础上创造一些与文化传统相结合的亲水平台、休闲观赏及游览设施，展现水、城、人的和谐统一。二是因地制宜，结合镇内现状的河流故道、沟渠池塘进行整治，因势利导，相互沟通，周围根据地形、道路组织园林绿化圈。突出园林的特点，重点是通过植物的合理配置，创造良好的景观效果，在适当位置安排雕塑和园林小品点缀空间，丰富绿地的景观内容。另外，结合地方特色和文化内涵，组织不同功能的主题景区。镇中各园林绿地之间相互联系、相互渗透，形成点、线、面、环有机结合的绿化空间网络结构，提高

---

❶ 合肥旅游门户 http://www.hfly.gov.cn/default.jsp。

古镇的生态环境，体现"城中绿、绿中城"的格局。❶

(4) 构筑适宜的道路骨架

城镇道路系统是组织城镇各种功能用地的"骨架"，也是城镇进行生产、生活的"动脉"，它与城镇的布局结构、规模大小密切相关，对城镇的经济发展起着十分重要的作用。在三河镇，合铜公路穿城而过，承担着镇的大部分的对外交通运输，促进了城镇建设发展。为了防止镇内交通与过境交通干道的相互干扰，应将合铜公路镇区段拓宽改造，减少与合铜公路的交叉口数量，同时应严格控制沿道路两侧兴建吸引人流、物流的项目。在古镇风貌区的路网，应结合古建筑和建筑空间环境的保护，尊重现状，维持原有自由的街巷道路。古街古巷是三河镇的特色之一，盲目改造会使古镇失去原有协调的尺度和宜人的空间环境，破坏原有的文化内涵。三河镇的发展受到水系和用地的限制，城镇规模较小，相应的镇内道路的红线宽度也不宜过大。❶

金泽古镇（图 4-27～图 4-32）

图 4-27 如意桥

图 4-28 放生桥

图 4-29 林老桥

图 4-30 普庆桥

---

❶ 杜世连. 塑造古镇特色，促进城镇发展——合肥市三河镇城镇规划建设初探 [J]. 安徽建筑工业学院学报（自然科学版），2004(3).

4 小城镇旅游资源分类与评价

图 4-31 塔汇桥

图 4-32 万安桥

隶属于青浦区的金泽镇，系上海市市级古镇，位于上海市的西侧，与江苏、浙江接壤，属三省市交汇之地。境内湖泊星罗棋布，河港纵横交错，水域面积占全镇总面积的 1/2，是典型的江南水乡。据史书记载，金泽兴于宋，盛于元，已有 1000 多年的历史。悠久的文明，创造了众多的文化遗存，其中最为引人注目的是，$0.6km^2$ 的古镇区内至今还完好地保存着十余座古桥，使金泽古镇成为名副其实的江南第一桥乡。

金泽素有江南桥乡美誉，据清乾隆时纂成的《金泽志》记载："金泽四面巨浸，内多支河，桥梁尤多于他镇，古称四十二虹桥。"其中万安桥、普济桥、迎祥桥、天皇阁桥、如意桥、放生桥等桥造型美观，结构精巧，为国内外桥梁专家和学者所注目，在桥梁史上有一定地位。❶

廿八都镇——方言王国（图 4-33）

图 4-33 廿八都镇
（出处：新浪网 http://news.sina.com.cn/c/2005-06-15/09476946692.shtml)

---

❶ 夏彧. 开发金泽古镇的构想与对策 [J]. 无锡职业技术学院院报，2003(1).

廿八都镇地处浙、赣、闽三省边境的仙霞岭山脉北麓的小盆地之中，隶属浙江省江山市。它历史悠久，在唐朝时已有明确行政区划。宋熙宁四年(1071年)江山设都四十四，该地为廿八都，其名沿用至今。历代驻军及各地商人后裔在此组成了一个移民小世界，如今万余人的小镇有132个姓氏，9种方言，形成了一个相对独立的聚落文化类型。

廿八都镇集中保存了明清时期的集镇街道和古建筑群，是我国江南传统村镇形态和集镇生活的活标本。廿八都镇区由得里、花桥、枫溪3个自然村构成，得里村和枫溪村分别保存了两段较完整的清代古街——得里街和枫溪街。古镇区内保存有较完好的明清古建筑群，其中有代表性的古公共建筑11座，1座为省级文保单位，10座为市级文保单位。古城内的建筑类型丰富，包括庙宇、宫阁、祠堂、关隘、门楼、石拱桥等。明清时期较大规模的民居建筑30余幢，其中22幢为市级文保单位。

黄姚古镇(图4-34、图4-35)

图4-34　黄姚古镇　　　　　　　　图4-35　黄姚古镇概貌
(出处：古镇中国 http://www.sozhen.com/default/default.html)

黄姚古镇位于广西东部，是地级贺州市昭平县所辖乡镇之一，距昭平县城40多公里，距贺州市80多公里，交通便利。古镇建于宋代开宝年间(968年)，形成于明代隆兴年间(1570年)，兴盛于明末清初，因居民以黄、姚两姓居多，故取名黄姚。后有广东古劳、三角洲、鹤山、南雄等地居民纷纷迁入，至清朝乾隆年间，人口迅速发展，经济十分繁荣，是繁华的商贾云集之地。由于经济繁荣，人们在此兴建街道、祠堂、庙宇，至今还留下许多令人叹为观止的历史文物遗迹。

黄姚古镇坐落在一个平坦富庶的坝子中间，地形是不规则的多角形，地势南高西低，是典型的喀斯特地貌，因而古镇奇峰鹤立，溪流如织，小巧玲珑的亭台楼阁点缀其间，古榕翠竹成阴，水光山色辉映，景色幽秀明丽，溶洞争奇斗艳。先人赞曰："黄姚胜景冠南洲。"镇内多民族聚居，各民族在建筑、服饰、生活习俗等方面的差别与融合，犹如一道亮丽的民俗风景线。古镇的建筑古朴典雅、清幽别致，宝珠观、古戏台、文明阁、白马庙、兴宁庙、水口祠、安乐寺等建筑是至今仍保存完好的胜景。古镇的街道条块分明，清石板路面光滑如镜，是城镇街道建设的奇观，有着极为丰富的历史文化价值。

黄姚古镇历经千年风雨洗礼，虽几度沉浮，但仍保存了原有的风姿，积淀了丰厚的历史文化，是中原文化与岭南文化交汇的印证，也是桂东乃至广西不可多得的文化遗产和保存较为完好的古城镇之一，1995年被广西壮族自治区人民政府确定为自治区级重点文物保护单位。

(1) 文化价值

1) 建筑文化

黄姚境内的姚江河宽水深，又与珠江水系的兴宁江、桂江相通，可直达梧州、广州，商业比较发达，因而形成了古镇的初始规模。古镇的整个建筑由8条街巷构成，呈九宫八卦阵式，设计较为完整，具有浓郁的岭南建筑风格。8条街巷中以鲤鱼街最为出名，这是一条狭窄、曲折、幽深而又古色古香的街道；巷子入口有厚重的大门和4根用以顶门的立柱，显得雄伟峻峭，有气吞山河之势；巷内各家住房多为明清时期所建，建筑风格相似，其特点多为砖大、墙厚、房高、院深，斗拱飞檐、雕梁画栋，是岭南建筑风格的具体表现。古镇街道全部用方正、平展的青石板铺成，石板块与块之间没有任何黏合物，全靠准确的尺寸把它们牢牢地并接在一起。青石板街虽经400多年的风雨侵蚀，至今仍没有丝毫松动，依旧天衣无缝、路平如镜。所有的建筑在力学、美学、建筑学、施工技术等方面都有惊人的成就，显示了我国古代建筑的独特风格，对研究古代岭南建筑科学技术具有重要意义。

除独具特色的民居外，古镇的宗祠建筑也有独到之处，体现出宗祠文化的特征。古镇共有20多座寺、观、庵、堂，还有10多座亭、榭、楼、台，大多建于清康熙至乾隆年间。宗祠内部结构独特、规模雄伟，装饰富丽堂皇、气势不凡，加之配以勉励后人勤俭持家的诗联，既是各氏族精神文化的体现，也是不可多得的文化遗产。

综观古镇整个建筑，均体现出其共有的特点：构思精巧、布局合理、气势恢弘、风格高雅、用材考究、质地坚固、管护完好，在建筑艺术、雕塑艺术、绘画艺术等方面都有欣赏和借鉴价值。

2) 诗联文化

黄姚人十分重视文化教育，读书之风较盛，文化氛围淳厚。这里人才辈出，过往文人墨客较多，面对如此优美胜景，他们吟诗作对，而众多亭台楼阁、寺观庙社也为他们提供了施展才华的天地。据不完全统计，历代诗人赞美黄姚的诗歌多达186首，楹联197副，这些诗联经近千年的积淀，已形成了别具乡土特色和地域风格的诗联文化。按其内容可分为三类：

A. 赞颂古镇美丽景致的诗联：自建镇之初就有诗人留下优美的诗篇，最早的要数清顺治十八年（1661年）昭平县令陈定国所写的《游聚仙岩》七律一首，该诗刻于"石廉垂壁"旁。"清溪绝响肠堪洗，翠嶂环空眼自舒"一句写出了古镇秀丽的自然风光，清爽之风迎面吹来，给人精神上的愉悦感。另外，古镇东门门栏上的对联写得极为绝妙，其外联是："川达三江直绕遇珠海姚溪雄吞西域，楼成五凤特耸出螺峰文峡关键东门"；内联是："明月照山间月移山影行人往，清风飘云际风送云踪去复来"，外联描绘了古镇的地理优势和门楼的雄伟气势，内联描绘了清风明月、山清水秀犹如人间仙境的美景。文明阁的"春入水愈响，秋高山更清"写出了文明阁春秋两幅画卷，似一幅优美的山水画。此类诗联不胜枚举，佳作连篇，真可谓"山明水秀成佳景，不亚瑶池第一洲"。

B. 叙写古镇居民重视文化教育的诗联：黄姚古镇人杰地灵，人才辈出，地方名士为使后代懂得诗礼传家的重要性，以诗书铭志，教育后代子孙。如文明阁第一道山门的横额"文明首第"，写出了先人们对道德文化的认识，而两边的对联为："道德隆千古，文明推首第"，这富有哲理的对联，道出了古镇居民对文化教育的重视。另外，从各宗祠的对联中也可以看出古镇居民对文化教育的重视。如梁氏宗祠："安定岁祥忠厚谦和绵世泽，新兴济美俭勤仁让绍家声；"古氏宗祠："候秩思荣功业忠良传国鼎，明贤望重文章道德贯南天。"

C. 反映古镇纯朴民风、世代崇尚诗书礼乐的诗联：这类诗联以古戏台的对联最具特色。古戏台始建于明朝万历年间，是当地居民观看文艺节目的场所。当地民间剧团逢年过节常在台上为群众公演各类文艺节目，直至抗战时期，广西剧联还在此公演过反映抗战的戏剧。戏台台柱的对联："闻其声乐则生矣，不妨既竭耳力；观其色人焉瘦哉，正须继以心思"；"锣鼓喧天管弦悦耳，共庆清平乐；霓裳曼舞羽曲交歌，齐呼可以兴。"对联既反映出当时市镇之热闹，文化节目之繁多，也反映了古镇居民欢乐、祥和的生活。

黄姚古镇的诗联众多，而且对仗工整，寓意深刻，书法绝妙，有浓厚的文化韵味，能陶冶人的情操，净化人的心灵，提高人的审美情趣，给人以愉悦的享受，这也是我们了解明清时期岭南居民民风民俗、文化教育的一个窗口。

3) 牌匾文化

黄姚古镇诗联多，牌匾也多，据统计，古镇现存牌匾共有50多块。古镇的牌匾既有皇帝的圣旨，有文人墨客的题字，也有宗祠庙宇的匾额，较为著名的有"兴宁庙"匾、"且哇吃茶"匾、"可以兴"匾、"直道可风"匾、"司马第"匾、"模范长留"匾和"光绪帝圣旨"匾等。它们具有以下特点：

首先，反映了古镇的民风民俗，体现了古镇鼎盛时期人民丰衣足食的生活状况，如"兴宁庙"、"且哇吃茶"和"可以兴"牌匾。据记载，由于当地土著人（壮人）集资兴建宝珠观，不许汉人参加祭祀活动，汉人就建了"兴宁庙"，后来壮汉两族曾联合祭祀兴宁庙，定为"三月三"庙会，是当地重要的节日和文化活动。"可以兴"牌匾是悬挂于古戏台正中的木质牌匾。古戏台是当地文化表演的场所，它体现了古镇居民重视文化活动、人民安居乐业的特点。

其次，反映了当地居民重视道德传承和文化教育，如"模范长留"匾和"光绪帝圣旨"牌匾等。"光绪帝圣旨"牌匾是清光绪皇帝敕封时任广西迁江县训导梁都的先祖的圣旨，圣旨共228字，用满、汉两种文字写在一幅丝绢上，并嵌于一个长2m、宽1m、重25kg的精美牌匾之内，圣旨的内容是表彰梁氏祖先教育有方、诗礼传家。

再次，牌匾都有较高的书法价值，是研究古镇文化教育和书法艺术的活材料。这些牌匾所体现的书法艺术风格各异，绝大多数是当地的文化人士所写，如"兴宁庙"牌匾的三个字，结构严谨，端庄秀丽，"且哇吃茶"四字笔锋饱满，庄重大方，为楷书中的精品，"可以兴"牌匾行中带草，静中见动，飘逸自然，每被文人墨客称颂。所有的牌匾都体现了兼容并包而又独具特色的书法艺术风格。

综观黄姚古镇的牌匾，无论在内容上还是在形式上都有其深刻的历史背景，它们有形地记载了黄姚古镇各个时代所发生的真实历史事件，从一个侧面反映了黄姚古镇历代以来社会经济、历史文化繁荣的景象。

4）抗战文化

1944年秋，日寇逼近桂林，欧阳予倩、何香凝、丰子恺、千家驹等文化名人及民主人士纷纷来到昭平，后又疏散到黄姚镇，继续开展抗日民主活动。同时一些社团也随之来到黄姚，如广西艺术馆、桂林图书馆、中国工业合作社桂林分社、广西日报社等。这些文化名人和民主人士到黄姚后，使古镇成为广西文化活动的中心，他们在此出版报纸、设立图书馆、兴办学堂、宣传抗日民主运动和妇女解放运动，为当地的文化事业做出巨大贡献。

首先，他们极力筹备出版《广西日报》（昭平版）。1944年11月10日，第一张昭平版的《广西日报》正式出版，在当地引起很大反响，发行遍及广西及广东省的一些地区，居民们可以通过报纸了解国内外形势。其次，他们创办了黄姚图书馆。广西艺术馆迁至黄姚后，欧阳予倩馆长对青少年的文化教育十分关心，倡议开办一个图书馆，他亲自担任筹备会主任，还挑着箩筐到各家各户收集图书。许多文化人士纷纷捐出自己的精品图书，共收到捐赠的各类图书1200本。黄姚图书馆的设立，使当地的青少年有了更多的读书机会，为文化教育事业输入了新的血液。再次，他们创办了黄姚中学。这些文化人士来到黄姚后，当地的学生家长就请他们帮助建一所中学，1945年初，黄姚中学创立，千家驹担任校长，欧阳予倩、秦宗汉、张锡昌等文化名人担任教师。黄姚中学的设立，给当地的青少年提供了上学的机会，既利于发展当地的文化教育事业，也培养了大批革命的后备力量。除此之外，他们还进行多方面的宣传活动，如开展戏剧演出活动、印发宣传妇女解放的手册等。

(2) 旅游价值

黄姚古镇不仅具有历史价值、艺术价值和科学价值，而且还具有重要的人文景观与自然景观融为一体的旅游价值。其秀丽的自然风光和建筑文化、诗联文化、牌匾文化对海内外游客有巨大的吸引力，而抗战后期国内文化名人在此活动，加上广西省工委旧址又是理想的爱国主义教育基地，这些都是古镇发展旅游得天独厚的资源。充分利用好这些资源，可以带动当地交通通信、餐饮娱乐、土特产品业的发展。

目前，古镇对旅游的开发尽管有所重视，但还没有充分挖掘其旅游的内在价值，特别是古镇所蕴涵的文化价值。笔者建议：应该对古镇重新作规划和调整，要挖掘旅游景点的价值，突出特色与个性，不能人云亦云。由于古镇文化内涵丰富，文化积淀深厚，开发旅游要体现古镇的文化特色，要重新对其进行准确的定位，进而创立旅游品牌，并把它纳入广西民族旅游品牌体系之中发展，如把黄姚古镇与钟山英家古镇这一旅游线路作重新规划和建设，会有更大吸引力和发展空间，把古镇的诗文碑刻编印成册，将大受文化人的欢迎。同时，"黄姚豆豉"是享誉东南亚的特产，民国时期就名声远扬，中央电视台《天天饮食》栏目曾以此作外景，介绍了"黄姚豆豉"和"黄姚豆腐酿"的制作过程。为此，可以考虑对它们作重新包装，作为旅游产品进行开发和推广，这在一定程度也会促进旅游事业的发展。

另外，要处理好发展文化旅游业和保护生态环境的关系。在规划旅游资源开发时，一定要注意生态平衡，注意保护环境，特别是对一些不可再生资源，更要重点保护。古镇在建筑规模、历史悠久、保存完好度、观赏游览价值、古色古香的韵味和人文景观等资源价值上是比较高的，但要克服只注重旅游地资源评价价值，不考虑旅游资源系统内的组合条件是否具备，盲目进行景区景点开发建设的现象，否则是难以实现旅游资源开发建设的预期效益的。总之，为了做好旅游这篇大文章，一定要树立文化价值观念，保护好黄姚古镇的历史风貌和文化价值。❶

4.3.1.2 风景类型

重庆市统景镇（图 4-36）

(1) 资源特点

统景镇距离渝北城区 45km，距重庆市主城区 65km，因其紧邻统景风景名胜区而成为重庆市著名的旅游城镇。统景风景名胜区是成立于 1982 年的省级风景区，位于统景镇区东部仅 1km 的温塘峡谷地带，核心范围达 10 余平方公里。风景区内景点丰富，兼备山、水、林、泉、洞、峡及古寨等自然和人文景观，尤以

---

❶ 黄喜林，潘立文. 论黄姚古镇的文化与旅游价值 [J]. 经济与社会发展，2003(8).

4 小城镇旅游资源分类与评价

图 4-36　统景风景名胜区
（出处：统景镇公共信息网 http：//www.ybtj.gov.cn/）

温泉旅游项目著称，是"巴渝十二景"之一，对城市居民具有相当的吸引力，是重庆主城区居民假日旅游的首选地之一。

统景镇区背山面水，处在御临河与温塘河交汇的河谷浅丘地带，自然环境条件极佳，是一个典型的山地小城镇，具有塑造山水园林式小城镇的潜质。镇上老街沿河岸修建，长约 2km，带状聚落，择水而居，因水兴镇，因有便捷的水上交通，历史上曾是渝北区东北部的重要集镇和物资集散地，是御临河沿岸最大的水码头。因此，优越的区位、交通条件和良好的人文、自然资源，使统景镇区具有发展旅游服务业的先天优势和良好的市场基础。

(2) 存在问题

1) 镇区发展动力不足，产业导向不明，旅游功能不强，风景区的旅游开发对镇区发展的影响力有限，镇区对风景区的后勤服务功能不强。

2) 镇区风貌建设虽已引起重视，但沿街建筑密集，公共空间少，不能满足居民日常休闲的需要，也不利于城镇文化品味的提高和旅游事业的发展，并且防震抗灾能力有限。

3) 新建建筑在风格上不能很好地体现镇区的地方风格，不能体现镇区的旅游特色。

4) 镇区基础设施建设与居民的需求不相适应，文化、体育、卫生等公益性设施的建设相对滞后。

(3) 开发利用方式

目前，旅游项目均集中在风景区内，大量的建设对风景区的可持续发展造成严重影响。为了输导景区的建设量和吸引游客，有必要在镇区培育特色旅游项目，并以此促进镇区的产业调整。

旅游发展采取自然与人文旅游资源相辅相成、镇内景点与镇外景点成一体系的方法。

临近风景区的旅游型小城镇的开发利用应重视以下几个方面的内容：

1) 镇区和风景区分工明确，功能互补：风景区为了维护旅游资源的可持续利用，应将部分服务职能纳入镇区，镇区则应为提高风景区的旅游品质提供配套支持。

2) 镇区应当具有自我支持能力，充分开发旅游资源，形成与风景区不同的旅游项目，项目之间互相补充，避免重复建设。

3) 镇区建设应体现旅游城镇的特色，结合各种自然要素，确定合理的布局形式，营造宜人的城镇空间。

4) 加强镇区景观规划，建设符合小城镇特色的景观序列，强化建筑风貌规划建设。❶

山东威海市刘公岛（图4-37）

图4-37 刘公岛
（出处：威海政务网 http://www.weihai.gov.cn/）

（1）资源特点

刘公岛是一个典型的旅游型海岛村镇，其独特的地理位置、自然环境、历史文化和社会经济背景，使其具备了其他海岛旅游村镇所不及的优势和特色，主要表现在以下几个方面：

1) 悠久的历史

刘公岛历史上是我国南北海上运输的中转站，货船从长江口的刘家港北上天津，刘公岛是必经之地，同时也是我国古代沿海海防的54卫之一，是著名的军事重镇。

2) 爱国主义教育基地

刘公岛是我国近代史上著名的甲午海战纪念地，是全国优秀爱国主义教育示

---

❶ 叶林. 邻近风景区的旅游型小城镇总体规划初探 [J]. 小城镇建设，2004(10).

范基地之一。

3) 美丽的海岛风光

刘公岛自然风光优美，素有"海上仙山"之誉，也有"不沉战舰"之称。沿岛悬崖陡峭，如刀削斧劈；岛东碧海万顷，烟波浩瀚；岛西港湾宽平，波光闪烁，与威海市隔海相望；岛南沙滩绵延，细浪翻滚；岛上峰峦起伏，森林茂密，植被覆盖率达85％，被誉为"海上森林岛"。

4) 宜人的海岛环境

刘公岛四周大海环抱，海洋的调节作用使得刘公岛具有宜人的海洋性季风气候条件，四季分明，空气清新，环境幽静，世人誉为"世外桃源"、"人间仙境"，被命名为"国家模范风景区"。

5) 风格各异的建筑

刘公岛同时也是一座建筑特色浓郁的海岛村镇，岛上古今中外的各种建筑散布其间，犹如一座建筑博物馆。这些建筑体现了各个不同地域和历史时期的艺术风格，给人以耳目一新的感觉。

(2) 旅游开发设想

刘公岛是我国典型的海岛旅游村镇，旅游业是海岛的经济支柱。村镇的建设要以海岛旅游的可持续发展为目标，主要应体现在如下几个方面：

1) 建设成威海市的"文化岛"

刘公岛具有丰富的历史文化内涵，又是我国近代史上甲午海战的纪念地和北洋水师的驻地，这是刘公岛独一无二的人文资源优势和闪光点，也是刘公岛的灵魂和象征，应保护好岛上的古迹，收集相关文物，深入挖掘其文化内涵，使"文化岛"名不虚传。

2) 建设成为我国的"海权教育岛"

目前，国人的海权观念比较淡薄，甚至许多人不知道我国除了960万km^2的陆地领土外，还有300万km^2的海洋国土。刘公岛打出"海权教育"的品牌，有助于推进该岛的旅游业深度开发。

3) 建设成为渤海湾的"生态岛"

刘公岛四面环海，气候温和湿润，森林覆盖率高，地理环境优越，是渤海湾不可多得的"生态岛"。为此，必须在景区建设的同时，全力保护好海岛的自然环境、森林植被和原始风貌，全方位保护和展现"返璞归真、回归自然"的"生态岛"风味。

4) 建设成为山东省的"文明岛"

刘公岛是我国著名的海岛旅游地，2003年游客达150万人次，是山东省向外开放和交流的窗口之一，也是展示其文明风范的舞台。

5) 建设成为我国海上的"民俗岛"

4.3 小城镇旅游资源分类案例

刘公岛历史悠久,岛上居民过去多以捕捞为生,民风淳朴,民俗独特,应适当进行扩建,广集民俗文物,增加民俗文化内涵,侧重开发本岛的历史文化、民风民俗,将其建成胶东沿海民俗风情园。

6) 建设成我国"海上花园"

刘公岛集自然风光与人文景观于一体,风景如画,应发挥海岛的风光优势,精心打造这座"海上花园",尤其是加强环岛风光带的建设。❶

湖北鄂州市梁子镇(图 4-38)

(1) 资源特点

图 4-38 梁子镇的娘子雕塑
(引自:鄂州市梁子湖区信息网 http://lzh.ezhou.gov.cn/travel/index.asp?id=109)

湖北素有"千湖之省"之称,而位于鄂东的鄂州市有"百湖之市"之称。市域西南部的梁子湖,面积达 400 km^2,是全省第二大淡水湖,水质清纯,是著名的"武昌鱼"原产地。湖中间有一小岛名梁子岛,方圆 1.5 km^2,如一颗明珠镶嵌在波涛浩瀚的梁子湖上。在岛西南部的梁子镇,十字交叉街道起伏盘旋,长达千米,宽约 8m,用青石板铺筑,面积约 0.3 km^2,总人口 2000 人。

1) 独特的自然环境

梁子湖被四市(武汉、黄石、鄂州、咸宁)环抱,而未被污染,碧波万顷,水天一色。梁子岛位于湖中,石壁峭立,湖光山色,景致异常。

2) 丰富的名胜古迹和革命历史遗迹

岛上有仙人洞,三国时期的关公拴马石、磨刀矶,唐代的瓦窑遗址,清代的古戏台、大庙、小庙、魁星楼、青石板古街等古建筑。岛上的四观殿是土地革命时期高兴田等烈士的就义处,张家楼房是老一辈无产阶级革命家李先念指挥战斗的指挥部。

(2) 保护和开发利用方式

为把梁子镇建设成具有湖岛风情和渔乡特色的风景旅游型小城镇,首先采取了如下保护措施:

1) 保护梁子镇特殊的湖岛自然环境。

2) 保护湖区清净的自然风光,严禁在环湖地区和岛上设置有空气污染和水污染的工厂企业。岛上蕴藏着丰富的石油,可以办炼油厂,环湖山岭有丰富的非金

---

❶ 凌申. 海岛旅游村镇建设刍议 [J]. 小城镇建设,2004(3).

属矿资源，可以办水泥厂，但是为了保护环境而没有一家开工。

3) 保护古镇风貌，包括岛上的青石板古街、古建、古建遗址，所有的改造和另行建设均被一一说服和制止。

4) 保护岛上优美的山水风光：岛上有7座小山，名"七星山"，状如莲藕，首尾相连，有丰富石材可作建筑材料；山中有露天煤矿、铁矿，可开采利用。但为保护山体，煤矿和石材厂被停产；岛中有湖，曾被分割作精养鱼池发展养殖，也被一一打通；岛上严禁建高层建筑，以保护湖岛优美的山水天际轮廓线。

5) 保护耕地，严禁占耕地搞建设。为保证城镇正常的蔬菜供应和粮食生产，外资兴建的高尔夫球场原规划在岛上，因占用耕地而另行选址。

分区规划理论是城镇建设的依据，一是编制环梁子湖地区风景区规划，以配合梁子岛风景区建设；二是制定湖区水域环境保护规划，严禁污染湖水；三是编制古镇保护区规划，以保护古镇风貌和丰富的风景名胜；四是利用岛上独特的山水资源建设独立的湖岛风景区。

梁子镇是梁子湖中的一朵奇葩，保护其独特的自然环境，建设湖岛风情、渔乡特色的风景旅游型小城镇，是时代赋予的重任和跨世纪城镇建设的奋斗目标。

巢湖

(1) 资源特点

巢湖位于江淮之间，地跨合肥、巢湖二市和肥东、肥西、庐江三县。巢湖因湖面形态呈鸟巢状，故名巢湖，又称金湖，面积约 $8km^2$，是我国五大淡水湖之一，1987年被列入安徽省级风景名胜区。中庙镇位于巢湖市居巢区的西部，巢湖北岸，似半岛状伸入巢湖，它依山傍水，临湖而立，现状建成区 $0.51km$，镇区总人口 4386 人。距中庙镇 2.4km 的姥山岛，具有三山九峰之景，海拔 105m，岛上生态植被保护良好，环境优美，是一望无际的巢湖的"湖上绿洲"，岛上有文峰塔、圣妃庙、古船塘等名胜古迹。中庙镇与姥山岛相辅相承，号称湖天第一胜境。

中庙镇独特的地理位置与历史文脉，即皖中滨湖山水集镇和庙堂遗址，成为它独特的旅游资源。它不仅有一般小城镇的特征，更具有旅游小城镇的特征。

1) 水文化特色

水文化特色是滨湖城镇特色的重要构成要素，巢湖及中庙地区的水文化博大精深、丰富精彩。巢湖烟波浩瀚，景色秀丽，湖面波光粼粼，渔帆点点，岸边港汊弯弯，加上水中的姥山岛、文峰塔以及遥相对应的凤凰台上的中庙镇，由阳光、沙滩、柳林、港湾、水岛、渔帆、古建组成了一幅绝妙的天然山水画。在中国人的传统观念里，水被看成具有灵性之物，代表了天地自然的智慧和美德，水文化是社会文化中一个重要组成部分。

2）自然生态和人文生态有机融合

中庙镇的自然生态系统包含巢湖湖泊、姥山岛森林，中庙镇的岗地、圩滩和池塘、湿地系统，尤其是姥山岛独特的森林生态，在整个华东区域都是稀有的，这是兴办旅游产业的资源和依据。人文生态是自然生态在人类社会和经济生活中的具体体现，是由有形物态如城镇、园林、建筑和无形的文化、风格、邻里关系、经验和价值观等组成。人文生态的美学价值是和谐与有机平衡，从传统城镇的合理的规划布局，依山傍水的选址，富有特色的简朴的古建筑，包括庙堂建筑、寺塔和古民居装饰等，都是人文生态和景观的组成部分。小尺度的空间、邻里之间的互助关系以及对区域环境共同的责任感，都是此类城镇生活和人文生态结构组成。

位于凤凰台上的中庙镇，以及水中的姥山岛、文峰塔浑若天设般地镶嵌在巢湖水面，其优美独特的自然生态资源和人文生态景观天衣无缝地融合在一起，构成了风景旅游区滨湖城镇旅游资源极有价值的独特内容，是旅游产业蓬勃发展的真正动力。

（2）开发利用方式

山水城市模式是将传统园林山水的形态拓展，自然中流露出朴实，但按生态的原则不能过多地破坏生态，这样投入的资金物力也能减少，是一个双赢的措施。

中庙镇树立复兴山水城镇文化的思想，因地制宜，结合道路、岗地、沙滩和水面等地形地貌，规划山水园林城镇。

首先，规划出两个水景公园，即绿地景观公园和体育公园，同时结合旅游项目的开发，建设中庙镇新的旅游活动点。

第二，在滨湖大道两侧设滨湖绿带，供居民游憩、散步，兼作防洪绿地。同时，大小绿地组合，沿路布置石凳、石椅、路标、指示牌等，使镇里居民和游客能在休息中享受自然山水园林风光。

第三，重点绿化路和景观绿化大道相结合，尤其是景观绿化大道宽 20m，配种优质高大乔木，也穿插布置一些有造型特色的树种，形成园林中的对景、夹景、框景序列，引导视觉形成情景交融的景象。

另外，姥山岛规划成一个大的湖上绿洲公园，以自然生态原始森林为主要特色，在保护好原有植被的同时要增加观赏性树种。与此同时，做好岛上的退耕还林工作，在岛内引种的林木强调检疫，保证无虫害，从而使姥山岛真正成为湖中的绿色明珠。在中庙和姥山之间的湖区是形成山水园林城镇的基石，从湖上看中庙、姥山、白衣庵、昭中祠等，更觉"湖天第一胜景"的妙绝之处。湖上规划游泳区、湖中帆船竞技区，使姥山岛和中庙镇相映生辉。

4.3.1.3　休闲度假类型

旅游度假区一般选择在自然风景优美、气候舒适宜人、生态环境优良和区位条件优越的景观地带。

旅游度假区应是一个融合度假旅游、观光旅游、会议旅游和商务旅游等多种旅游类型的综合性旅游区，度假区内的服务项目必须多样化，以满足不同类型、不同层次旅游者的需要。❶

广东佛山高明市（县）的杨梅镇

对于大城市边缘拥有一定旅游资源的小城镇来说，利用良好的自然环境和一定的旅游资源，为在繁华喧嚣的大城市里长期生活的居民提供中短途休闲度假旅游，可能会在很短的时间内就极大地提高自己的经济状况和社会知名度。所以近年来，各种周边小城镇的"结合部战略"、"后花园战略"都纷纷登场，观光果园、绿野农庄等休闲度假项目也不断涌出。这些小城镇都希望能借天时地利，借旅游为龙头，给发展带来一个飞跃。不过机会之后还是有许许多多的问题，盲目地开发只会使其成为经济大潮中的一朵昙花。

(1) 资源特点

广东佛山高明市（县）的杨梅镇位于珠江三角洲西部边缘，多山地丘陵，自然环境好，且周围是佛山、广州等发达城市，旅游开发前景十分看好。

1) 生态环境良好，有一定的旅游资源

良好的生态环境是休闲旅游的基础，一定的旅游资源则是触发当地政府开发旅游思路的机关。如广东清远市三坑镇的自然环境较好，并发现有河中温泉，就吸引投资兴建了滑草场、温泉区、娱乐馆等一批休闲设施，成为附近地区度假的好去处。高明市杨梅镇的山水在珠三角广阔平原中较有特色，目前也吸引了附近一些游客休闲度假。不过从大范围比较来看，这些旅游资源并不突出，如果开发起来，人工制造参与的成分会较大，这适于休闲度假类开发，而并不适于发展为以观光为主体的景点旅游。

2) 客源市场潜力巨大

根据吴必虎对中国潜在出游力的地区差异研究，除西藏出现差异外，发达地区都有很高的出游力指数。❷发达城市消费水平高，可支配的收入丰裕，交通便捷，而每周两天的休息日也使居民不可能长途跋涉，所以，环境优美的边缘小城镇可以成为发达地区居民度假旅游的重要选择。高明市杨梅镇周围有佛山、南海、顺德、广州等市，经济都相当发达，珠三角也是全国发达地区之一，加上毗临港澳，旅游市场潜力巨大。

(2) 开发思路

1) 协调产业转移与旅游开发

一个地区只有具备良好的整体环境，投资者才会有兴趣参与，从而才能带动

---

❶ 胡勇，赵媛. 城郊旅游可持续发展及其模式初探［J］. 小城镇建设，2004(5).

❷ 吴必虎. 中国国内旅游客源市场系统研究［M］. 上海：华东师大出版社，1999.

当地经济建设。休闲度假旅游尤其如此。投资者一般会倾向于选择更富裕稳定的地方，因为投资会更有保障，因此对于这些大城市边缘地区的小城镇来说，以提高整体环境为目的的工业化过程是不可避免的，而旅游作为一个更高层次的产业，能美化城镇环境，提高生活质量，满足人们的高层需求。从工业到旅游的转换，符合一般城镇从第二产业主导到第三产业主导的发展过程，也代表了居民生活由低到高的一次跳跃。

与整体经济相适应的旅游定位——"二元转换"是针对边缘小城镇工业与旅游发展的特殊关系提出的思路，其核心是有计划地完成以工业为主导向以旅游为主导的转换。

2）增强空间竞争力

由于单个项目的吸引范围小，空间竞争能力低，因此，可以利用自身最突出的资源或旅游基础，首先重点发展某个项目，并树立明确的旅游形象，如"田园风情"、"山水楼阁"等。然后围绕这一形象，逐渐开发其他资源，丰富其内涵，最终形成一个核心突出、内涵丰富的旅游"向心系统"。

杨梅镇的私家果园、明湖度假区、欧陆风格镇区是各旅游资源中最符合区域旅游发展定位且空间竞争能力最强的旅游资源，它们为杨梅休闲度假的旅游形象奠定了基础，成为打响杨梅旅游知名度的龙头项目。

3）打开旅游市场

对于没有什么旅游基础的边缘小城镇来说，旅游资源开发与形象塑造是一个动态互动过程。根据塑造旅游形象的3个阶段，即增强意识、增大兴趣、增加意向，有计划地进行相应龙头项目和各小项目的开发，配合相应的宣传，使项目有良好的效益和资金进行良性运营，是打开市场的有效手段。

4）景观协调与旅游相适应的镇区建设

在城镇布局中尽量集中布置风貌商业街，点线面结合、因地制宜地布置景观，在建筑风格上做到协调统一。特别在工业区建设时，第一，要集中紧凑布局；第二，要由政府进行建设性详规，保证工业区与镇区景观的一致；第三，要在外围预留用地，考虑以后的工业搬迁。例如，在杨梅镇区的建设中，应根据与旅游相适应的原则做到：①形成"唐人街"、商业街、"罗马"小食街等人文景观带；②修整杨梅河堤岸和两边建筑，形成中轴景观带；③将破旧分散厂房拆迁，集中在离镇区较远的工业区，修建花园式工业区，建议由政府做出建设性详规，准备外围工业预留用地；④整体建筑风格统一为小体量、淡红白色调、欧陆式的建筑风格。❶

---

❶ 黄慧明，魏清泉. 大城市边缘小城镇休闲度假旅游开发研究——以高明市杨梅镇为例 [J]. 地域研究与开发，2001(9).

北京市昌平区长陵镇

(1) 资源特点

位于北京市昌平区北部历史文化与自然生态区中心部位的长陵镇，是明十三陵风景区所在地，春季果花如烟，夏季浓林荫蔽，秋季红柿映天，冬季松柏滴翠。明十三陵有12个坐落在长陵镇。

(2) 开发利用方式

虽然长陵镇所处的地理位置得天独厚，但是十三陵景区这块"肥肉"却不属于长陵镇，而由十三陵特区独揽。一年600万～800万游人的旅游收入，全部归属于十三陵特区，长陵镇一分钱也拿不到，反而还要向外掏钱护林、防火。处于这样一个特殊地理位置的长陵镇，是怎样迈开发展经济步伐的呢？

1) 打破陈旧观念，变劣势为优势

长陵镇南部为半山区，北部为山区，面积144km^2，其中粮菜面积0.48万亩，果林面积4.95万亩，山地面积7.05万亩。由于独特的地理位置，长陵镇在工业发展上受到了限制：在长陵镇，不许有高层建筑；不许建冒烟儿、有味儿的企业，要保证无污染；不许建噪声大的企业。所有这些限制，阻碍了长陵镇工业的发展。面对长陵镇发展工业的劣势，长陵镇人经过深刻思索，终于认识到，发展旅游业可以弥补这一劣势，于是提出了"以教育保变，靠政策致富，抓转制增效，搞精品林果，打品牌战略，做旅游文章，占商品市场"的发展经济思路。

近几年来，长陵镇大力发展民俗旅游业，先后开发建设了麻峪房、燕子口民俗旅游度假村，在此基础上，长陵镇又把近一半村建成了民俗旅游村。另外，先后有8家企事业单位在长陵建立了疗养、培训中心。

2) 调整产业结构，大力发展旅游业

长陵镇通过调整产业结构，把旅游业发展成为主导产业。产业结构实行"调一退二进三"的结构调整，即调整第一产业的大农业的产业结构，农林牧副渔各业都要与旅游业相适应、相配套，增加观光、采摘、垂钓、修学的内容和价值；对影响生态环境的、与旅游无关或不景气的第二产业（工业），实行停产、转产，适度发展旅游商品工业企业，如旅游食品、旅游纪念品加工等；大力发展以旅游为中心的第三产业，如娱乐、旅店、流动快餐、短途交通、绿色蔬菜食品等。

福建省南平市夏道镇

(1) 资源特点

位于福建省闽江上游的南平市夏道镇，面积150.65km^2，这里气候温和、雨量充沛，外福铁路、316国道、闽江主航道贯穿全镇，水陆交通便利，且湖光山色，风景秀丽，是一个旅游度假的好地方。

(2) 开发利用方式

1) 科学规划，为旅游度假开发绘制好蓝图按照规划科学化、布局合理化、设施现代化、功能多元化、高标准建设和高效能管理的要求，专家对该镇进行规划，突出夏道镇的水乡特色，注重轮廓线与山势、湖面、大堤协调配置。单体建筑设计做到新颖别致，色彩优雅简洁，高低错落，整齐有序。

2) 紧抓基础设施，为旅游度假开发创造有利条件

夏道镇紧紧抓住库区建设的契机，坚持基础设施先行，一方面用好用活国家的库区补偿资金，另一方面通过集资、融资、有偿出让土地使用权和当地居民投工投资等方式，数年来累计投入 6000 余万元用于基础设施建设。

3) 狠抓旧镇改造，为民办好实事

按照"统一规划、合理布局、量力而行、分期实施"的原则，循序渐进，先后改造了集镇中心区、菜园路片区、满田垅片区等，开辟了龙景新村、后窠新区。昔日木板楼房、窄小的泥浆路、风吹欲倒的吊脚楼已一去不返了，取而代之的是布局合理、设计新颖、道路整洁、环境优美、面貌崭新的新型集镇。

4) 加强集镇管理，为旅游度假开发提高品位

建设旅游度假小城镇，首先必须加强管理以提高城镇品位，夏道镇先后成立了乡建管理站、土管所、环保站、镇容监察队、环境卫生清洁队等管理机构；二是广泛宣传，强化城市意识；三是建章立制，依法管理，执法必严。

4.3.1.4 生态类型

江苏徐州铜山县汉王镇

(1) 资源特点

铜山县汉王镇与徐州市云龙湖风景区、泉山植物保护区和拉梨山等名胜旅游点相连接，是徐州市规划区的旅游点，素有玫瑰之乡、花果之乡、汉文化之乡和民间石刻艺术之乡的雅称，曾获联合国"全球 500 佳"之美誉。

(2) 开发利用方式

近年来，汉王镇紧紧抓住徐州建设特大城市的机遇，依托城市，融入城市，充分发挥优势，着力"梳妆打扮"山、水、林、城，加快建设生态旅游型小城镇。

1) 突出田园风光，加快观光农业建设；

2) 突出汉代文化，加快旅游设施建设。

汉王镇历史悠久，古迹众多。相传刘邦在这里留下拔剑泉、马趴泉等遗迹，紫金山上有清代著名小说点评家张竹坡墓，还有苏轼笔下"满岗乱石如群羊"的群羊坡。汉王镇突出汉文化特色，重点整修"两泉一山一坡一湖"的"显山露水"工程，围绕两泉植花种草，安装护栏，重建泉边拔剑亭、碑、楼、阁等。围绕旅游开发，建设奇石市场、文物商店和餐饮娱乐服务场所。

目前，汉王镇已初步形成春夏秋冬景色各异、山水林城融于一体的空间特色，生态旅游型小城镇日渐凸显出来。

浙江省杭州市安吉县

(1) 资源特点

安吉县位于浙江省西北部，是长江三角洲经济区迅速崛起的一个对外开放景区，北靠天目山，面向沪宁杭。全县辖16个乡镇（开发区），人口45万，面积1886km²，建县于东汉中平二年(185年)，至今已有1800多年历史，汉灵帝赐名"安吉"，取自《诗经》"安且吉兮"。

1) 山清水秀，景色宜人

安吉境内群峦叠嶂，山清水秀，景色宜人，秀竹连绵，是新崛起的生态旅游县。位于灵峰山麓的竹子博览园，集旅游、娱乐、休闲和科研为一体，占地600余亩，各类竹种300余种，被誉为"世界一流的竹种园"。龙王山海拔1587.4m，为浙北第一峰，是黄浦江的源头，奇峰怪石，古木异草，保存有1200亩原始森林，属省级自然保护区，有许多稀有动植物，被称为天然的物种园和基因库。世界级特大型电力企业——华东天荒坪抽水蓄能电站位于天荒坪大溪山巅，电站总装机容量180万kW，规模为亚洲最大，世界第二。电站与奇峰翠竹浑然一体，煞是壮观，附近有藏龙百瀑、九龙峡、龙庆园等景点。

2) 历史悠久，人文景观独特

安吉历史悠久，人文景观独特，古迹较多，是近代艺术大师吴昌硕的故乡，被誉为昌硕文化之乡。县内有其故居、衣冠冢和十年耕读的"芜园"，县城建有吴昌硕纪念馆和昌硕公园。灵峰山脚的灵峰山公园古木参天，始建于五代的灵峰寺在其景区内，是千年古刹，香火鼎盛。独松关、灵芝塔、运鸿塔、奉宪禁碑、安城古城墙、古城遗址等古迹均有渊远历史。

(2) 开发利用方式

安吉生态环境优越，旅游资源丰富，属最佳人居环境。中国大竹海、白茶谷、九龙峡、芙蓉谷等景点，让游客领略独特的自然风光，竹海、奇峰，山林中建有多处避暑山庄和度假村。

4.3.2 旅游服务型旅游小城镇案例分析

作为旅游服务型乡镇，在地理位置上有如下特点：

第一，一般距离县城较近，或是某一区域范围的政治、经济、文化中心。

第二，与旅游地点相衔接。

贵州镇宁布衣族苗族自治县黄果树镇

(1) 资源特点

黄果树镇处于镇宁布衣族苗族自治县西部，东经105°39′，北纬75°59′。滇黔公路蜿蜒穿过，距镇宁县城15km，与县城相距较近。

黄果树镇的历史比较悠久，据史书记载，此地早在明代初期便有人家居住，时称白水河,又叫黄阁墅。到了清代,当地人修筑了一条石桥架通白水河两岸,即为今天的滇黔公路必经的黄果树大桥。黄果树镇为镇宁布衣族苗族自治县3个乡级镇之一。

(2) 开发利用方式

黄果树镇随着农村经济改革的深入,由旅游业引发的各种商业、服务业的发展,部分农业人口逐步从农业中分化、脱离出来,投入其他非农业行业的生产经营中,这是中国式"离土不离乡"的城镇化道路的体现。随着黄果树镇风景区旅游业的发展,镇上不少原来从事农业的农户,纷纷转入为旅游业提供服务的饮食业、照相业、旅馆业和商业等行业上。

作为民族地区旅游服务乡镇,其人口的分布构成中,各民族相互杂、聚居的特征十分显著。

1) 农业经济——旅游服务型乡镇经济发展的基础

贵州少数民族地区旅游服务型乡镇,产业结构的一个重要特征是:农业经济是基础产业。

中国是一个农业大国,贵州是一个农业省,而乡镇,作为与乡村有着天然的直接联系的区域,必然离不开农业这一基础经济。实践调查资料表明,贵州民族地区旅游服务型乡镇的经济结构仍然以农业经济为主体,但副业等多种经济行业也在不断发展。

2) 商业、服务业——在旅游业影响下日益活跃的乡镇经济

作为一定区域范围内稳定的政治、经济和文化中心,乡镇对商业、服务业的形成和发展始终提供了客观的要求,离开了商业、服务业,乡镇的发展是无法想象的。调查资料表明,旅游业的发展带动和促进了贵州民族地区乡镇商业、服务业的发展,而乡镇商业经济、服务行业的发展,又为旅游业的进一步繁荣提供了条件。

3) 旅游业与乡镇经济

在当代社会里,旅游已不仅仅是作为一种社会现象,而更多是以一种经济现象而出现。旅游业已成为一个国家、一个地区国民经济中一个非物质生产的综合性行业,这个行业,主要是由旅游经营者凭借旅游资源和相应的服务设施,向旅游者提供服务性的劳务,以获得经济效益,因此,旅游业长期以来又有"无烟工业"和"无形贸易"之称。

贵州作为以苗族、侗族、布依族等民族为主的多民族聚居区,旅游资源十分丰富。贵州旅游资源的一个显著特征是,自然景观与丰富多彩的民族民俗景观联系起来,形成一体。实际上,许多自然景观本身就处于各民族聚居或杂居的地带,如黄果树瀑布,周边是布依族以及苗族地区,这种天然的相联关系,使旅游业与作为一定区域范围的中心的乡镇产生了密切的联系和相互作用。

实践调查表明,在贵州民族地区,旅游业与乡镇的关系和作用主要体现在:

第一，旅游业的兴起和发展，对乡镇建制的形成提供了条件。贵州少数民族地区由于生产力水平不高，商品经济发展缓慢，致使不少地区乡镇建制晚，而旅游业的兴起和发展，客观上要求旅游点所在的行政区域形成相应的建制，以适应旅游业的发展。

第二，旅游业的发展，促进了乡镇的社会经济等方面一系列的变化。从为旅游业提供服务的各种经济行业的兴起，到少数民族农民参与旅游业发展带来的其他行业，从为获得市场竞争所必须的素质和经验的提高，到乡镇居民生活质量的提高和改善，都可以反映出旅游业的发展给贵州民族地区乡镇所带来的变化。

第三，旅游业给贵州民族地区乡镇所带来的变化是明显的。这就要求旅游部门在风景点的规划发展方面，在各项政策的落实和优惠等方面，尽力把当地乡镇经济的发展考虑在内，以促进旅游业与乡镇经济的共同协调发展。

4.3.3　综合型旅游小城镇

4.3.3.1　保护与开发模式

该类型小城镇的开发利用方式兼具旅游资源型与旅游服务型小城镇的开发模式，在开发利用上兼顾两种类型的融合，或以其中一种类型的开发为主。

4.3.3.2　案例分析(略)

4.4　小城镇旅游资源评价标准

4.4.1　关于旅游资源分类与评价研究的国内外情况

旅游资源评价是在旅游资源综合调查的基础上，从合理开发利用和保护旅游资源，及取得最大的社会经济和环境效益的角度出发，对旅游资源的质量、数量、规模、分布、开发潜力和开发条件进行综合研究和科学论证，从而为区域旅游规划、开发、经营和管理提供科学依据的过程。❶

4.4.1.1　国外研究概况

旅游资源分类与评价是旅游资源有效保护和合理开发的前提，因此，自20世纪50年代以来，旅游资源分类与评价就一直是地理、环境、经济、社会等学科领域的一个研究重点。

(1) 国外旅游资源分类的研究

国外对旅游资源的分类又可分为东西方两种观点。

日本旅游资源分类体系与中国相似，多是按照旅游资源属性进行分类。比较

---

❶ 侯佩旭. 甘肃省旅游资源综合评价与开发战略研究 [D]. 西北师范大学硕士学位论文，2003.

4.4 小城镇旅游资源评价标准

具有代表性的观点有：日本学者末武直义(1984年)将旅游资源分为自然、人文两大类，观赏、滞留、社会、文化、产业经济5个中类和108个小类，足羽洋保(1997年)将旅游资源分为自然、社会、文化、产业4个大类。

西方学者对旅游资源的分类则更多考虑了游客的感受，考虑了旅游资源的开发程度。克劳森和尼奇(1966年)按资源特征与游客体验，将旅游资源分为利用者导向型游憩资源、资源基础型游憩资源和中间型游憩资源3类。英国学者科波克(1974年)按照旅游活动的性质并考虑海拔高度等因素，将英国旅游资源分为供陆上活动的旅游活动资源、以水体为基础的旅游活动资源和供欣赏风景的旅游资源3类。德赖弗(1979年)根据旅游资源开发现状将美国的旅游资源分为5类：原始地区、近原始地区、乡村地区、人类利用集中的地区和城市化地区。世界旅游组织将旅游资源分为潜在供给类、现实供给类和技术资源类3类。国外旅游资源分类体系(表4-1)具体如下：

国外旅游资源分类体系　　　　　　　　　　表4-1

分类系统	主类	亚类
末武直义分类法	自然资源	(1)观赏旅游资源；(2)滞留旅游资源
	人文资源	(1)社会旅游资源；(2)文化旅游资源；(3)产业经济类旅游资源
足羽洋保分类法	自然资源	
	社会资源	(1)社会类资源；(2)文化类
	文化资源	(1)社会类资源；(2)文化类
	产业资源	(1)工厂；(2)观光农林业；(3)观光牧场；(4)观光渔业；(5)展览设施
科波克分类法	供陆上活动的旅游活动资源	(1)露营、篷车旅行、野餐；(2)骑马；(3)散步及远足；(4)狩猎；(5)攀岩；(6)滑雪
	以水体为基础的旅游活动资源	(1)内陆钓鱼水域；(2)其他水上活动内陆水域；(3)靠近乡间道路的水域；(4)适于海上活动的海洋近岸水域；(5)适于海岸活动的靠近乡间道路地带
	供欣赏风景的旅游资源	(1)低地；(2)平缓的乡野；(3)高原山地；(4)俊秀的小山；(5)高的山丘
克劳森和尼奇分类法	利用者导向性游憩资源	包括球场、动物园、一般性公园等
	资源基础性游憩资源	包括风景、历史遗迹、远足、露营、垂钓用资源等
	中间型游憩资源	

续表

分类系统	主类	亚类
世界旅游组织三分法分类	潜在供给类	(1)文化景点；(2)自然景点；(3)娱乐运动
	现实供给类	(1)途径；(2)设施；(3)总体形象
	技术资源类	(1)旅游活动的可能性；(2)手段；(3)地区潜力
德赖弗分类法	原始地区	
	近原始地区	
	乡村地区	
	人类利用集中的地区	
	城市化地区	

(2) 国外旅游资源评价的研究

20世纪60~80年代，国外旅游资源评价的研究成果主要集中于旅游资源物理属性的研究方面，尤其是单因子评价技术的研究，更是遥遥领先于国内研究。自80年代以来，旅游资源评价研究地位越来越重要，正日益成为国外旅游资源研究中的一个重要组成部分，其主要原因是目前迅速发展起来的全球性旅游活动，带来了诸如资源减少、资源破坏等问题，这些问题会带来更为严重的后果，具有更大的紧迫感。

自20世纪60年代以来，国外旅游资源评价的研究成果就主要集中于地形适宜性评价（日本洛克计划研究所，1980年）、滑雪旅游资源评价（美国）、旅游景观的视觉质量评价等技术性的单因子定量评价研究方面。近年来，随着旅游资源供给和需求的加速，旅游资源保护和恢复意识的增强，单因子定量评价的研究领域进一步扩展，研究深度进一步加大。在单因子定量评价方面，目前国外发展比较成熟的有以下几个领域：旅游资源视觉质量评价、旅游资源的人类文化遗产价值、旅游资源货币价值的评价、森林旅游经济价值评估、海滨旅游资源评价体系的研究。下面主要对旅游资源视觉质量评价和海滨旅游资源评价体系进行简单介绍：

1) 自然风景视觉质量

国外对于自然风景视觉质量评价的研究，始于20世纪60年代，目前公认的形成了专家学派、心理物理学派、心理学派和现象学派4个学派。下面重点介绍一下专家学派：

专家学派：一直处于统治地位，制定的风景质量评估系统已为许多官方机构所采用。如美国林务局的风景管理系统、美国土地管理局的风景资源管理系统、美国土壤保护局的景观资源管理系统和联邦公路局的数据影响评估系统等。

专家学派认为，凡是符合形式美原则的风景，就具有较高的风景质量。因而,对风景的分析基于线条、形体、色彩和质地4个元素,强调多样性、奇特性、协调统一性等形式美原则在风景质量分级中的作用。风景评价工作由少数专业人员来完成,评价方法突出地表现为一系列分类分级过程,依据主要是形式美原则和生态学原则。如美国土地管理局的风景资源管理系统对于自然风景质量的评价,是对地形、植物、水体、色彩、临近景观的影响、稀有性和人为改变等7个风景质量因子进行分级评分,然后将7个单项因子的得分值相加作为风景质量总分值,最后将风景质量分为3个等级。

2)海滨旅游资源体系评价

海滨旅游资源及其开发条件评价是海滨旅游资源有效保护和合理开发的前提,因此,自20世纪60年代以来,就有学者开始了这方面的相关研究。90年代以后,海滨旅游资源及其开发条件评价更成为海岸带研究的一个重点。国外这方面的研究大概可分为1960~1980年、1980~1990年以及1990年以后3个研究阶段:

1960~1980年:国外已经出现了海滨旅游资源评价方面的研究,主要集中于海滨旅游资源单因子评价技术的研究,尤其是对海滨浴场资源和设施标准的研究较多。主要研究成果有:日本观光协会(1979年)在《观光旅游地区及观光设施的标准调查研究》中制定了日本海滨浴场资源条件标准以及设施容量和计算指标,在此基础上概括了日本海滨旅游设施的布局条件;《夏威夷火努鲁鲁市阿拉莫阿纳里弗的规划》(1968年)中制定了夏威夷海滨浴场设施标准等。

1980~1990年:从世界范围看,随着世界范围内海滨旅游资源的大规模开发,新的世界海滨旅游地的产生,海滨旅游资源污染、破坏的日益加剧,越来越多的人认识到海滨旅游资源评价的重要性。国外这时期的研究是在原有基础上继续研究西欧等新的海滨旅游地的海水浴场资源条件、规模设施标准,继而对海滨旅游资源评价要素、评价标准进行探讨性研究,从而为海滨旅游资源评价体系的最终建立奠定基础。

1990年以来:国外出现了六大评价体系:欧洲蓝旗、海滨奖、优良海滨指南、哥斯达黎加体系、原格拉摩根体系和现格拉摩根体系,并且已广泛应用于欧美等国的海滨旅游评价及奖励中。六大评价体系从不同角度、不同侧重点出发对沙滩质量进行了评价,其指标类别分布如下(表4-2):

国外著名的沙滩评价和奖励体系指标类别分布　　　　表4-2

评价体系	欧洲蓝旗	海滨奖	优良海滨指南	哥斯达黎加体系	格拉摩根-马里兰大学体系	现格拉摩根体系
指标类别分布	水质、环境教育和信息、沙滩管理	水质、沙滩、潮间带、安全、清洁、管理、信息、教育	水质	水体、沙滩、沙子、岩石、沙滩总体环境、周围地区	自然类、生物类、人为作用和影响类	自然类、生物类、人为作用和影响类

4.4.1.2 国内研究概况

国内关于旅游资源评价的研究则是近二十几年的事情，20世纪80年代以来，随着国内"旅游热"的出现，全国各地都出现了一些掠夺性开发和掠夺性经营现象，大量的旅游资源遭到破坏。一些环境工作者和旅游工作者意识到了旅游资源破坏的严重性，从而涉足旅游资源的研究，旅游资源分类与评价是其中研究较多、成果较为集中的一个方面。90年代之后，伴随着可持续发展思潮的兴起和可持续发展战略定格为国家级战略，旅游资源评价研究向系统化发展，一大批成果相继问世。

旅游资源分类的目的，是为了对其进行有效的保护、开发和利用。由于旅游资源本身的复杂性、范围的广泛性以及旅游研究对象的差异性，旅游资源分类可从不同角度、不同方向进行。比较具有代表性的分类系统如下：

(1) 按照旅游资源的自身属性进行分类

由尹泽生、陈田、牛亚菲等人为主起草的国家标准《旅游资源分类、调查与评价》是目前最权威的旅游资源分类体系，该体系根据旅游资源的性状（现存状况、形态、特性、特征）将旅游资源分为8个主类、31个亚类和155个基本类型，并从资源要素价值、资源影响力和附加值3个方面对旅游资源分类体系中的单体进行评价，最后依据旅游资源单体评价总分将其分为5级。该体系适用于各类型旅游区（点）的旅游资源分类与评价，本文中不同类型小城镇的旅游资源分类与评价体系的建立也是在充分参照这一评价体系基础上完成的。

其他旅游资源分类如孙文昌等（1997年）将其分为山石景、水景、生物景观、天象景、历史遗迹、建筑、宗教与文化、社会风情、城乡风光等9类55种；周进步等（1998年）将旅游资源分为自然和人文两大部分，其下有地质地貌、水体、气象气候、生物、古迹、建筑、求知、风土民情和购物等8类60种等。

(2) 按照旅游资源开发利用方式进行分类

傅文伟将旅游资源分为原生性的资源（包括山水、生物、气候、文物古迹、传统民族风俗、传统风味特产）和萌生性资源（包括现代建设风貌、现代体育科技吸引及去处、社会新貌与民族新风尚、博物馆展览馆、名优新产品及购物场所、自然力新作用遗址、人工改造大自然景观）。

(3) 按旅游活动的性质和功能进行分类

将旅游资源或旅游资源地分为宗教朝觐为主的旅游资源地、运动型的旅游资源地、综合性的旅游资源地、文化内容为主的旅游资源地、体育为主的旅游资源地、科考为主的旅游资源地、观光性的旅游资源地、娱乐性的旅游资源地和休养性的旅游资源地这9类。

郭康（1990年）提出了旅游资源的动态分类概念，即将旅游资源分为稳定类旅游资源和可变类旅游资源。

4.4.2 国内关于小城镇旅游研究的情况

4.4.2.1 关于历史文化城镇旅游的研究

过去一段时间，国内关于传统村镇的研究虽多，但主要集中在建筑学、艺术学、历史学、文化地理学、景观学及古村落保护等方面，关于传统村镇旅游学的研究相对滞后，成果不多。近年来，随着传统村镇旅游的日益兴起，国内学术界逐渐对此给予重视和关注，并涌现了一些相关研究成果。该领域目前已成为旅游小城镇中研究最多、研究成果最丰富的领域。这些成果主要集中在：

(1) 旅游小城镇旅游资源特点和开发保护的全面分析

张俊峰[1]在其硕士论文《旅游城镇的旅游资源开发与保护》中，主要采纳1997年的旅游资源分级分类系统，将旅游资源分为3景系、10景类和95景型，而旅游资源评价体系主要是在卢云亭"三三六"评价法基础上提出，并未提出针对旅游小城镇的旅游资源分类与评价体系。此外，他对旅游城镇旅游资源开发原则、开发内容、开发类型和常见问题都进行了系统的分析，虽然分析并不深入，但却是国内少有的对旅游城镇旅游资源进行全面分析的硕士论文之一。其他对旅游小城镇旅游资源进行全面分析的文章还较为少见。

(2) 历史文化城镇的旅游资源特点、保护和开发

这一类的文章非常多，但大多是对历史文化城镇旅游资源进行一般性的介绍，理论分析少，系统而深入分析的更少。代表性成果有：阮仪三等在多年的研究基础上取得了关于江南水乡古镇旅游资源特色和开发保护的一系列研究成果，对我国历史古镇的研究和保护起到了重要的推动作用；武星宽、荣浪[2]以婺源县西溪村、延村景区的开发为例，对古村落景观的保护性开发提出建议，其中关于古村落文化的开发原则的建议值得借鉴；黄春、赵和生以江苏省太仓市沙溪镇为例，从城镇格局和空间结构的变化、社会经济的发展、现代交通方式的改变、水环境的破坏这四方面对水乡传统地段衰落的原因进行了系统而深入的分析；林玉娟[3](2004年)对绍兴柯桥古镇存在的问题以及人文、人工与自然环境要素的整治提出了建议；胡纹等[4](2004年)提出古镇保护与发展包括物质形态的保护性规划、社会组织的协同运作和经济发展策略三方面，并以重庆市走马古镇为例，分别进行了探讨；王爱杰[5](2003年)介绍了国外历史文化名城保护法规制度，对建立中

---

[1] 张俊峰. 旅游城镇的旅游资源开发与保护——以红原县邛溪镇为例. 西北石油学院硕士学位论文 [D]，2003.
[2] 武星宽，荣浪. 古村落景观保护性开发的规划探析 [J]. 小城镇建设，2004(6)：24-26.
[3] 林玉娟. 绍兴柯桥古镇保护与更新的实践 [J]. 小城镇建设，2004(9)：61-65.
[4] 胡纹等. 古镇保护与发展探索 [J]. 小城镇建设，2004(3)：36-39.
[5] 王爱杰. 建立历史文化名城保护法规制度 [J]. 小城镇建设，2003(10)：70-71.

国的历史文化名城保护制度有一定的借鉴作用；宏村村民汪森强❶(2003年)对宏村生态环境、古民居、古水系、路巷和村庄卫生的现状和存在问题进行了详尽的分析，并提出了一些具体且可操作性强的建议，尤其强调了在古村落保护中应充分尊重当地村民权益的问题；赵云、钟彦华❷则详细介绍了两种有效控制游客容量的途径，即交通调控和游客密度调控等。

  这一时期的另一突出特点是以古镇旅游为研究主题的硕士论文和博士论文明显增多。比较具有代表性的论文有：魏峰群❸对历史文化名城开发的研究思路、存在问题、开发的基本原则、开发体系和开发模式等一系列问题都进行了较深入的研究；蒋志杰❹则在对江南水乡古镇文化旅游发展现状和存在问题进行分析的前提下，提出了发展文化旅游的几点构想；王莉❺以西递、宏村、屯溪老街及乌镇为例，对古村落旅游地、历史文化街区和江南水乡古镇旅游开发发展中存在的问题与相应对策提出了自己的看法；梁玲玲❻则详细分析了小城镇文物古迹保护中存在的问题以及保护的观念、内容与方法；杨方琳❼对四川历史文化名镇的旅游资源进行了定性分析等。与一般研究相比，这些论文对古镇旅游的研究往往更加深入，这些研究都为建立旅游小城镇分类与评价体系奠定了较好的基础。

4.4.2.2 关于其他类型城镇旅游的研究

  目前国内小城镇旅游开发范围还主要集中于历史城镇，其他类型的小城镇的旅游开发相对较少，导致了对历史城镇研究相对较多的局面。比较具有代表性的研究有：张骁鸣❽对中国香港郊野公园的发展与管理进行了详细的介绍，其中对各种特色郊游路径的介绍对小城镇风景资源的开发具有一定的借鉴意义；李学俊、李学今❾对天津蓟县国家地质公园中旅游开发存在问题及保护策略和措施进行了切合实际的分析；陈圣浩❿提出了水域型小城镇水环境特色的保护和创新的途径；张岳望⓫对张谷英大村生态环境开发和保护的建议，对生态类小城镇的旅游资源开发具有一定的启迪等。

---

❶ 汪森强. 历史与现代的共生 [J]. 小城镇建设，2003(4)：49-53.
❷ 赵云，钟彦华. 历史文化城镇与可持续旅游 [J]. 小城镇建设，2004(7)：72-73.
❸ 魏峰群. 历史文化名城旅游开发研究 [D]. 西北大学硕士学位论文，2003.
❹ 蒋志杰. 江南水乡古镇文化旅游策划研究 [D]. 上海师范大学硕士学位论文，2004.
❺ 王莉. 传统村镇旅游地居民态度与开发策略研究 [D]. 安徽师范大学硕士学位论文，2004.
❻ 梁玲玲. 小城镇建设中文物古迹保护研究 [D]. 河北农业大学硕士学位论文，2001.
❼ 杨方琳. 四川历史文化名镇文化旅游资源研究 [D]. 四川师范大学硕士学位论文，2004.
❽ 张骁鸣. 香港郊野公园的发展与管理(J). 规划师，2004(10)：90-94.
❾ 李学俊，李学今. 在保护中开发实现旅游产业的可持续发展战略 [J]. 城镇规划，2004(4)：16-21.
❿ 陈圣浩. 中国"水域型"小城镇环境特色营造 [J]. 小城镇建设，2003(2)：48-50.
⓫ 张岳望. 风水·环境意向·生态 [J]. 小城镇建设，2003(12)：46-48.

4.4.2.3 国内关于小城镇旅游资源研究中存在的问题

与国外相比，国内在小城镇旅游资源的分类与评价研究领域上还存在一定的差距。笔者认为，在国内的研究中，普遍存在以下几个问题：

(1) 目前国内关于小城镇旅游资源研究中存在着很多空白领域，已有研究主要局限于从某一具体案例出发，对小城镇旅游资源的特征与开发保护措施进行一般性探讨，而对于小城镇旅游资源分类体系与评价体系的研究等目前还是空白领域。

(2) 在实际工作中，因为不同类型小城镇的旅游资源之间差异很大，对其进行评价时很难用统一的评价指标来建立统一的评价模型，因此有必要建立不同类型小城镇的旅游资源评价指标，但目前尚未见有这方面的研究。此外，对历史文化类小城镇旅游资源的保护及开发策略研究较多，对其他类型小城镇旅游资源的开发保护策略研究则相对较少。

(3) 国内目前对旅游资源的分类标准、旅游资源评价的内容和指标体系的选择等关键性技术问题尚未解决，为小城镇旅游资源分类与评价的研究带来了相当的困难。

(4) 在评价技术上，由于受研究人员、研究资金以及我国公众习惯和心理特征等因素的影响，在国外应用很普遍的旅游资源评价方法，尤其是很多单因子定量评价方法，在我国很少或难以应用，这在一定程度上影响了小城镇旅游资源评价指标的选择和评价体系的建立。

针对以上问题，本书对国内不同类型的小城镇旅游资源特点、保护及利用中存在的问题进行了一般性分析，并提出了相应的开发原则和开发方向建议。在此基础上，提出了不同类型小城镇的旅游资源分类与评价体系。

4.4.3 综合评价指标体系的研究

在各种对旅游资源评价的研究中，许多学者致力于综合评价指标体系的研究，他们从各自的研究角度和研究目的出发，提出了不同的综合评价指标体系。

旅游资源评价内容的确定直接影响着评价体系指标的选取。国内关于旅游资源评价内容的研究具代表性的主要观点有以下3种：孙文昌等人(1989年)提出旅游资源评价内容包括景象的美学特征、历史文化价值、环境质量、地理位置和可进入性、环境容量状况、基础条件及社会经济环境6个方面；陈安泽、卢云亭(1991年)提出的评价内容则包括旅游资源的系列要素(密度、容量、特质、价值和功能、地域组合特点、性质)、旅游资源开发利用条件(区位、地区经济发展水平、客源条件、建设施工条件)和旅游开发序位这3个序列；邢道隆等则提出了以下4个环境影响评价因素：市场因素(对象、距离)、质量因素(资源吸引力、景点规模)、环境因素(景区环境、自然保护)和社会经济因素(经济、开发条件、对策)。此外，如尹泽生、宋关福在对旅游资源综合价值进行评价时，则只强调对旅游资源自身状况进行评价，分为资源品质评价和资源结构评价，而把资源的环境条件评价、开发条件评价称为应用评价，指出其不应属于旅游资源评价的内容。还有一些学者指出，应从旅游者和资源本身这两个角度来对资源的吸引力进行评价，称为资源的双向评价，从而获得旅游资源的综合价值量。杨云良等(1999年)认为旅游资源的评价应是质量评价，而非吸引力评价，针对不同类型的旅游资源分别建立了相应的区域旅游资源评价模型，并用此模型对昌吉州的旅游资源进行了定量评价。总之，关于旅游资源评价内容至今仍未有统一的观点，这直接影响了旅游资源评价指标体系的选取及分类。

李亮(1997年)以资源管理类型为依据，对旅游资源进行了分类评价，并划分为国家重点风景名胜区、国家历史文化名城、全国重点文物保护单位和国家自然保护区这4种类型。王凯(1999年)在进行旅游资源的省(区)际比较评价时，选择全国重点风景名胜区、国家级自然保护区、国家级森林公园、国家历史文化名城和全国重点文物保护单位这5项占主导地位的旅游资源，进行分类评价，并在此基础上计算出各地区旅游资源的绝对丰度、相对丰度、总丰度、组合指数及整体优势度等几项指标，对各地区旅游资源赋存的基本状况做出基本评价。卢云亭等人利用层次分析法，提出了"八度"评价指标体系，即规模度、古悠度、珍稀度、奇特度、保存度、审美度、组合度和知名度，并确定了各指标及其分指标的界值。

4.4.4 评价方法的研究

旅游资源评价研究在我国已有20多年的历史，其评价方法经历了体验性的定性评价、技术性的单因子定量评价和综合型的定量建模评价3个历程。

4.4.4.1 定性评价方法

三三六评价法：卢云亭提出三大价值、三大效益和六大条件的"三三六"评价法。三大价值指旅游资源的历史文化价值、艺术欣赏价值和科学研究价值；三大效益指经济效益、社会效益和环境效益；六大条件指景区的地理位置和交通条件、景物的地域组合条件、景区旅游资源容量条件、旅游资源市场条件、旅游开发投资条件和施工难易条件。

黄辉实从美、古、名、特、奇、用6个方面对旅游资源进行评价，从季节性、污染状况、联系性、可进入性、基础结构、社会经济环境和旅游市场7个方面对旅游资源环境进行评价。

魏小安从旅游地的旅游资源构成要素种类的多少、构成要素的单项评价问题、构成要素的组合状况、可能容纳的游客量、人文资源的比较、开发的难易程度6个方面对旅游资源进行评价。

王兴斌从资源的科学文化价值、美学观赏价值和康体休闲及其开发的社会条件和自然环境加以分析，大致分为下列 4 个等级：世界级、国家级、省级、地方级。

4.4.4.2 综合性的定量建模评价

定量评价法是在考虑构成旅游价值的许多因素的基础上，运用一些数学方法，通过建模分析对旅游资源及其环境、客源市场和开发条件等进行定量评价，评价结果为数量化的指数值。定量评价较之定性评价，结果更直观、更准确。❶

定量评价的方法较多，有综合价值评价模型（李功阳、丁文魁，1986 年）、模糊数学评价法（杨汉奎，1987 年；李京颐，1997 年；何强、徐辉，2001 年；程道品、林治，2001 年）、美学评分法（俞孔坚，1988 年）、旅游资源综合评价体系（傅文伟，1994 年）、综合评分法（魏小安，1984 年）、观赏型旅游地综合评价（楚义芳，1991 年）、层次分析法（保继刚，1988 年）等。

4.4.5 关于某一类旅游资源评价的研究

近年来出现了很多对各类旅游资源，如森林旅游资源和海滨旅游资源进行评价的文章，其中一些文章对不同类型的小城镇中某一类旅游资源的评价有一定的启示意义。

4.4.5.1 海滨旅游资源评价体系

国内很多学者在海滨旅游单因子定量评价研究方面做了大量的工作，并取得了一定的成效，如对气候的适应性评价、对主要旅游海滩砂砾度的研究、对区域海水浴场水质的研究、对区域交通条件和社会经济条件等旅游开发条件的研究等，还有一些学者对区域海滨旅游资源与开发条件进行了综合评价。该时期比较具有代表性的成果有：中科院地理所在国内较早的对海滨度假旅游的 3S 资源条件进行了单因子评价研究，为以后该领域的研究提供了良好的研究基础和研究方法；范业正、郭来喜（1998 年）进一步对我国海滨旅游地气候适宜性进行了全面而系统的定量评价，该研究成果多次被其他研究所借鉴；李占海等（2000 年）提出了中国海滨旅游沙滩评价体系，从而对这一空白领域进行了初步探索；谢丽波在其硕士论文中对中国海滨旅游资源及其开发条件进行了系统评价，建立了海滨 3S 资源的定量评价体系，并应用该体系对 24 个海滨沙滩的 3S 资源条件进行了定量评价，结果证明该评价体系具有较高的实用价值。

4.4.5.2 森林公园风景资源质量评价

目前最权威的是国家标准《中国森林公园风景资源质量等级评定》，该标准规定了我国森林公园风景资源质量等级评定的原则与方法，适用于各级森林公园。该标准将森林公园风景资源分为地文资源、水文资源、生物资源、人文资源

---

❶ 侯佩旭. 甘肃省旅游资源综合评价与开发战略研究 [D]. 西北师范大学硕士学位论文，2003.

和天象资源 5 类，并建立了如下的评价体系(表 4-3)：

森林公园风景资源质量评价体系　　　　　表 4-3

综合评价层	项目评价层	因子评价层
1. 风景资源基本质量	(1) 地文资源 (2) 水文资源 (3) 生物资源 (4) 人文资源 (5) 天象资源	①典型度；②自然度；③吸引度；④多样度；⑤科学度 ①典型度；②自然度；③吸引度；④多样度；⑤科学度 ①地带度；②珍稀度；③多样度；④吸引度；⑤科学度 ①珍稀度；②典型度；③多样度；④吸引度；⑤科学度 ①多样度；②珍稀度；③典型度；④吸引度；⑤利用度
2. 资源组合状况	组合度	
3. 特色附加分	资源具有特殊影响和意义	

《中国森林公园风景资源质量等级评定》为风景类旅游小城镇评价体系的建立提供了研究基础。

4.4.6　小城镇旅游资源的分类与评价体系总体说明

4.4.6.1　范围

本标准规定了小城镇旅游资源类型体系以及评价体系。

本标准适用于各类型小城镇旅游资源开发与保护、旅游规划与项目建设、旅游行业管理与旅游法规建设、旅游资源信息管理与开发利用等方面。

4.4.6.2　引用文件

下列文件中的条款通过本标准的引用而成为本标准的条款：

《旅游资源分类、调查与评价》GB/T 1972—2003

《风景名胜区规划规范》实施手册

建设部、国家文物局《历史文化名城保护规划编制要求》

《全国历史文化名镇评选和评价方法》

《中国森林公园风景资源质量等级评定》

美国风景资源管理系统

4.4.6.3　术语和定义

下列术语和定义适用于本标准。

(1) 旅游资源

自然界和人类社会凡能对旅游者产生吸引力，可以为旅游业开发利用，并可产生经济效益、社会效益和环境效益的各种事物和因素。

(2) 旅游资源基本类型

按照旅游资源分类标准所划分出的基本单位。

(3) 旅游资源评价

按照旅游资源基本类型对旅游资源进行的价值和程度评价。

4.4.6.4 要素选取原则

(1) 旅游资源分类须包括区域中所有主要的旅游资源种类，各部分组合起来是一个完整的旅游资源体系。

旅游资源分类体系中所有要素之间尽量保持相互独立，以保证旅游资源评价的客观性和准确性。

(2) 对不同类型旅游小城镇而言，其支撑小城镇的整体外部环境和资源不同，因之出现了不同的资源和环境组合。为增加旅游资源分类体系的实用性，针对不同类型的旅游城镇，应提出相应的旅游资源分类指标体系和评价指标体系，并提出相应的旅游资源开发方向建议。

(3) 小城镇旅游资源是一个开放的巨系统，它包括若干个子系统，而每一个子系统又包括若干更低一级的子系统，要对如此庞大的一个巨系统进行分类和评价难度很大，因此小城镇旅游资源评价要素的选取要遵循主导因素评价原则，仅选取作者认为最重要的一些指标作为系统的主导因子进行评价，分析这些主导因子对旅游的影响和作用。

(4) 在选取分类和评价要素时应遵循自上而下的原则，即先选取最上层的重要要素，然后再逐层地将要素进行分解，选取二级、三级要素，最后自上而下地建立一套完整的分类和评价体系。

(5) 充分参考国内外已有的分类和评价体系，如前所述，国内外目前在旅游资源分类和评价体系方面已经取得了一些成果，小城镇旅游资源分类与评价体系的建立将充分借鉴国内外相关成果，并对以往研究成果进行完善和创新改进。

4.4.6.5 分类与评价对象

稳定的、客观存在的实体旅游资源。

不稳定的、客观存在的事物和现象。

4.4.6.6 分类与评价结构

小城镇旅游资源分类采用主类、亚类、基本类型三个层次。

小城镇旅游资源评价采用综合评价层、项目评价层两个层次。

4.4.6.7 评价总体要求

按照本标准的小城镇旅游资源分类和评价体系对小城镇旅游资源进行评价。

本标准采用打分评价方法。

评价主要由调查组完成。

4.4.6.8 评价体系

小城镇旅游资源评价单元应以资源现状分布图为基础，根据规划范围大小和资源规模、内容、结构及其游赏方式等特征，划分若干层次的评价单元，并做出等级评价。

小城镇旅游资源评价设"综合评价层"和"项目评价层"两个层次。"综合评价层"和"项目评价层"用量值表示。综合评价层的总分值为100分，每一综合评价层中各项目评价层的总分值亦为100分。

对小城镇旅游资源进行综合评价时，宜选用综合评价层指标；对小城镇中重要旅游景区、景点进行评价时，宜在项目评价层指标中选择。

根据评价结果，将小城镇旅游资源分为若干个档次。

4.4.6.9 评价结论

小城镇旅游资源评价结论应由资源等级统计表、评价分析、特征概括等三部分组成，评价分析应表明主要评价指标的特征或结果分析，特征概括应表明历史文化资源的级别数量、类型特征及其综合特征。

4.4.6.10 资源的旅游价值❶

资源的旅游价值在一定意义上就是指旅游资源的价值，但本文认为应该统一使用资源的旅游价值来替代旅游资源价值这一表述，因为使用资源的旅游价值具有更大的精确性和实用性。正如前面所述"资源即指可资利用的来源"，因此，当我们把某项资源称为旅游资源时，也就承认了其具有旅游价值。但事实并非如此，在当前的旅游市场中，存在许多并不真正具有旅游价值但却被普遍称为"旅游资源"的资源。因此，搞清楚什么是旅游价值，区别资源的旅游价值与资源的其他相关价值之间的关系，对于认识旅游资源、评价资源的旅游价值和开发设计旅游产品有着十分重要的意义。在与旅游价值相关的众多价值概念中，将着重研究资源的文化价值和经济价值，因为这两个价值概念与旅游价值密切相关，通过对这两个相关价值的研究，有助于深入把握资源的旅游价值内涵。

（1）资源的文化价值

资源的文化价值主要表现为对文化活动的有用性上，是诸多相关属性的集合。人类文化活动可以最终归结为人类对真、善、美的追求，因此，文化价值可以看作资源在人类追求真、善、美过程中的有用属性，包括资源的认知价值、道德价值和审美价值。而在资源的旅游价值评价体系中，审美价值占据着绝对重要的地位。从资源的旅游利用来看，资源的文化价值在一定程度上也就是指资源的审美价值，而审美价值是在主体和客体的能动交流中得到体现的，这种能动交流的形成，正是在于资源本身所含的文化价值。在旅游活动中，内在于一项资源中的文化价值可看成是该资源的"审美性质"，这些性质能够激起特定的旅游者对该资源做出审美和情感反映。例如，福建武夷山的南宋建窑对于国内旅游者来说可能是一项很普通的旅游资源，但在日本旅游者眼中，这里却成为了他们到福建

---

❶ 任建定. 有形资源的旅游价值及评价体系研究［D］. 浙江大学硕士学位论文，2002.

旅游的必经之处，因为这里是日本陶瓷业的故乡，孕育了深厚的文化内涵。因此，文化价值是构成资源旅游价值的灵魂，也是旅游业的灵魂。同时，理解资源文化价值的特点对资源的开发与加工具有特别重要的意义。"对自然资源的加工和开发并不仅仅意味着物质形态的改变，更重要的是，开发通常表现为一种审美意境的感受、抽象与体验，是赋予自然以文化。"

（2）资源的经济价值

资源的经济价值由浅及深可以从3个层次上来理解：

第一层次是劳动价值论意义上的价值。传统的劳动价值概念是针对商品提出来的，这种观念认为，没有劳动参与的东西或者认为不能交易的东西是没有价值的。譬如马克思说，"价值是凝聚在商品中的人类抽象劳动"，在这一"价值"观念下，自然资源，特别是天然形成的自然资源是没有价值的。相应地，自然旅游资源也就没有了"价值"。因此，传统的"价值"观念只能在一定程度上对人造的旅游资源价值进行评估，不能用来很好地解释天然资源的旅游价值。

第二层次的经济价值是以"效用理论"为基础的，从旅游者的角度来看待资源的经济价值，从效用理论上理解，资源的经济价值存在于客体对主体的作用和影响中，是主体与客体相互作用过程中客体对主体的效用。因此，如果某项资源具有较高的从劳动价值论上理解的价值，但它不能带来任何对主体的效用，那么它也是没有价值的。在实际资源的旅游开发中，尽管开发者的投入很大，但由于其不能满足旅游市场的需求，不能给旅游者带来效用，自然也就失去了价值。因此，把资源的经济价值界定为客体对主体的效用，即满足社会主体生存和发展的基本需要和产生正效用，是合乎逻辑的。

第三层次的经济价值以资源的短缺理论为依据，从旅游业经营者的角度来评价资源的经济价值，资源的经济价值主要表现为对经济活动的有用性。人类活动可以最终归结为人类的生产活动与交易活动，前者追求效率，后者追求效益。因此在交易条件给定的前提下，资源的经济价值表现为对产出贡献的程度，贡献越大，资源的价值也就越大。在这个意义上，资源的经济价值可以通过资源的短缺程度表示。资源短缺是相对于市场需求，稀缺相对于旅游者生理需要。资源总是稀缺的，但稀缺的资源并不一定短缺。由此可见，资源的经济价值虽然与资源自身的属性有关，但最终将取决于市场对该项资源的需求程度，市场需求程度越高，资源的经济价值也就越大。

（3）资源的旅游价值

资源的旅游价值表现为对人类旅游活动的有用性上，是诸多相关属性的集合。人类的旅游活动既是一种文化活动，同时又是一种经济活动。旅游活动是一种特殊的经济与文化活动，所以资源的旅游价值既不能等同于文化价值，也不能等同于经济价值。旅游活动是人类的一种自由意志活动，在旅游活动中，人们同样追求着真、善、美，因此旅游资源(具有旅游价值的资源)都具有文化价值。但是并非所有的文化价值都可以转化为旅游价值，只有那些能够为旅游大众接受、理解并喜闻乐见，不需要太多的专业知识与语言领悟，或者说能够通过感性形式表现的文化资源，才有可能成为旅游资源。

旅游活动同时又是经济活动，因此，旅游价值同时又表现出它的经济性质。凡是影响旅游市场需求的诸因素都可以影响资源的旅游价值，例如，资源迎合偏好的程度、资源的交通条件、资源的分布状态等。

因此，资源的旅游价值可以理解为具有经济(市场)价值的文化价值，而那些市场需求有限的文化资源，是没有旅游价值的，因而这些文化资源也就不能成为现实意义的旅游资源。

(4) 资源旅游价值的大小在很大程度上取决于旅游主客体之间的能动交流

正因为审美价值的重要性，而且判断美的过程是一种估价的行为，因此，一项资源中审美价值的大小在很大程度上取决于旅游者能动的反映。资源的审美价值所指涉的价值并不存在于资源本身之中，而是由旅游者及旅游者的共同体投射进资源中去的。因此，如果不涉及一个资源对旅游者的作用，也就不能充分描述那个资源的旅游价值，从而一个现实的资源最终具有的价值大小可以因旅游者不同而变化。在一定意义上，一项资源的经济价值是客观的，但是审美价值却是主观的。

综上所述，资源的旅游价值与资源的文化价值和经济价值既有联系，又有本质的区别。资源旅游价值并不能简单地定义为资源在旅游业中的价值，而应该更加深入地研究其内涵。笔者认为，资源的旅游价值是指旅游主体对旅游资源客体效用性质的能动估价。这个定义主要包含了两层含义：第一，资源的旅游价值在于给旅游主体(旅游者)带来的审美和愉悦的效用；第二层，旅游主体对客体(旅游资源)效用的能动估价。只有在对资源旅游价值的两层涵义有了充分、全面的理解和认识，才能很好地解决旅游市场中存在的一些现实的矛盾，从而为资源的旅游开发和利用提供明确有效的指导。

4.4.6.11 资源旅游价值双因素评价模型❶

资源旅游价值双因素评价模型是在一定程度上克服目前资源旅游价值评价模型缺陷的基础上，在科学原则指导下提出的，是对资源旅游价值评价体系的修正和完善。其具体思路为：首先将构成资源旅游价值所必须具备的因素分解为核心价值因素(文化价值)和外延价值因素(经济价值)；接着对资源的核心价值因素进行定性评价，在此基础上进行资源分层，确定需要进一步进行外延价值因素评价的资源层次；第三步是进行资源的外延价值因素评价；最后在定性和定量综合评

---

❶ 任建定. 有形资源的旅游价值及评价体系研究 [D]. 浙江大学硕士学位论文，2002.

价的基础上,确定资源的旅游价值。同时在定量分析的利用上,做到重单项指标的评价,轻综合指标的评价。

(1) 核心价值因素与外延价值因素

如前分析,文化价值是旅游资源的核心价值,同时,文化价值在旅游资源中又可主要理解为资源的审美价值,并且可以通过资源知名度来简单、有效地评价。旅游资源的外延价值主要通过资源的区位条件、资源的规模容量、资源所在地的旅游形象等因素来评价。资源的核心价值和外延价值共同构成了旅游资源的总价值,两者缺一不可。缺乏核心价值的资源,不能称之为旅游资源;相反,缺乏外延价值的资源不具有旅游价值,即无旅游开发价值。

(2) 核心价值因素评价与资源分层

根据资源本身的品质,通过对资源的文化价值、美学价值和知名度3个因素的评价(评价一般可采用问卷调查等定性方法和技术性单因子定量评价方法进行),大致可以把旅游资源分成5个层次:

1) 世界级旅游资源

世界级旅游资源的文化、审美价值在世界范围内是少有的,同时具有一定的规模容量度和很高的知名度,是人类重要的自然文化遗产,是一个国家文化资源的精华和代表。利用这些资源开发的旅游产品将面向国际旅游市场,如万里长城、漓江山水、黄山等被联合国教科文组织纳入《世界自然文化遗产名录》的旅游资源。

2) 国家级旅游资源

国家级旅游资源的文化、审美价值在全国范围内是少有的,并且具有相当的规模容量度和全国范围内的较高知名度。在其基础上开发的旅游产品将面向国内旅游市场或邻国客源市场,如杭州西湖等虽未被纳入《世界自然文化遗产名录》,但却是在全国享有盛名的旅游资源。

3) 省级旅游资源

省级旅游资源的文化、审美价值是在省内少有的,开发的旅游产品将面向省内或邻省旅游客源市场。这类旅游资源的数量比较多,如浙江千岛湖、雁荡山等风景名胜区。

4) 地县级旅游资源

地县级旅游资源具有开发建设成旅游产品所应该具有的文化、审美价值和必要的规模容量,其开发的产品主要面向本地或邻县的旅游客源市场。这类旅游资源数量最多。

5) 特殊级旅游资源

特殊级旅游资源是指在某一方面的价值特别突出,经常是全国甚至是世界独有或第一的,因而享有很高的知名度。但是由于该类旅游资源在其他某些方面的价值又是很低的,因而使之开发成为大众旅游产品的可能性很小,而且对于这类资源应该是绝对保护的，利用这类资源开发的旅游产品主要是面向特种旅游消费者的，如珠穆拉玛峰、敦煌石窟等。

(3) 开发模式选择：资源导向和市场导向

我国的旅游资源开发模式可以大致分为"资源导向"开发模式和"市场导向"开发模式，在20世纪90年代之前，基本采用"资源导向"的开发模式：以调查、评价、分析旅游资源，主要是自然风景资源和历史遗存古迹为出发点，基本主张进行低度开发和建设。进入90年代后，由于投资模式的改变、旅游市场的变化以及经营体制的转变，旅游资源开发由"资源导向"转向了"市场导向"。"市场导向"的开发模式主张：针对市场需求对旅游资源进行评估、筛选和加工，然后设计、制作、组合成适销对路的旅游产品，并推向市场。"资源导向"和"市场导向"为旅游资源开发提供了两种模式，但应该如何根据资源的不同，在这两种模式之间进行选择呢？笔者主张在资源分层的基础上，进行开发模式的选择。

在将旅游资源分成为5个等级后，我们就从总体上把握了资源的旅游价值。其中，世界级、国家级和特殊级这3类旅游资源由于其本身价值构成具有独特性，因此对这3类旅游资源价值的评价到此就可以基本确定，而且对于这3类旅游资源应采取"保护重于开发"的指导方针，以"资源导向型"的开发模式进行资源的旅游开发。

省级和地县级旅游资源是存在数量最多的旅游资源，目前现实中存在的旅游资源评价和开发也是主要针对这两类旅游资源而言的。由于这两类旅游资源数量多、价值构成雷同，且开发以产生经济效益为主要目的，因此，核心价值因素在这两类旅游资源总体价值中的重要性也就相对下降了，而其外延价值因素就显得重要得多。所以，这两类旅游资源的价值评价重点也就在于资源的外延价值因素评价，可通过对外延价值因素的评价建立"市场导向型"的开发模式。

(4) 资源的外延价值因素评价

资源的外延价值因素是指资源的相对优势，因而构成旅游资源的相对价值。对于某一具体旅游资源来说，相对优势主要体现在资源所处的区位条件、资源的规模容量、资源所在地的旅游形象和主要客源市场的旅游者出游偏好这4个因子，而区位条件具体又包含了资源的地理位置、可进入性、区位比较优势和比较稀缺性这4个指标。对于旅游资源的外延价值因素评价应该立足于旅游消费市场，从旅游消费市场的角度来分析和评价旅游资源的经济价值、市场价值，进而确定一项资源是否具有旅游开发的价值。

1) 区位条件

区位条件主要指旅游资源所处的地理位置条件，具体又可分解为以下指标：距离、可进入性、区位比较优势和资源的比较稀缺性。

A. 距离

距离主要指旅游资源的经济距离，即与目标客源市场实际路程的远近以及由此产生的往返的旅途时间和旅途费用。

距离对于促成一项旅游资源的开发价值具有重要影响，是决定一项旅游资源能否成功吸引更多旅游者的最重要的因素之一。距离对资源的旅游开发价值的影响作用可以通过"距离衰减规律"❶明显地表现出来，理想的距离衰减规律是距离越近，游客流量分布的概率越大，距离越远，游客流量分布的可能性越小。距离衰减曲线(Distance Decay Curve)呈平滑状。

但在实际情况中，由于旅游资源的绝对价值巨大或者因为旅游者的心理作用，譬如好奇心的驱使，旅游者对越远的地方越好奇，出游的欲望越强烈，使曲线随距离增加而上升；但随着旅游距离的增加，经济、时间等条件产生的摩擦力增大，又使曲线出现衰减，形成凸形曲线。又比如，因为旅游资源在空间上分布不均衡，特别是具有强吸引力的景点在空间上呈不连续分布，从而有可能形成所谓的凹形距离衰减曲线。但是从总体趋势看，出游机会和出游人数总是呈现随距离的增加而减弱，凸形和凹形曲线只不过是在总体距离衰减曲线上的一些干扰因素作用下出现的局部波动而已，并不能改变距离对市场的抑制作用。距离衰减规律在我国大城市居民出游中表现得非常明显：80%的出游市场集中在距离城市500km以内的范围内。

同时，距离对旅游资源的开发价值影响也可以通过花费比指数来定量分析。花费比指数定义为景点消耗与到达景点的途中消耗之比。经验统计表明，对于国内旅游者来说，该指数值的大小存在一个范围，景点消耗一般约为途中消耗的1～5倍。例如20世纪80年代杭州的旅游数据表明，这个比例值在2.3～3.7之间；而在90年代，随着交通方式的改进和杭州景点吸引力的增加，这个比值下降为1.6～3.2，因此花费比指数在一定程度上说明了景点吸引力与主要客源地之间的距离关系。在旅游总费用预定的情况下，旅游者愿意花费的旅途费用的大小与景点本身的吸引力(也可以是其知名度)大小成正比，即景点吸引力越大，旅游者愿意花费的旅途费用也将越多。

B. 可进入性

可进入性是资源旅游开发价值的另一个重要的促成因子。可进入性一般是指旅游地的交通条件，包括客源地与旅游地之间的交通条件和旅游地区内交通条件。对于旅游地与客源地之间的交通条件，可以通过两地间交通种类的多少、交通路线等级的高低和交通流量的密集程度等来评价。而区域内可进入性条件的评价，可以利用紧密度指数和连接性指数这两个指标来定量评价。

a. 紧密度指数

紧密度指数是利用旅游地的地区形状来衡量地区内部的可进入性程度。在其

---

❶ 吴必虎. 地方旅游开发与管理 [M]. 北京：科学出版社，2000.

他条件基本相同的情况下,一个旅游区的形状越是紧凑,其区内旅游客运便越易于进行,因而可进入性也就越高。计算公式如下:

$$C=[2(A/\Pi)^{1/2}]/D$$

C 为紧密度指数;

A 为该旅游区面积;

D 为该旅游区的最大的对顶线;

Π 为圆周率。

紧密度指数介于 0.00~1.00 这两个极值之间,指数值越高,则该旅游区域越紧凑,紧密度越高。

b. 连接性指数

连接性指数主要是用来衡量旅游区域内各旅游点之间的交通连接程度。连接性指数越大,说明各旅游点之间的连接程度越高,因此可进入性也就越好。连接性指数是紧密度指数的一个很好的补充。其计算公式如下:

$$R=L/[3(P-2)]$$

R 为连接性指数;

L 为区内每两个旅游点间直接线段的条数;

P 为区内旅游点的数目。

连接性指数也介于 0.00~1.00 之间,指数值越大,则旅游区域内连接程度越高。但连接性指数是一个比率数,因此在解释可进入性时必须给予适当注释。例如两个旅游区的连接性指数可能都是 0.5,但是其中一个旅游区内各旅游点之间的平均间隔为 10km,而另一个旅游区内各旅游点之间的平均间隔为 100km。

C. 区位比较优势

区位优势是一个比较优势的概念,是旅游资源所在区域与周边区域通过比较而得的优势,而具体比较区域的大小是与通过资源核心价值因素评价得出的该旅游资源的等级密切相关的,资源的等级越高,比较区域也就越大。区位的比较优势将在很大程度上决定一项旅游资源的开发前景和市场价值的大小。区位优势主要包括 3 个方面:区域经济发展水平、区内人口数量和地理优势。

a. 区域经济发展水平

旅游资源的市场价值最终决定于旅游市场的供求关系,而当地的经济发展水平极大地影响着供求关系。经济状况影响旅游供求关系表现在以下几方面:

第一,经济发展状况直接影响当地居民的出游水平。经济繁荣时期,居民的出游水平会相应提高,反之则降低。深圳"锦绣中华"、"世界之窗"等人造旅游产品的市场价值正是源于香港和广东省强大的经济实力。

第二,经济的发展会提高当地人口的流动性,从而可能产生更多的客源。上海市由于其特殊的经济地位,每年会带来 300 万~500 万的流动人口,给周边地区旅游的发展带来了相当的利益。

第三，随着经济实力的增加，区域的辐射面也会随之扩大，从而有助于旅游者心理距离的缩短。

b. 区内人口数量

一般地说，区域内人口总数与区内旅游者人次数成正比，人口越多，旅游者也就相对较多。例如，美国华盛顿城市土地研究所(The Urban Land Institute)研究指出：一个大型主题公园的一级客源市场最少需要200万人口，市场范围在50英里或1小时汽车距离内。因此，在经济发展到一定程度时，区内人口数量的增加有利于提高资源的市场价值。

c. 地理优势

地理优势主要表现在两方面：第一，就是通常狭义理解的区位，该区域在一国版图中居于什么位置。地理位置的好坏直接影响旅游的交通条件以及与主要客源市场的距离。第二，地理位置决定了气候条件，除了气候本身就可以构成旅游资源外，气候条件还是决定其他资源是否具有旅游价值的一个重要因素。特别是随着度假旅游的快速发展，旅游资源的价值也随之对气候的要求越来越高。

D. 资源的比较稀缺性

旅游资源的比较稀缺性是指该项旅游资源相对于区域范围内同类旅游资源的稀缺程度。一项旅游资源可能从全国范围内来看是很丰富的，但相对于本旅游区来说却是稀少的，因此该项绝对价值并不是很高的旅游资源就具有了较高的区域相对价值。比较稀缺性可以通过旅游资源的组合度指标来评价。

旅游资源组合度指标主要用于评价该项旅游资源本身的组合结构，以及与周围其他旅游资源和旅游设施之间的相互关系。因此，组合度指标包含了两层含义：

第一，组合度用于评价该项旅游资源本身的组合结构。旅游资源本身的组合度可以从3个方面来评价：首先是资源本身所包含的旅游活动因子的多少。一项融山、水、湖、泉、洞、庙等旅游活动等因子的旅游资源，一般来说要比只有单一旅游活动因子的旅游资源具有更高的价值，因为旅游活动因子的丰富性更能吸引不同层次的旅游者；其次是这些旅游活动因子之间的适当组合，能够带来旅游景区的协调美和组合美；再次是这些活动因子相互之间的集中程度。各因子之间相对集中有利于旅游活动的开展，但也不能过于集中，因为过于集中会导致该旅游资源的局部旅游容量急剧缩小，不利于旅游资源的保护和旅游业的可持续发展。

第二，组合度用于评价该项旅游资源与周围其他旅游资源和旅游设施之间的相互关系。一项本身价值并不是很高的旅游资源，如果能和周围其他资源形成一个良好的组合关系，那么作为整体旅游区域中的一个组成部分，该资源的旅游价值也会得以提升。一般来说，与周围旅游资源的关系大致可分为两类：竞争关系和互补关系。当该旅游资源与周围其他旅游资源是属于同质的资源而且吸引相同的客源市场时,它们之间必定会产生竞争,从而导致资源价值的下降;相反,当该旅游资源与周围其他旅游资源属于异质的资源,由于吸引旅游者的类型不同,因此它们之间就有可能进行协作,产生互补,形成有效的旅游网络。总体上说,竞争性的旅游资源以无为好,以少为好,距离以远为好;互补性的旅游资源以有为好,以多为好,以近为好。

杭州宋城主题公园的开发就是资源互补的成功例子。杭州西湖景区与宋城主题公园就是通过资源的组合与互补使杭州总体旅游价值得以提升,对杭州旅游重新走出低谷起到了巨大的作用。两者的互补性主要表现在以下三方面:

首先,宋城的建设选址科学合理,它位于"黄金旅游线"上,可相辅相成,同时又远离西湖,既为西湖分流,又为西湖增辉。

其次,宋城的出现,改变了杭州只有一个西湖的局面,使人造主题公园与自然景观互为依托,相互辉映。

再次,杭州有悠久的历史文化积淀,宋城的出现使丰富的宋文化与时代文化结合,形成了独具特色的文化载体。

2) 资源的规模和旅游环境容量(表 4-4)

部分旅游资源规模度的一般要求　　　　　　　　　　表 4-4

各类景区	基本空间标准(m^2/人)	各类景区	基本空间标准(m^2/人)
动物园	25	郊游乐园	40~50
植物园	300	森林公园	10
旅游牧场、果园	100	郊区自然公园	15~17
徒步旅行	400		

(资料来源:吴必虎. 地方旅游开发与管理. 北京:科学出版社,2000)

资源的规模是指景观对象数量的多少、体量及占地面积的大小等;而旅游环境容量则指在一定时间条件下,一定旅游资源的空间范围内的旅游活动能力,也就是在不致严重影响旅游资源特性、质量及旅游者体验的前提下,旅游资源的特质和空间规模所能连续维持的最高旅游利用水平,即旅游承受力或饱和度。因此,某一资源若要具有旅游价值,则必须具备一定的规模度和旅游环境容量。一般来说,资源规模度和旅游环境容量越大,资源的旅游价值也越高。

3) 资源所在地的"旅游形象"❶

在一个旅游业日益成长并逐渐高度发达的时代,任何一个地方都是潜在的旅游目的地,任何一个人都是潜在的旅游者,旅游业已经进入了全面竞争的时代。在这样一个竞争激烈的时代,某一旅游地的形象应该成为对该地旅游资源开发评价的一个重要指标。这主要基于以下两方面的原因:

---

❶ 吴承照. 现代旅游规划设计原理与方法. 青岛出版社,1999.

A. 旅游者越来越重视旅游地形象

从旅游需求方式来看，旅游者在选择旅游目的地时，除了考虑距离、时间、交通方式和旅行成本等一般因素外，越来越重视目的地形象。现代旅游者作为商品社会的消费者，通过目的地形象来选择旅游目的地是节约交易成本的有效手段。在旅游者心中，旅游地比单纯的实物消费品复杂得多，对目的地形象的评价要比实物产品那些可见因素的评价更加模糊也更加依赖，而且为追求地理环境差异感受的旅游者，将永远不断地面临旅游地形象的认知过程，通过对旅游地形象的认知决定是否去该地旅游，以实际的旅游经验及旅游经历的印象决定是否旧地重游。

另一方面，当代旅游者所拥有的丰富旅行经验和对先进信息技术时代的适应使非团队旅游者大量增加，在世界国际旅游市场中，散客所占比重约在70％以上（肖潜辉，1993年）。我国的散客市场也发展很快，1980～1990年我国有组织接待的来华旅游者中，旅游部门接待人数是非旅游部门接待人数的2～4倍，团队比重占压倒优势；但到1992年，团队和散客就达到平分市场的局面；之后，来华旅游的散客的绝对数和在客源中所占的比重高速增长，1994和1995年旅游部门接待比重均为38％，散客旅游者高达62％。散客旅游的发展趋势，促使旅游者的自主决策意识大大增强，其中决策考虑的因素在当代技术与社会环境的影响下已发生显著变化，使旅游地形象的重要性大大增加。

B. 旅游地形象的"蝴蝶效应"❶

气象学家 Edward Lorenz 提出的"混沌理论"认为：事物间的联系并非线性关系，由于复杂系统对于初始条件非常敏感，某个地方某个时刻的一个很小的事件，都可能引起其他地方或未来时刻的很大的变化，即产生"蝴蝶效应"。而现代旅游地的发展是以信息社会或"受众社会"为背景的，旅游业是一个复杂的多部门组成的综合性行业，旅游业的核心是影响成千上万的旅游者的决策，吸引他们前往某一地旅行，在这一点上，现代旅游系统必然地具有"混沌"性。事实上，旅游地的敏感与脆弱已经由外部宏观环境的"小事件"所带来的"蝴蝶效应"所证明。蝴蝶效应在更广泛的基础上改变了目的地在旅游者心目中的形象认知，影响着旅游者的选择决策。

4) 区内旅游者出游偏好测定

区内旅游者出游偏好测定主要是为了了解某一旅游资源所针对的客源市场的出游格局。通过出游偏好的测定，从目标客源市场旅游者的角度来评价资源的旅游价值，这是评定资源比较价值的重要组成部分。

旅游者出游偏好一般可以利用"沃尔夫的偏好指数方法"❷ 来测定。该方法

---

❶ 李蕾蕾. 旅游地形象策划：理论与实务 [M]. 广州：广东旅游出版社，1999.
❷ 斯蒂芬·史密斯. 旅游决策与分析方法 [M]. 北京：中国旅游出版社，1991.

的基本思路为：以该景区历年旅游者接待资料和目标客源市场调查为基础，建立客源地—目的地数据矩阵；然后通过公式 $D=10^5(T_{ij})/\sum T_i T_j$ 来计算。公式中的 10^5 是一个量度因素，可按愿望用合适大小的比重代替。

通过偏好指数的测定，我们就可以在一定程度上了解从某一客源地前往每一目的地旅行所占的比例或相对分布的情况。但需要注意的是，该指数仅具有比率尺度的性质，因此它不能反映出两个地区间旅行的净差量。

(5) 资源旅游价值评价流程图(图 4-39)

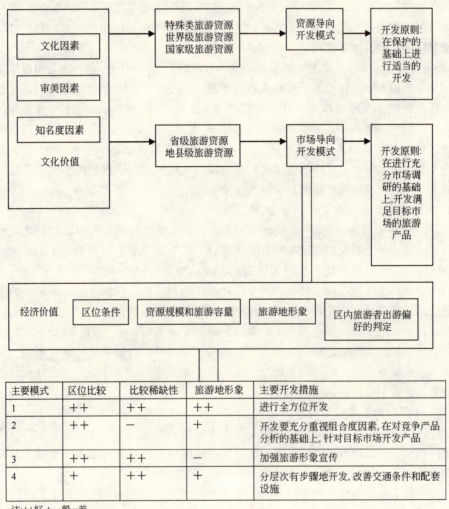

图 4-39　资源旅游价值评价流程图

综上所述，我们由此可以建立资源的旅游价值评价流程图，通过评价流程图，可以大致掌握旅游价值评价的一般模式。

4.4.7 小城镇旅游资源的分类与评价指标体系
4.4.7.1 历史文化类小城镇
（1）历史文化类小城镇旅游资源分类体系（表 4-5、表 4-6）

历史文化类小城镇旅游资源分类表　　　　　　　　　　　表 4-5

主类	亚类	基本类型
1. 文物古建和地下遗存	文物古建筑	(1)革命遗址及革命纪念建筑；(2)古建筑及历史纪念建筑；(3)石窟寺；(4)石刻及其他；(5)古桥及船码头
	地下遗存	(1)古遗址；(2)古墓葬
2. 古典园林及风景名胜	古典园林及名木古树	(1)皇家园林；(2)私家园林；(3)其他园林；(4)名木古树
	风景名胜	(1)人文景点；(2)自然景点
3. 历史地段民居与近现代建筑	历史地段及传统民居	(1)传统街区；(2)传统村寨；(3)其他特色地段；(4)单幢民居；(5)特色建筑群
	近现代建筑	(1)近现代建筑及雕塑；(2)近现代构筑物
4. 古城格局和山川形胜	古城格局及整体空间特色	(1)城垣形制；(2)路网；(3)轴线及主要建筑布局；(4)水系；(5)制高点和轮廓线；(6)通视廊；(7)建筑风格
	山川形胜	(1)城市风貌；(2)城市格局；(3)地域生态环境
5. 传统文化和风物特产	传统文化艺术	(1)地方名人文化；(2)地方特色艺术；(3)民风民俗精华；(4)书院文化；(5)产业文化；(6)宗教文化
	风物特产	(1)传统工艺品；(2)地方土特产品；(3)传统特色食品

历史文化类小城镇旅游资源分类表（第二种分类 ❶）　　表 4-6

主类	亚类	基本类型
1. 有形旅游资源	点状	(1)文物古迹；(2)古树名木；(3)古建筑；(4)历史遗迹、遗址；(5)古墓葬
	线状	(1)城市道路；(2)城市中轴线；(3)城墙；(4)宫墙；(5)护城河；(6)水系河道
	面状	(1)城市风貌；(2)城市格局；(3)地域生态环境

---

❶ 魏峰群. 历史文化名城旅游开发研究［D］. 西北大学硕士学位论文，2003.

续表

主类	亚类	基 本 类 型
2. 无形旅游资源	传统文化艺术	(1)传统节日；(2)民风民俗；(3)祭祀礼仪；(4)文化传统；(5)历史渊源；(6)宗教仪式；(7)娱乐文化
	传统产业	(1)渔文化；(2)商贸文化；(3)农耕文化；(4)其他文化

该类小城镇旅游资源的分类和评价主要参照《建设部历史文化名城保护规划编制要求》和《全国历史文化名镇评选和评价方法》。

(2) 历史文化类小城镇旅游资源评价体系(表 4-7)

历史文化类小城镇旅游资源评价指标层次表　　　　表 4-7

综合评价层	赋值	项目评价层	权重
1. 资源价值	70	(1)原貌保存度 (2)古悠度 (3)珍稀度 (4)特色度 (5)审美度	20 20 20 20 20
2. 现状规模	10	(1)面积 (2)体量	50 50
3. 知名度	10	知名度	
4. 资源组合状况	10	组合度	

1) 选择历史文化类小城镇旅游资源评价因子如下。

原貌保存度：指资源在历史文化、传统风貌和环境等方面的保存程度；

古悠度：指资源主体及所处环境的古老和悠久程度；

珍稀度：指资源主体及所处环境在世界、国内、省内和地区内的珍贵和独特程度；

特色度：指资源在地方特色或民族特色方面的保存程度；

审美度：指资源主体及其环境的美感程度；

知名度：指资源主体及其环境的知名程度；

组合度：指资源类型之间的联系、补充等相互关系程度。

2) 依据旅游资源评价总分，将历史文化类小城镇旅游资源分为特级、一级、二级、三级、四级这 5 级。

特级资源指建筑遗产、文物古迹和传统文化比较集中，能非常完整地反映某一历史时期的传统风貌和地方特色、民族风情，具有极高的历史、文化、艺术和科学价值，辖区内存有清朝以前年代建造或在中国革命历史中有重大影响的成片历史传统建筑群，总建筑面积在 $5000m^2$ 以上，资源具有珍贵、独特、世界遗产价值和意义，有世界奇迹般的吸引力。

一级资源指建筑遗产、文物古迹和传统文化比较集中，能较完整地反映某一历史时期的传统风貌和地方特色、民族风情，具有较高的历史、文化、艺术和科学价值，辖区内存有清朝以前年代建造或在中国革命历史中有重大影响的成片历史传统建筑群，总建筑面积在 2500m² 以上，资源具有名贵、罕见、国家重点保护价值和国家代表性作用，在国内外著名和有国际吸引力。

二级资源应具有重要、特殊、省级重点保护价值和地方代表性作用，在省内外闻名和有省际吸引力。

三级资源应具有一定价值和游线辅助作用，有市县级保护价值和相关地区的吸引力。

四级资源应具有一般价值和构景作用，有当地的吸引力。

4.4.7.2 风景类小城镇

(1) 风景类小城镇旅游资源分类体系(表 4-8)

风景类小城镇旅游资源分类表　　　　表 4-8

主类	亚类	基本类型
自然资源	1. 天景	(1)日月星光；(2)虹霞蜃景；(3)光环；(4)风雨阴晴；(5)气候景象；(6)自然声象；(7)云雾景观；(8)冰雪霜露；(9)其他天景
	2. 地景	(1)大尺度山地；(2)山景；(3)奇峰；(4)峡谷；(5)洞府；(6)石林石景；(7)沙景沙漠；(8)地质珍迹；(9)火山熔岩；(10)蚀余景观；(11)海岸景观；(12)海底地形；(13)洲岛屿礁
	3. 水景	(1)泉井；(2)湖泊；(3)潭池；(4)沼泽滩涂；(5)瀑布跌水；(6)溪流；(7)江河；(8)海湾海域；(9)冰雪冰川
	4. 生景	(1)森林；(2)草地草原；(3)古树古木；(4)珍稀生物；(5)植物生态类群；(6)动物群栖息地；(7)物候季相景观；(8)其他生物景观
人文资源	1. 园景	(1)历史名园；(2)现代公园；(3)植物园；(4)动物园；(5)庭宅花园；(6)专类游园；(7)陵园墓园；(8)其他园景
	2. 建筑	(1)风景建筑；(2)民居宗祠；(3)文娱建筑；(4)商业服务建筑；(5)宫殿衙署；(6)宗教建筑；(7)纪念建筑；(8)工交建筑；(9)工程构筑物；(10)其他建筑
	3. 胜迹	(1)遗址遗迹；(2)摩崖题刻；(3)石窟；(4)雕塑；(5)纪念地；(6)科技工程；(7)游娱文体场地；(8)其他胜迹
	4. 风物	(1)节假庆典；(2)民族民俗；(3)宗教礼仪；(4)神话传说；(5)民间文艺；(6)地方人物；(7)地方物产；(8)其他风物

该类小城镇旅游资源的分类主要参照《风景名胜区规划规范》，评价主要参照国家标准《中国森林公园风景资源质量等级评定》和美国土地管理局的风景资源管理系统。

(2) 风景类小城镇旅游资源评价体系(表 4-9)

风景类小城镇旅游资源评价指标层次表　　　　表 4-9

	赋值	综合评价层	赋值	项目评价层	权重
自然资源质量	60	1. 天景	10	(1)多样度 (2)珍稀度 (3)典型度 (4)吸引度	20 30 20 30
		2. 地景	30	(1)典型度 (2)自然度 (3)吸引度 (4)多样度 (5)科学度	20 20 20 20 20
		3. 水景	30	(1)典型度 (2)自然度 (3)吸引度 (4)多样度 (5)科学度	25 15 30 15 15
		4. 生景	30	(1)地带度 (2)珍稀度 (3)多样度 (4)吸引度 (5)科学度	15 25 25 20 15
人文资源质量	25	1. 园景	25	(1)珍稀度 (2)典型度 (3)多样度 (4)吸引度	30 25 15 30
		2. 建筑	25	(1)珍稀度 (2)典型度 (3)多样度 (4)吸引度	30 30 15 25
		3. 胜迹	25	(1)珍稀度 (2)典型度 (3)多样度 (4)吸引度	30 20 20 30
		4. 风物	25	(1)珍稀度 (2)典型度 (3)多样度 (4)吸引度	30 30 20 20
资源组合状况	15	组合度			

1) 参照《中国森林公园风景资源质量等级评定》，选择评价因子如下：
典型度：指资源在景观、环境等方面的典型程度；

自然度：指资源主体及所处生态环境的原生性；
多样度：指资源的类别、形态、特征等方面的多样化程度；
科学度：指资源的类别、形态、特征等方面的科学程度；
吸引度：指资源对旅游者的吸引程度；
地带度：指生物资源水平地带性和垂直地带性分布的典型特征程度；
珍稀度：指资源含有国家重点保护动植物、文物各级别的类别、数量等方面的独特程度；
组合度：指资源类型之间的联系、补充等相互关系程度。

2) 依据旅游资源评价总分，将风景类小城镇旅游资源分为特级、一级、二级、三级、四级这5级。

特级资源应具有珍贵、独特、世界遗产价值和意义，有世界奇迹般的吸引力；

一级资源应具有名贵、罕见、国家重点保护价值和国家代表性作用，在国内外著名和有国际吸引力；

二级资源应具有重要、特殊、省级重点保护价值和地方代表性作用，在省内外闻名和有省际吸引力；

三级资源应具有一定价值和游线辅助作用，有市县级保护价值和相关地区的吸引力；

四级资源应具有一般价值和构景作用，有本风景区或当地的吸引力。

4.4.7.3 休闲度假类小城镇

(1) 休闲度假类小城镇旅游资源分类体系(表4-10)

休闲度假类小城镇旅游资源分类体系表　　　　表4-10

主类	亚类	基本类型
1. 度假资源	游憩地	(1)野游地区；(2)水上运动区；(3)冰雪运动地；(4)沙草游戏地；(5)高尔夫球场；(6)其他游憩地
	度假、休疗养场所	(1)海滨；(2)湖泊；(3)山地；(4)温泉
	观光农业旅游地	(1)田园；(2)采摘园；(3)养殖场；(4)浅海渔业区；(5)深海捕捞区；(6)牧场
	娱乐地	(1)游乐园；(2)演艺园；(3)康体园区；(4)文化娱乐中心；(5)其他娱乐地
	服务地	(1)会议设施；(2)特色街区与市场；(3)医疗服务地；(4)度假村；(5)疗养院；(6)休养地；(7)单独别墅
2. 周边环境	自然环境	(1)天景；(2)水景；(3)地景；(4)生景
	人文环境	(1)遗址遗迹；(2)建筑与设施；(3)地方旅游商品；(4)人文活动

该类小城镇旅游资源的分类主要参照国家标准《旅游资源分类、调查与评

价》和《风景名胜区规划规范》,对《旅游资源分类、调查与评价》中度假旅游资源的种类进行了细分。

（2）休闲度假类小城镇旅游资源评价体系（表4-11）

休闲度假类小城镇旅游资源评价指标层次表 表4-11

综合评价层	赋值	项目评价层	权重
1. 康益性	50	（1）生态环境康益性 （2）娱乐活动康益性 （3）保健、休疗养价值 （4）食品有机性	20 40 30 10
2. 舒适性	30	（1）气候舒适性 （2）环境舒适性 （3）旅游容量舒适性 （4）生态舒适性	40 25 10 25
3. 安全性	20	（1）危险天气 （2）危险地形 （3）危险动植物 （4）社会安全 （5）地震、海啸等自然灾害	20 20 20 20 20

依据旅游资源评价总分,将度假类小城镇旅游资源分为一级、二级、三级、四级这4级：

一级资源应具有罕见、国家重点保护价值和国家代表性作用,在国内外著名和有国际吸引力；

二级资源应具有重要、特殊、省级重点保护价值和地方代表性作用,在省内外闻名和有省际吸引力；

三级资源应具有一定价值和游线辅助作用,有市县级保护价值和相关地区的吸引力；

四级资源应具有一般价值和构景作用,有本风景区或当地的吸引力。

4.4.7.4 生态类小城镇

（1）生态类小城镇旅游资源分类体系（表4-12）

生态类小城镇旅游资源分类表 表4-12

主类	亚类	基本类型
1. 自然生态	地文	（1）沙漠；（2）山地；（3）岛礁；（4）其他地文景观
	水体	（1）湖泊；（2）海洋；（3）湿地；（4）其他水体景观
	植物	（1）森林；（2）草原；（3）花卉；（4）其他植物
	动物栖息地	（1）水生动物栖息地；（2）陆地动物栖息地；（3）鸟类栖息地；（4）蝶类栖息地；（5）其他动物景观

续表

主类	亚类	基本类型
2. 人文生态	人工自然	(1)园林；(2)农业；(3)森林公园；(4)动植物园；(5)自然保护区；(6)风景名胜区
	人造文化	(1)历史文化遗产；(2)民俗风情；(3)特种纪念馆和纪念地

(2)生态类小城镇旅游资源评价体系(表4-13)

生态类小城镇旅游资源评价指标层次表　　　　表4-13

综合评价层	赋值	项目评价层	权重	因子评价层	权重
1. 自然生态	20～80	生物多样性	15	物种多样性	
		原始性	15	(1)人类干扰、破坏程度	50
				(2)环境污染程度	50
		生态价值	15		
		可进入性	10		
		资源的稀缺性	10		
		自然生态系统的完整性	15		
		自然生态过程的连续性	10		
		资源的规模	10		
2. 人文生态	80～20	社会文化系统的完整性	25		
		地方物质文化的传统性或原生性	25	(1)城镇空间结构与布局的原生性	25
				(2)建筑的原生性	25
				(3)生产、生活工具的原生性	25
				(4)服饰、饮食的传统性	25
		地方非物质文化的传统性或原生性	25	(1)生产生活方式的原生性	20
				(2)民间节庆的传统性	20
				(3)地方风俗与民间礼仪的传统性	20
				(4)民间体育活动的传统性	20
				(5)宗教活动的传统性	20

续表

综合评价层	赋值	项目评价层	权重	因子评价层	权重
2. 人文生态	80～20	社区文化质量	25	(1) 社区文化的完整性	40
				(2) 社区文化的个性	40
				(3) 社区文化的开放性	20

依据旅游资源评价总分，将生态类小城镇旅游资源分为特级、一级、二级、三级、四级这5级：

特级资源具有极高的生态价值、完整的生态系统、稀有的生态物种，或具有完整而古老的民族村镇文化系统，资源珍贵、独特，具有世界意义；

一级资源具有较高的生态价值、较为完整的生态系统，或具有较为完整而古老的民族村镇文化系统，资源名贵、罕见，具有国家重点保护价值和国家代表性作用，在国内外著名和有国际吸引力；

二级资源应具有重要、特殊、省级重点保护价值和地方代表性作用，在省内外闻名和有省际吸引力；

三级资源应具有一定价值和游线辅助作用，有市县级保护价值和相关地区的吸引力；

四级资源应具有一般价值和构景作用，有本地的吸引力。

4.4.7.5 旅游服务型小城镇

(1) 旅游服务型小城镇旅游资源分类体系(表4-14)

旅游服务型小城镇旅游资源分类表　　　表4-14

主类	亚类	基本类型
1. 特色饮食	特色饮食	(1)主食；(2)茶类；(3)小吃；(4)菜品；(5)汤类；(6)饮料；(7)酒类
	特色饮食器皿	
	特色饮食风俗	
2. 特色交通	对外交通设施	(1)游船；(2)观光列车；(3)观光巴士
	景区内交通设施	(1)小火车；(2)游船、游艇；(3)小飞机；(4)骑马；(5)电瓶车；(6)竹筏；(7)滑竿、滑道；(8)雪橇；(9)观光电梯；(10)索桥、索道
3. 特色住宿	旅游宾馆、中高档住宿设施	(1)地方特色建筑酒店、宾馆；(2)度假村；(3)生态别墅
	半永久性营地	(1)农家乐；(2)户外野营地；(3)度假小屋；(4)其他居住地

续表

主类	亚类	基本类型
4. 特色商品		(1)传统手工产品与工艺品；(2)农林畜产品与制品；(3)水产品与制品；(4)中草药材及制品；(5)日用工业品；(6)其他物品
5. 特色娱乐	健身康体活动	
	体育活动	
	娱乐活动	
	民间节庆	
	民间演艺	

该类小城镇的旅游资源主要体现在旅游要素的资源化，作为旅游服务型小城镇，该类城镇的旅游六大要素不仅具有基本的服务功能，而且往往以其特色成为颇具吸引力的新的旅游吸引物，即旅游要素资源化。

(2) 旅游服务型小城镇旅游资源评价体系(表4-15)

旅游服务型小城镇旅游资源评价指标层次表　　表 4-15

综合评价层	赋值	项目评价层	权重
1. 特色交通	20	(1) 民族性或地方性 (2) 配套交通设施的完备性 (3) 与其他交通工具联系的便捷程度 (4) 交通工具种类多样性 (5) 交通工具环保性	35 25 15 10 15
2. 特色饮食	20	(1) 民族性或地方性 (2) 生态性 (3) 特色饮食种类多样性 (4) 卫生状况	35 25 20 20
3. 特色住宿	20	(1) 民族性或地方性 (2) 生态性 (3) 住宿设施内部设施完善性 (4) 安全性 (5) 外部环境景观质量	35 10 25 10 20
4. 特色商品	20	(1) 民族性或地方性 (2) 生态性 (3) 特色商品质量等级 (4) 特色商品种类多样性 (5) 特色商品制作过程的可参与性	35 10 30 15 10

续表

综合评价层	赋值	项目评价层	权重
5. 特色娱乐	20	(1) 民族性或地方性 (2) 康益性 (3) 种类丰富性 (4) 可参与性	35 25 15 25

依据旅游资源评价总分，将旅游服务型小城镇旅游资源分为一级、二级、三级、四级这4级：

一级资源应具有名贵、罕见、国家重点保护价值和国家代表性作用，在国内外著名和有国际吸引力；

二级资源应具有重要、特殊、省级重点保护价值和地方代表性作用，在省内外闻名和有省际吸引力；

三级资源应具有一定价值和游线辅助作用，有市县级保护价值和相关地区的吸引力；

四级资源应具有一般价值和构景作用，有本风景区或当地的吸引力。

4.5　小城镇旅游资源评价案例

4.5.1　江南水乡古镇

(1) 江南水乡古镇文化旅游资源的区位条件分析

江南水乡古镇地处水陆空交通条件极其发达的长江三角洲地区，可进入性高。人口众多，经济发达的长江三角洲地区，本身就是中国最大的客源地。本区域拥有丰富的旅游资源、发达的经济和靠近国内主要客源地的有利条件，因此也是我国最重要的国内旅游目的地。而上海的中国第二大航空口岸的便利条件使长江三角洲地区在吸引国内外旅游者上也占有优势。因此，江南水乡古镇以其丰富文化旅游资源和靠近客源市场的特点，成为区位条件非常优越的旅游地。

(2) 江南水乡古镇文化旅游资源的区域比较

华东旅游区，这里是指华东地区主要旅游城市(南京、无锡、苏州、上海、杭州)和江南水乡古镇，由于其所处相同的自然和人文环境，因此共同表现出山水园林的特点。尽管华东旅游区组成部分在人文景观上有着很大的相似性，但通过区域比较分析方法，仍然可以确定江南水乡古镇文化旅游资源的优势。

南京地处长江南北交通之要冲，曾长期作为江南地区政治、经济和文化中心，先后有10个王朝在此定都，因此南京文化旅游资源的特点突出表现为"古都文化"特色。

无锡位于太湖之滨，拥有得天独厚的太湖山水旅游资源，所以无锡文化旅游资源主体是以"太湖山水"为背景的文化旅游资源。

苏州是一座闻名遐迩的"园林城市"，苏州园林集中了江南园林建筑的精华，享有"江南园林甲天下，苏州园林甲江南"的盛名，因此苏州文化旅游资源突出表现出"园林建筑文化"的特点。

上海开埠以来特别是20世纪二三十年代"摩登时代"留下的经典建筑，以及90年代以后浦东开发后日新月异的城市建设，使上海的文化旅游资源主要呈现出"都市文化"特点。

杭州的旅游资源首推西湖，以西湖为中心，杭州的人文旅游资源和自然旅游资源被巧妙结合起来，所以杭州文化旅游资源主体是以"西湖山水"为背景的文化旅游资源。

与华东旅游区主要城市文化旅游资源比较，江南水乡古镇文化旅游资源的优势不是"古建筑文化"和"园林建筑文化"，而是古镇的命脉"水文化"。因为与南京比较，古镇的"古建筑文化"并不突出；而与苏州世界园林遗产比较，古镇（除同里退思园）的"园林建筑文化"也不突出。但随着城市建设的发展，苏州等城市已不再有昔日水乡的盛景，因此古镇的"水文化"（或"水乡文化"）就益显其珍贵性。

（3）江南水乡古镇文化旅游资源要素分析

江南水乡古镇文化旅游资源在总体上表现为"水文化"的特点，通过分析江南六大古镇的文化旅游资源，笔者发现古镇文化旅游资源要素有以下特点（表4-16）：

1）古镇文化旅游主要包括艺术文化旅游、古建筑文化旅游、名人文化旅游、书院文化旅游、民俗文化旅游、宗教文化旅游和产业文化旅游七大类，其中民俗文化层面有最丰富的文化旅游资源要素。

2）民俗文化旅游中的饮食文化旅游（包括茶文化旅游、酒文化旅游）、婚嫁喜庆文化旅游和节日文化旅游（包括庙会文化旅游、祭祀文化旅游）是古镇文化旅游中最具地方特色的部分。

3）别具江南特色的音乐文化旅游、戏剧文化旅游、建筑文化旅游、商业文化旅游和渔文化旅游是古镇文化旅游的基础部分。

4）地方特色的影视文化旅游、文学旅游、书画文化旅游、收藏文化旅游、名人文化旅游、书院文化旅游、宗教文化旅游、农耕文化旅游是古镇文化旅游的烘托部分。❶

---

❶ 蒋志杰. 江南水乡古镇文化旅游策划研究［D］. 上海师范大学硕士学位论文，2004.

4 小城镇旅游资源分类与评价

江南水乡古镇文化旅游资源要素分析[1]　　　　表 4-16

文化旅游的总类型	文化旅游的子类型Ⅰ	文化旅游的子类型Ⅱ	典型中国特色的文化旅游资源要素	典型江南水乡古镇特色的文化旅游资源要素	江南水乡各镇独特的文化旅游资源要素
古镇文化旅游资源	艺术文化旅游	文学旅游			
		影视文化旅游			
		书画文化旅游			
		收藏文化旅游			
		音乐文化旅游		江南丝竹、丝弦宣卷、吴越民歌	
		戏剧文化旅游		越剧、昆曲、评弹	
	古建筑文化旅游		寺庙	园林、桥、住宅、茶馆、戏台、书场	
	名人文化旅游				
	书院文化旅游				
	民俗文化旅游	服饰文化(包括蚕丝文化)	旗袍	江南水乡妇女服饰、蓝印花布	
		饮食文化旅游		熏青显、撑腰糕、芡实青团、麦芽塌饼、莼菜、虾蟹、妒鱼、酒酿饼、猪油年糕、蜜糕、油酥饼、荷叶粉蒸肉、粽子、酥糖、定胜糕等	西塘(八珍糕、黄酒);乌镇(姑嫂饼、红烧羊肉、三珍斋酱鸭、晒红烟);周庄(万三蹄、三味圆、莼菜妒鱼羹、白蚬汤、腌菜算);同里(栗酥);甪直(甪里鸭、甪直鸭羹、甪直萝卜干);南得(香大头菜、橘红糕、太湖百合、千张包子)

---

[1] 蒋志杰. 江南水乡古镇文化旅游策划研究 [D]. 上海师范大学硕士学位论文，2004.

续表

文化旅游的总类型	文化旅游的子类型Ⅰ	文化旅游的子类型Ⅱ	典型中国特色的文化旅游资源要素	典型江南水乡古镇特色的文化旅游资源要素	江南水乡各镇独特的文化旅游资源要素
古镇文化旅游资源	民俗文化旅游	婚嫁喜庆文化旅游		有地方特色的婚嫁、寿庆（端汤、三朝面、满月酒）、乔迁	走三桥（同里）
		节日文化旅游（包括庙会文化旅游、祭祀文化旅游）		春节、元宵、清明、端午、重阳节、乞巧节、中秋节、送灶	地藏皇诞辰（烧地香、放河灯）、六月六、雷祖会（道教节日）、中元节（鬼节）、蚕花节、龙戏节（即今天消防节）、朱天会、城隍会。民间活动：摇快船、打田财、打莲湘、舞龙舞狮、龙灯、彩灯、踩高跷、荡湖船等	周庄（三月二十八汛、春社及走年会）；西塘（七老爷庙会、一圣堂庙会）；同里（春台戏、神仙会、"女儿节"）；乌镇（香市、"瘟元帅会"、修真观春节庙会、关帝会）民间活动：划灯船、摇快船、提灯会（周庄、同里）
	宗教文化旅游	道教、佛教、天主教、基督教文化旅游	道教、佛教		
	产业文化旅游	渔文化旅游			
		商业文化旅游	经商文化	竹木器店、酒坊、酱坊、油坊、木雕、画像、米行、白铁铺、理发店、丝绵店、国药店、南北货店、茶食店、当铺、钱庄、豆腐坊	染店坊、刨烟作坊（乌镇）
		农耕文化旅游			
		饮食文化旅游	茶文化旅游	中国传统的茶道茶仪	熏豆茶	乌镇（杭白菊）地方茶俗；周庄（喜茶、满月茶、春茶、阿婆茶）
			酒文化旅游	中国传统酒俗文化：（酒令、盛酒器皿）	米酒及酿制过程	西塘（黄酒及酿制过程）

4.5.2 旅游城镇旅游资源的评价

旅游城镇旅游资源评价是一项复杂的工作，这不仅因旅游资源本身包罗万象，难以用统一的标准度量，也由于人的主观因素，不同民族、不同文化、不同职业的人具有不同的审美标准。对旅游资源的定性分析是常用的、传统的方法，随着研究的深入，国内外对旅游资源的评价正由定性描述向定量分析方法方向发展。对旅游资源定量评价，用得较多的有层次分析法、Fuzzy 综合评判、模糊赋分法、特尔菲法等几种，其中层次分析法简单易行，能有效地处理旅游资源评价中那些难以完全用定量方法来解决的问题。这种方法由美国学者 Seats 在 1980 年创立，而在国内首先为保继刚所研究，他首先对旅游区内各类影响因素进行归类和层次划分，确定出属于不同层次和不同类别的各因素之间的相互关系，在总层次之下划分出分层次，并进而把分层次分解为具体的因子层，然后以人们的主观判断加以量化处理，通过调查的方式，确定不同层次和单项因子的权重值。在此基础上，用计算机进行整理、综合和检验。简言之，它可以将复杂的旅游资源分解成若干个层次，逐层分析，逐个比较，建立一个树状结构，取得各点的量值，从容地展开评价。运用该方法可将人的主观判断用数量形式表达和处理，是一种定性和定量相结合的方法。下面就用此方法来对旅游城镇邓溪镇的旅游资源进行评价。

4.5.2.1 评价指标体系的建立

评价指标体系的建立是对旅游资源进行综合评价的前提和基础，指标体系建立得是否合理和准确，直接影响到评价结果的科学性、可靠性和准确性。因此，旅游资源评价的首要任务，就是根据评价对象的性质、评价目标等建立能够全面、准确地反映评价问题全貌的综合评价要素指标。在卢云亭的"三三六"评价法基础上，结合小城镇旅游资源状况建立指标体系层次。

以下对各个定量评价指标的内涵做一个简单的说明：

(1) 历史文化价值。属于人文旅游资源范畴。评价历史古迹，要看它的类型、年代、规模和保存状况及其在历史上的地位，像一些历史遗迹、文物古迹及其风景名胜区内的题记、匾额、楹联、诗画、碑刻等，就要对照上述几个方面进行评价。古迹的历史意义是评价历史文物价值的重要依据。我国公布的国家级、省级、地区级、县级重点文物保护单位，就是根据它们的历史意义、文化艺术价值确定的。一般来说，古、稀与文化寓意高，则其历史文化价值就高，如麻色寺虽然其貌不扬，但是它却是藏区少有的苯教寺庙，同时其旁还有红教的寺庙，中间只有围墙隔离开来，两教虽在服饰、教义、法事活动等方面有巨大差别，却能和平共处，实为一景。

(2) 艺术观赏价值。主要指客体景象特征、地位和意义。自然风景的景象属性和作用各不相，同期种类愈多，构成的景象也愈加丰富多彩。主景、副景的组合，格调和季节变化对景象艺术影响极大，若景象中具有奇、绝、古、名中的某一特征或数种特征并存，则旅游资源的景象艺术水平就高。

（3）科学考察价值。指景物的某种研究功能，在自然科学、社会科学的研究和教学上各有什么特点，能否成为科教工作者、科学探索者和追求者的现场研究场所。

（4）经济效益。主要指旅游资源利用后可能带来的经济收入。

（5）社会效益。主要指人类智力开发、知识储备、思想教育和文化影响等方面的功能。

（6）环境效益。主要指旅游资源的开发是否会对环境、资源造成破坏。

（7）位置、交通。是确定景区开发规模、选择路线和利用方向的重要因素之一，旅游点的"可进入性"很大程度上取决于优越的位置和方便的交通。

（8）地域组合。一个景区如果风景点地域组合分散，景点相距较远，或位置偏僻、交通不便，可进入性差，就大大降低了它的旅游价值，也影响了它的开发程序。

（9）景观容量。着重指开发地的容人量（人/m²）和容时量（小时/景点）。容人量是风景区的用地、设施和投资规模在设计时的依据；容时量体现了风景区的游程、内容、景象、布局和建设时间等内容。

（10）投资条件。财力是旅游城镇旅游资源开发的后盾。在旅游城镇旅游资源开发规划工作中要多渠道、多形式地广开资金来路，把广大群众、各企业、各部门中所蕴藏的开发潜力吸引到旅游方面来。

（11）施工条件。旅游城镇旅游资源的开发，需要考虑开发项目的难易程度和工程量的大小，它包括工程建设条件和基本设施条件，它们是随时随地变化的。

4.5.2.2 评价要素权重确定

由于每个评价因子在旅游资源开发中具有不同的重要程度，需要确定评价指标的权重系数。常见的确定权重系数的方法有：①主观经验判断法；②专家调查法或专家征询法；③评判专家小组集体讨论投票表决法；④层次分析法。为了确保权重系数的客观性、公正性和科学性，要将以上几种方法结合起来使用。下面举一个例子，从建立的指标体系结构图中分析，笔者对邓溪镇旅游资源的评价采取主观经验判断法和专家征询法相结合来确定景点、景区各评价要素指标的权重系数，确定景区指标的权重系数如表4-17所示。❶

---

❶ 张俊峰. 旅游城镇的旅游资源开发与保护——以红原县邛溪镇为例 [D]. 西南石油学院硕士学位论文，2003.

邓溪镇旅游资源定量评价权重表 表4-17

综合因子层	权重	评价因子层	权重
资源价值	0.6656	历史文化价值	0.1998
		艺术观赏价值	0.3730
		科学考察价值	0.0928
旅游效益	0.1331	经济效益	0.0596
		社会效益	0.0404
		环境效益	0.0331
开发条件	0.2013	地域组合	0.0952
		位置交通	0.0279
		景观容量	0.0328
		投资条件	0.0253
		施工条件	0.0201

5 小城镇旅游资源保护与开发模式

旅游业的发展会对小城镇造成一定的负面影响,这种影响包括经济、社会文化以及环境等方面,妥善解决负面影响,是实现小城镇可持续发展的关键。当前的一些小城镇已经由于旅游业的飞速发展,出现了地方经济通货膨胀、生态环境受到破坏、野生动物数量锐减、观念道德的变化及传统文化逐渐消失等现象,旅游业这一"无烟工业"在一些小城镇变成了"有烟工业"。例如苏州古镇周庄,每年前往的游客呈递增趋势,昔日江南水乡小镇一改传统农耕打鱼的生活方式,小镇居民"全民经旅"。另有大量从外地前来此处经营旅游商品的商人,传统的苏州文化精粹——苏州评弹在当地已几乎无人会唱,目前在镇上表演的是从苏州市请来的。如果任由这种情况发展下去,最终吸引游客的文化内涵会逐渐消失,而小镇的旅游业也将进入衰退期。❶

保护区域生态环境良性循环是保证旅游城镇旅游业持续发展的前提,旅游业的发展应遵循以下原则:

(1) 旅游业的发展建设应尽量保护自然旅游资源的原有风貌,尤其是要防止建设性破坏,对于重点景观资源区采取严格的景观保护措施。

(2) 新开工项目要符合环境和资源保护的需要,"三废"排放必须达到国家排放标准,尤其是草原、河流等资源分布区,严禁任何污染物的排放。

旅游城镇旅游资源的衰败和破坏是多方面的,其中主要是人为破坏,但也不乏自然衰败,所以旅游资源的保护对策也应该多元化,归纳起来有如下几种:

(1) 旅游城镇旅游资源保护的法制化对策;

(2) 旅游城镇旅游资源保护的宣传对策;

(3) 旅游城镇旅游资源保护的管理对策;

(4) 旅游城镇旅游资源保护的建设对策;

(5) 旅游城镇旅游资源保护的文化对策。

小城镇旅游健康发展的对策:

(1) 依托优势,合理规划。对小城镇丰富的旅游资源如自然景观、人文景观、历史文化遗存和丰厚的文化底蕴等,在开发上必须坚持"一次规划、分期实施"的指导思想。针对小城镇现有的建设条件和旅游资源开发的便利性、可能性和可

---

❶ 黄秋昊等. 对小城镇发展旅游存在问题的思考 [J]. 小城镇建设, 2003(6).

持续性，制定出旅游规划，形成具有特色的旅游格局。在规划中应处理两种关系：一是整体与局部的关系，在对旅游资源整体规划的基础上，对构筑物、标牌等都进行统一设计，力求在色彩上、形式上、材料上形成独特的风格；二是旅游开发与环境保护的关系，充分尊重自然生态，因地制宜，依景造景，使景区既保持原始自然风貌，又体现后人的独具匠心，达到自然与人工环境的完美融合，并尽可能减少对自然生态环境的破坏，使人类与自然由掠夺关系迈向和谐关系。

(2) 注重保护，协调发展。旅游资源既珍贵又脆弱，一旦破坏就不可再生。因此，对旅游资源的开发必须始终坚持"科学规划、合理开发、保护资源、永续利用"的原则，在开发中保护，在保护中开发。

(3) 着眼未来，适度开发。旅游资源的开发不是一朝一夕的事，更不能勉强而为之，要根据小城镇目前的综合经济实力，立足现实，逐步发展。❶

纵观国内外小城镇旅游发展所走过的道路，成功与失败并存。诚然，旅游业的振兴为地方发展做出了卓越的贡献，带来巨大的经济效益和社会效益，在增加就业岗位、产业换代升级、地方特色文化传承与遗产保护等方面起到了积极的作用。但是，随着各种自然与人文资源的旅游开发利用，保护和开发的矛盾越来越突出，"重开发轻保护"、"历史街区大拆大建"、"假古董等庸俗的人工化景点滋生泛滥"、"旅游环境容量被屡屡突破"等诸如此类的问题接踵而至。

面对这些问题，各级小城镇政府在城镇总体规划的基础上，纷纷制定了小城镇旅游发展总体规划、历史文化名镇保护规划、小城镇（中心区）城市设计和景观风貌规划等专项规划和设计。其中，小城镇旅游发展总体规划主要包括旅游资源评价和合理开发利用、旅游空间格局与功能分区、旅游产品开发、旅游交通规划、旅游基础设施和服务设施规划等内容。❷

随着人们对城镇文化和自然遗产的日益重视，对旅游发展的客观认识不断深化，不少小城镇脱颖而出，成为旅游的焦点和享誉世界的名镇（比如被列入《世界文化遗产名录》的平遥古城、丽江古城、西递宏村，以及被列入《世界文化遗产预备清单》的江苏周庄、同里、甪直、浙江西塘、南浔、乌镇等）。

根据小城镇的旅游功能，本章将旅游小城镇初步分类为旅游服务型小城镇、旅游资源型小城镇和旅游综合型小城镇3个大类。其中，旅游服务型小城镇细分为接待基地型和会议会展型2个小类；旅游资源型小城镇细分为历史型、风景型、生态型、乡村度假型、民族风情型和名人圣地型6个小类。进而结合国内外小城镇保护和旅游发展的成功经验，以及中国城市规划设计研究院的具体规划实践，

---

❶ 宋建成. 抓旅游产业，促经济腾飞——以孝昌县小河镇为例谈小城镇旅游业的发展 [J]. 孝感学院学报，2003(12).

❷ 汤铭潭，宋劲松，刘仁根等. 小城镇发展与规划概论 [M]. 北京：中国建筑工业出版社，2004：159.

选择代表性案例逐一探讨各类小城镇旅游发展的模式,并就其本身的特性从保护或开发的角度有所侧重地进行分析,试图得出不同类型小城镇的旅游资源开发利用模式。

5.1 国内外相关研究理论及实践

5.1.1 国外相关研究理论及实践

关于历史地区和古建筑的保护,在西方国家有着久远的历史渊源,早在公元2世纪,罗马人就曾对他们的文化遗产加以保护。文艺复兴时,文物建筑和保护就成为一门专业学科,当时的罗马教皇就曾在政府中设有从事古建筑修复与保护的专门管理职位,大规模地对古罗马时期和中世纪时期的建筑进行保护和修复,这就是著名的"罗马式修复"。随着时代的发展,特别是19世纪后半叶,意大利、法国、英国等西方国家先后制定了相应的保护条例和措施,并且在理论上提出了系统的观念与主张,在实践上积累了丰富的经验,近代的文物建筑保护被认为是从这一时期开始的。

5.1.1.1 国外相关研究理论的发展[1]

对历史地区和古建筑进行保护在西方国家经历了渐进发展的过程,随着城市变得越来越千篇一律,富有特色的历史建筑和历史地区逐渐被视为体现城市质量的积极因素。

(1)单个建筑的博物馆式保护

在西方,最初只是对单个建筑的单纯保护,这是保护形式中最普遍的方法。他们认为只有具有极重要意义的建筑,即最好、最老、最突出的,才值得保护,采取的保护方式为博物馆式保护,即将建筑原封不动地保存,或将建筑恢复原貌再冻结,然后让人们参观游览,缅怀历史,如1920年,J·D·洛克菲勒提供经费征购弗吉尼亚州的威廉格州长故居。这种保护理论存在着很大的局限性,按时间加以冻结的建筑通常用绳索、围墙加以隔离,仅仅在限定的时间对外开放,这种孤立和与现实脱节(即使它提供了与历史的连续),使历史建筑的保护变得与现实生活格格不入。

(2)保护与利用相结合理念的出现

进入20世纪,以理性思维来考虑历史地区和古建筑的保护理论开始出现,人们主张对古建筑赋予新用途以谋求经济效益,成本—效益分析在保护历史建筑中得到了应用。古建筑的多重利用,保护与利用相结合的意识得到了重视。如意大

---

[1] 曹莲. 和平古镇保护规划研究 [D]. 华侨大学硕士学位论文,2003.

利维罗纳始建于罗马帝国时代的古斗兽场,1913年开始用作露天歌剧院;奥地利维也纳的老皇宫被作为国家图书馆,晚上举行小规模的音乐会等。更多的古建筑被改建为博物馆,如维罗纳的古城堡博物馆,维琴察的建筑博物馆等。还有的保留外立面,内部实行改造,以适应新的内容,如华盛顿邮局。

由于保护工作只限于单体建筑或相关联的建筑组群,这种散点式的保护方法又带来了新的问题,它使得制定整个区域的综合规划难度极大,彼此孤立的历史建筑使得规划者不可能对整个区域加以规划,难以更有效地加以保护。

(3) 广义历史建筑观点的提出

1933年8月,国际现代建筑协会在《雅典宪章》中提到了"在历史价值的建筑和地区"的保护问题,这是城市规划方面第一个国际公认的纲领性文件。它指出了保护好代表一个历史时期的历史遗存的重要意义,并开始确定一些基本原则,提出了一些具体的保护措施。

1964年5月,历史古迹建筑师及技师国际会议在威尼斯通过一项《国际古迹保护与修复宪章》,这就是国际公认的《威尼斯宪章》(The ICOMOS Venice Charter 1964),它标志着现代文物建筑保护时代的开始。它的重要贡献在于把文物建筑视为人类文化的共同财产,同时扩大了历史古迹的概念,"不仅包含单个的建筑物,而且包含了那些从中可以体味到某种独特的文明,经历了具有深刻意义的发展或历史事件的城市或农村场所。这不仅适用于伟大的艺术工程,而且也适用于那些更为普遍的,但是随着时间流逝而具有文化意义的历史工程"❶。与此同时,宪章还强调了对文物环境的保护,指出"古迹不能与其所见证的历史和其产生的环境分离"❷,这使得保护的范围和内容得到拓展,标志着广义历史建筑观点的问世。

关于保护的原则和方法,《威尼斯宪章》指出:"保护和修复文物建筑,既要当作历史见证物,也要当作艺术品来保护。"强调保护全部历史的信息,禁止任何重建。

1972年,欧洲各国外长会议决定把1975年作为欧洲建筑遗产年(European Architectural Heritage Year),力图通过宣传和教育来培养与促进国民对文化遗产保护的自觉性,并使这种自觉性表现为一种普遍的价值观念和社会道德,成为国民的自觉行动。如同《威尼斯宪章》促进了国家意识的成熟一样,这次事件也有着深远的影响,推动了国民行动的开展。1978年10月召开了全美洲"保存艺术遗产讨论会",这次会议提出了保存民间建筑和半农村的村镇。自此,历史地段的保护有了普遍发展。

---

❶ 《威尼斯宪章》第1条。
❷ 《威尼斯宪章》第7条。

1976年内罗毕联合国教科文组织第19次大会正式提出了保护城市历史地段的问题，形成了关于历史地区保护措施及其作用的《内罗毕建议》（The UNESCO Recommendation of Nairobi Concerning the Safeguarding and Contemporary Role of Historic Areas 1976）。整个文件具有特殊意义和参考价值，进一步提出了"整体性"原则：每个历史地区及其周边地区都应作为一个整体来进行考虑，它的平衡和特性取决于组成这个整体的各个部分的融合，取决于在各个部分中的人类活动，如建筑、空间组织和环境。所有的必要元素，包括人类活动在内，无论它如何平淡无奇，都会与整体发生意义深远的关系，因此绝对不能忽视。《内罗毕建议》把"历史的或传统的建筑群"定义为"包括考古学、建筑学、历史学、史前学、美学和社会文化学确认了的作为人类在城市或乡间的居住地的空间的、构造物的和建筑物的群体"，并进一步将"建筑群"区分为史前遗迹、历史城市、古城区、村庄、小村落和纯文物建筑物。《内罗毕建议》还就保护的原则、立法和行政的措施及技术的、经济的和社会的措施提出了十分具体的建议。

文物的概念扩大到历史街区后，由于它的性质和文物有所不同，保护的原则和方法也相应起了变化。从对文物建筑的保护，扩大到对社会文化的保护，即"社会化保护"，强调可持续发展意义上的保护。

保护历史街区，强调维持传统的社区结构和经济活力，更强调使用，注意发挥它在城市社会生活中的作用，使之成为城市功能的新的组成部分。从保护个体建筑发展到保护历史街区，这意味着保护历史文化遗产不仅要保护物质实体环境，而且要进而保护它的人文环境，并使之与整个城市社会、经济生活更加密切相关。1970年意大利博洛尼亚的历史核心区保存计划首先揭示了整合性保存的观念，也就是保存历史地区的建筑物和居住其中的人。在历史街区或古城内，人们在这里生活居住，传统的空间给人们以精神上的回归，保护也更加强调与使用相结合。

1987年10月，国际古迹遗址理事会通过了《保护历史城镇与街区宪章》，即《华盛顿宪章》，它是对《威尼斯宪章》的补充，对城市保护进行进一步全面说明。"历史地段"是指"城镇中具有历史意义的大小地区，包括城镇的古老中心区或其他保存着历史风貌的地区。它们不仅可以作为历史的见证，而且体现了城镇传统文化的价值"。在历史地段中，不仅要保护历史建筑的面貌，还要保护其整体的空间环境，如街道的式样、建筑与绿化、广场空地的关系，以至该地区的功能作用。文件同时提出："使这些地区适应现代化的生活，应悉心装备或改进城市公共基础设施。"

（4）居民参与成为新的潮流

各阶层、各专业协调参与已是今日世界规划设计的主流意识，平民化的设计态度已日渐抬头，这同样深刻地影响到历史地区和古建筑保护研究。

德国艾特林根镇是罗马人时代建立的中古城市，位于德法边界。在1967年旧镇更新过程中，起初地方政府想拆除古老的木构建筑史奈特百货大楼，而代之以"超现代"建筑。计划引起当地居民的强烈反对，居民们自发组成"更新委员会"对建筑图纸重新论证，提出了尊重当地传统空间建筑的设计原则，终于使更新计划实施后，仍保持有历史记忆，具备清新而富古意的整体环境感。

著名建筑师欧斯金曾负责设计英国纽卡斯尔的贝克居住区更新改造工程。事务所设计了46户试验性方案，并在现场设置办公室，及时了解用户参与的反应和可能性，共同讨论住宅的庭院、居住区街道、住宅细部等具体问题。贝克旧区改造的设计思想具有深远的影响，在方法论意义上，它创造了一种"办公室哲学"抑或"社会建筑学"。这是一种寻求持续的用户参与和连续性过程，它被公认是聚落更新改造的典范。

在国外，居民参与还体现在他们自建的民间团体的日常运行上。英国的"国民托拉斯"（The National Trust For Places of Historic Interest or Natural Beauty）作为民间团体，与政府的保护政策相呼应，起了积极的作用。该团体是由R·汉德律师、C·罗知里牧师和作为妇女运动家的O·赫尔女士三人于1895年发起组织的非营利性公司，旨在运用民间的力量和通过赠送与购买等多种手段，把有价值的风景区、历史性建筑收管起来，并采用适当的方式向公众开放，到20世纪60年代更得到迅猛的发展，现在拥有会员120多万。一些重要的民间团体，在一定程度上还介入政府的工作和立法程序，凡涉及古建筑的维护、改建、拆除等项目，地方当局都征询他们的意见，当某些建设项目有碍古城和历史性建筑保护时，进行磋商和协调。

（5）可持续的过程设计

1992年在巴西召开的"环境与发展大会"，正式提出可持续发展（Sustainable Development），并立即获得了全球广泛的认同。

可持续保护是一项复杂的系统工程，需要运用系统理论的整体性原则、动态性原则和组织等级原则控制与指导历史地区的保护开发，保证计划顺利进行。为此而建立一套目标更广泛、内涵更丰富、执行更灵活的系统控制规划，并将目标深化转译为管理语言，将其纳入到连续决策的管理过程之中。历史地区和古建筑保护研究进入一个新时期，即强调动态、发展的过程设计。

从简·雅各布（Jane Jacobs）于1961年出版的《美国大城市的生与死》主张"不间断的小规模改建"，到罗和凯特于1975年出版的论著《拼贴城市》，从哲学角度抨击那种追求完整、统一、收敛的总体设计，人们认识到西方传统城市是一种小规模现实化和许多未达成目的的组成。一直到1975年P·霍尔发表《城市和区域规划》一书，明确提出"规划是一个连续的过程"，过程设计的概念已越来越明确，它突出反映了现代西方规划设计的主流思潮，可以看做是设计方法的方法，因而具备方法论的意义。

过程设计使古建筑和历史地区的保护具有反馈机制，此种反馈机制通过连续反映过程的实际状态与预期状态之间的差异，使过程具有自组织能力。当内外环境发生变化时，反馈调节能及时跟踪过程的微小变化，而不必每次都从头重复整个设计过程，这样就具有传统规划设计明显欠缺的"开放性"和"科学性"特征。

过程设计强调的不是预期目标的一次性完成，而是阶段性目标不断达成并调整逼近终极目标的方式。在目标的递进、交替过程中，由于预期及不预期的事件不断出现的可能性，我们不可能一开始就设计好每个细节，只能是不断完善阶段性目标。正如麻省理工学院教授透纳那句名言：住宅应是动词，而不是名词，或者说是"过程"，而不是"成品"。它是设计与过程的完美统一。

过程设计绝非一次性完成的成果，而是预期着事件未来可能发生的丰富性。聚落的设计和实施是一个长期渐进过程，此过程中会有所改变、完善，因此，设计应充分考虑阶段分步实施的特点。同时，设计必须为以后的修改、补充、完善留出足够余地，留待后人"补璧"，因此设计工作分为四个阶段：①概念设计；②基本设计；③实施设计；④评价和调整。

（6）对社会问题的关注

在国外的传统聚落保护研究成果中，越来越多地表达出对改善社会问题的关注，注重从宏观上完善聚落保护。如移民问题、就业问题等也作为规划的重要内容，由此使得规划文本更完善，更趋科学性，规划成果的实现也就更具保障。

5.1.1.2 国外相关研究的实践方式

（1）机构设置

各个国家相继建立了专门从事保护传统的政府机构，形成一整套由上而下的完善体系。国外最早由政府来保护古建筑的国家是瑞典，它在1630年就设立了专门机构。现在世界上几乎所有的国家都设有文物古迹保护机构。

（2）法律保障

现代意义的文物保护，并通过国家立法确定下来是近百年的事，是资本主义发展之后的产物。如今对历史地区和古建筑的保护进行立法，使其纳入国家的法制框架内，采取登录制度与指定制度双重并举的保护体系，成为西方国家普遍遵循的惯例。

在欧洲，法国1830年建立了第一个保护历史古迹的机构，任命了第一个历史文物建筑总检察长。1840年法国政府曾制定鉴别具有民族意义建筑的纲领，他们认为"文化的连续感觉"是十分重要的，过去的景物，若或多或少地保持原样，会给人们一种历史延续的表露。1913年制定了"历史性纪念物保护法"（注：不仅仅限于建筑），这个法中以历史性建筑为主体，指定、登录了约3万件纪念物，其中"指定建筑"1.1万件,"登录建筑"1.7万件❶。此后,1931年颁布了正式的文物建筑法令,1962年制定了历史街区保护法。

在文化和政治上有着共同基础的西欧,于1970年创设了"城市街区和纪念物保护委员会",各国都开始认真地建设符合自己国情的保护政策与法律系统,从而使城市、建筑保护进入了一个新的时期。

美国的历史虽短,但十分珍惜自己的历史文物,重视古城和历史性建筑的保护,法律规定拆除拥有30年以上历史的建筑必须经指定机构同意。

美国的古城和历史性建筑保护政策的发展比欧洲要晚一些,保护立法始于20世纪初,但第二次世界大战后发展很快,特别是在政策、法规方面的创新非常引人注目。1916年制定了《文物法案》;1933年开始建立历史性建筑档案,将具有历史价值的优秀建筑记入档案;1935年制定了《遗址法案》。另外,在《古迹拯救法案》等相关的法案中也列入了保护历史性建筑的条款。

1966年美国国会制定《国家历史保护法》,对具有历史意义和保护价值的历史资产进行国家认证,形成了现行的保护体制,其中重要手段之一就是国家登录制度,这是迄今美国在古城和历史性建筑保护方面最重要、最完整的法案。它在前言中明确指出历史保护的意义:民族精神建立于历史遗产之上,并从中反射出国家历史发展的未来,国家历史文化基础应受到保护并成为社会生活的活跃部分,给予美国民众以发展的正确导向。

1895年建设的华盛顿邮局,已不能适应现代邮电事业发展的需要,1970年曾计划拆除,由于民间团体的强烈反对并提出上诉,最后裁定保留原有建筑,内部进行装修改造。现已改造成为一座综合性大楼,三层以下为商业、饮食业所用,四层以上为联邦政府的办公用房,历史保护咨询委员会(The Advisory Council on Historic Preservation,ACHP)即在此办公,这一改造工程被视为美国历史性建筑依法保护的范例。

(3) 资金来源

关于资金来源,国外通常的做法是建立历史建筑遗产保护基金,如法国、美国、加拿大、澳大利亚、日本等。基金的组成主要来自国家财政固定拨款(有的是年度固定拨款,有的同国内生产总值挂钩,占 GDP 的一定比例),部分吸纳社会团体或企业资助,也有发行文化遗产保护彩票的(如意大利)或国家实行房地产税提成,基金的管理和保值、增值由专门的机构进行市场运作。

英国政府每年特设专项资金和贷款,通过各种有关机构分摊到不同的保护项

---

❶ 选为法定保护的"有特殊建筑艺术价值或历史价值,其特征和面貌值得保存的建筑物"称为登录建筑,它包括建筑物、构筑物及其他环境构件。英国对登录建筑并不采像文物古迹那样的"冻结式"保护,允许进行适当的改变。——作者注

目。1986年，仅国家对"英国文化遗产协会"拨款就达6250万英镑之巨，占该协会当年资金需求总数的95%左右。全英的6000多个"建筑保护区"中，有2000个是国家资助的。

美国联邦政府不直接向古城和历史性建筑保护的具体项目提供经费，而是每年向各州提供一定数量的财政资助。大部分经费主要靠社会和私人捐款、举办各种展览、出租古建筑等活动的收入。改造古建筑的资金，主要由房地产商向社会和私人集资解决。

(4) 与旅游结合

早期的博物馆式保护即是与旅游结合的原始雏形，只是现今更多地注入了"人"的参与因素。旅游，尤其是文化旅游，成为一个快速而持续扩张的活动部门。

一项丰富的并且管理完善的文化遗产会对旅游产生较强的吸引力，不管对国内游客或海外游客都是如此。在世界各地，历史城市凭借着自己的魅力吸引了许多游客，旅游活动支撑了地方经济，有时还起着决定性的作用。

佐治亚州是1733年美国建国最初的13个州之一。印第安人的原住生活、西班牙人的开发以及之后英国人的殖民统治，使这一地区历史资源非常丰富。1996年，佐治亚州与历史相关的旅游消费达4.53亿美元，远远高于普通观光活动。1996年，旅游业提供了32万个就业岗位，3.9亿税收，旅游者人均消费1元就会在当地带动7倍的效益。

旅游所带来的负面影响也为国际社会所关注。《ICOMOS文化旅游宪章》(1999年修订版)(The ICOMOS Charter on Culture Tourism [revised] 1999)指出，旅游与遗产之间的关系是互动的，可能会涉及相互冲突的观念标准，为了当代人和后代子孙，应该以适当的方式进行管理，"旅游和保护活动应造福于所在国家"。

综观世界历史保护的进程，它的特点呈现为手段和方法的创新及保护范围的扩大。大家对历史建筑及历史地区的价值已取得共识，但在社会、政治、经济范围内寻求新的解决方法和财政手段的任务仍在不断变化，现代的历史保护运动正在不断地寻求和开创新的方法，以在不断变化的情况下达到永恒不变的目标。

5.1.2 国内研究理论及实践

我国对于古建筑的真正研究起步于20世纪30年代，营造学社的成立起了推波助澜的作用，得到了大量古建筑的实测资料，与此同时也提出了古建筑的保护问题。但是，对古建筑的保护真正得到实施并有了规模性的开展还是在共和国成立之后。迄今为止，我国已有111个国家级历史文化名城、38处文物古迹和风景名胜被列入《世界遗产名录》，2348处全国重点文物保护单位。

5.1.2.1 国内相关研究理论的发展

早在20世纪50年代,对于北京城的建设思路,梁思成先生曾提出要保护历史名城。他认为北京城的老建筑不但单个形体美,而且它们在总体布局上也构成了庄严秩序,形成了美丽的整体文物环境。梁先生建议城市建设重点放在老城的西面,避开明、清时代形成的老城区,这样既可保护原有古城的格局和许多精美的古建筑,也可以保存那些传统的有特色的胡同制的居住环境。梁先生的这一学术思想在当时是世界领先的,比国际上1964年通过的《威尼斯宣言》概念还早10年,遗憾的是他的设想并未被采纳,以致出现1958年的北京拆除明代城墙,并波及全国。

新中国成立以来通过积极研讨国外经验,我国在实践中总结出一条重要原则:通过普查、复查对古建筑进行评价和鉴别,选择其中具有文物价值的,分批、分期列为"文物保护单位",予以重点保存和保护。同时按照古建筑价值的大小,分为全国重点和省(自治区)、县三级公布"文物保护单位",分级管理,这在一定时期、一定程度上使许多有价值的古建筑得到了妥善的保护。

1982年2月,国务院公布了北京等24座城市为我国首批予以保护的历史文化名城,自此,"历史文化名城"的概念在中国正式明确地提出,标志着我国的历史文化保护从单个文物古迹保护发展到了历史文化名城保护,直至城市中具体历史地段的保护。保护工作从以前仅是文物管理部门独家管理,发展到城市规划、城市建设和文物管理等部门共同参与,专业的多元化拓宽了保护的思路,不仅保护文物古迹本身,而且保护其周围的环境,并逐步开始运用立法的手段,设立专门机构来使其得到保证,这是我国历史文化保护工作的重要进步。

1986年12月,国务院批转建设部、文化部《关于申请公布第二批国家历史文化名城名单的报告》,批准上海等38个城市为第二批国家历史文化名城,1994年1月又公布了哈尔滨等37个城市为第三批国家历史文化名城。进一步明确了历史文化名城的审批标准、保护规划的要求以及历史文化保护区的概念,将历史文化名城保护向深度与广度方面推进了一步。

随着科学保护意识的不断强化,不少历史文化名城均已编制完成各自的保护规划,制定了保护措施,开展了名城保护的宣传教育活动。1989年5月在北京召开的"历史名城与现代化建设"国际讨论会,提出城市的保护、更新和发展是互补的,指出需要通过规划设计这一途径把它们协调起来。中国城市规划设计研究院编制完成了国家强制性规范《历史文化名城保护规划规范》,浙江、福建、江苏、安徽、湖南和四川等省还进一步公布了省级历史文化名城和历史文化保护区。

5.1.2.2 国内相关研究的实践方式

(1) 法制进程

随着保护实践的开展,各个时期都提出了若干有关的政策与法规,在此基础上，国务院于1961年颁布了《文物保护管理暂行条例》，开始公布从国家到地方的各级重点文物保护单位。规定："对已经公布的文物保护单位，应该分别由省、自治区、直辖市人民委员会和县、市人民委员会划出必要的保护范围，作出标志说明。""在保护范围内不得进行其他的建设工程。"1982年，在总结了几十年保护工作正反两方面经验教训的基础上，颁布了《中华人民共和国文物保护法》，使我国的建筑保护走上了法制的轨道。

1987年和1997年，国务院两度下发加强文物管理的通知，其核心思想是要和当地经济建设紧密联系，把文物纳入当地城市发展，并制定了国家强制性规范《历史文化名城保护规划规范》。

与此同时，各省也分别采取相应措施。2001年底，江苏省人大常委会正式通过了保护古老传统城镇的《江苏省历史文化名城名镇保护条例》，2002年3月3日起实施。在名城名镇的"保护措施"方面，确认了文物部门在政府组织下对名城地下文物调查勘探的义务，明确了名城名镇保护规划制定过程中文物部门的事先参与权，保证了规划实施阶段文物部门的前置审批权。在"法律责任"方面，赋予了文物部门在名城名镇保护中的行政执法权。

(2) 中国与"世界遗产"

1985年11月，我国政府批准了《保护世界文化和自然遗产公约》，成为公约缔造国之一，并连续三年(1991～1994年)被推选为"世界遗产保护委员会"的副主席。

1990年以来，我国还加快了申报联合国世界遗产的步伐，一批重要建筑和城市被列为或将被列入世界文化遗产，2003年6月"世遗"大会也在中国苏州召开。可以说，建筑文化遗产保护的思想在中国已被相当广泛地接受，形成了良好的公众氛围。

2000年7月，由联合国教科文组织、世界银行和国家文物局、建设部共同举办了"中国文化遗产保护与城市发展"国际会议，来自十几个国家和国内三十几个城市的专家、学者、政府官员聚集北京，探讨如何在经济快速增长的同时处理好文化遗产保护与城市发展之间的关系，并达成了《北京共识》，认为应"让历史文化遗产更多地保留在日益发展的现代化都市中，并得以永世流传"。会议提出保护文化遗产的三项对策：首先需要制定完备的保护法规体系；其次需要一个与城市建设相吻合的、切合实际的保护规划，并严格按照规划进行城市建设；第三需要政府领导人及有关机构具有重视城市文化遗产保护的长远目光和胆识，需要市民的责任感和使命感，需要强大的社会舆论的支持。

(3) 资金来源

在资金来源上，国内有些城市建立了专门的基金，如福州、丽江等，但基本都是国家财政下拨，渠道不如国外广泛。应努力开拓抢救和保护历史建筑的社会筹资渠道，吸纳社会团体、企业和个人的赞助。

古镇周庄成立了专门的古镇保护基金委员会，规定旅游收入的30%用于日常维修，形成古镇保护的良性循环。

2002年11月，江苏省人大常委会第32次会议通过《苏州古建筑保护条例》。该条例有多个条款鼓励个人维修、置换、购买、资助古建筑，对文物建筑保护提出了新的思路。

(4) 保护方式

加强公众保护意识的同时，建立国家级学术研究机构成为必然的保护方式。1984年先在中国建筑学会下，成立了"中国历史文化名城学组"，以后升格为"中国历史文化名城学术委员会"。1987年由全国各个历史文化名城主管城市建设工作的市(县)长联合成立了中国历史文化名城协会，后改名为"中国历史文化名城委员会"，并办有刊物《中国名城》。1994年由国家建设部、国家文物局联合聘请了国内知名的专家学者成立了"全国历史文化名城保护专家委员会"，以加强对历史文化名城保护工作的监督管理，协助中央政府研究制定有关的政策方针，历史文化名城保护的理论与实践取得了不小的成绩。

在具体的保护实施中，和世界其他国家的基本做法一样，我国目前均采取划定保护范围、建立保护区的保护方式。一般来说，保护区可划定二级：重点保护区，即文物古迹自身的占地范围，如宫殿的院落以内，园林的围墙以内等；环境影响并进行建筑控制的一般保护区，一般保护区的范围比较复杂，有时也将这个保护区划为两个。划定一般保护区应根据不同的古迹特点，从三方面来具体考虑：①视觉保护方面，保护古迹的景外观赏点和从观赏点看到完整的总体形象以及从远处观赏古迹的视线通廊；②古迹原设计的空间意境；③环境协调和安全的要求。

另外，保护、发展和利用相结合，是梁思成先生旧城保护思想的核心。原建设部部长侯捷在第七届中国传统建筑园林学术研讨会上提出了保护、研究、发展三者之间的辩证关系：保护是基础，基础不能没有；研究是手段，不研究过去，就不能继承和革新创造；发展是目的，不是为了研究而研究，而是为了继承和弘扬我们民族优秀的文化，三者缺一不可。除了建筑，还要保护传统工艺、文化特点。

各个城市保护的方式不尽相同，北京故宫、沈阳故宫、五台山佛光寺大殿采取完全保存方式，保持古建筑及群体的原貌不变；丽江是另建新区；西安则利用旧城墙于20世纪80年代建起环城公园，并赋予其更多的市民内容；扬州利用路边的古塔、古树形成文物保护绿带；景德镇的保护方式则是整体迁出，内部改成陶瓷博物馆；而浙江乌镇则制定政策，全部镇区房产归古镇政府用于开发旅游。

5.2　旅游城镇旅游资源开发内涵、原则、内容和类型

5.2.1　旅游城镇旅游资源开发的含义

旅游城镇旅游资源开发是以发展旅游业为前提,以市场需求为导向,以旅游资源为核心,以发挥、改善和提高旅游资源对游客的吸引力为着力点,有组织、有计划地对旅游城镇旅游资源加以利用的经济技术系统工程。旅游城镇的旅游资源开发是一项综合性、全面性的工作,其开发内容不仅涉及对自然与人文景观的选择和布局进行规划,还要对交通、城市和基础设施进行规划,甚至会涉及管理机构的建立、有关人员的培训等。具体内容可从以下几方面来理解:

第一,旅游城镇旅游资源开发的主要目的就是发展城镇旅游业。做好旅游城镇旅游资源的开发和管理工作不但能够赚取外汇,回笼货币,扩大就业,调整产业结构,带动相关部门行业发展,有力地促进旅游城镇的经济腾飞,而且还可以促进地区间和民族间的经济技术合作和文化交流,此外对推动县域城镇化进程更是具有举足轻重的意义。如果科学合理地开发利用旅游资源,还可使自然资源和生态环境得到必要保护。

第二,以市场为导向,以发挥、改善和提高旅游资源对游客的吸引力为着力点,通过生产加工使其变成旅游吸引物,是旅游资源开发的实质。开发旅游资源就是要发挥资源的各种旅游功能,增强对游客的吸引力。

第三,旅游城镇的旅游资源开发还是一项有组织、有计划的经济技术系统工程。在开发内容方面,不仅要考虑旅游资源的个体开发,还要对旅游设施、旅游服务、旅游环境等方面进行统筹兼顾,使旅游资源开发与旅游活动相关方面相互适应,协调发展。在开发效益方面,不能只考虑旅游经济效益的大小,而应同时分析论证开发所带来的社会效益和生态效益,只有三大效益同时具备,才能实现旅游城镇旅游资源的可持续利用。在开发进程上,必须规划在先,实施在后,要有计划、有重点、有层次地展开,逐步拓展功能,科学合理地利用资源。

5.2.2　旅游城镇旅游资源开发的原则

旅游资源开发的目的是为了发挥、改善和提高旅游资源的吸引力,其最终目的则是要发展旅游业,在吸引旅游者来访并满足其需要的同时,推动旅游接待国或地区社会经济的发展。对于国内旅游而言,则是要满足人们日益增长的物质和文化需要。为了使这些目的得到最佳实现,旅游资源开发必须要遵循以下"八化"原则:

(1) 资源开发"特色化"

特色是旅游开发的灵魂,是旅游产品生命力的体现,没有特色就没有效益,因此旅游开发要突出"人无我有,人有我新"的开发方针,决不能拾人牙慧,要突出自己的特色。没有特色难以形成强大的旅游吸引力,没有特色就不能激发人们的旅游动机,多一份特色就多一份竞争力,从一定程度来讲,有特色就有效益,就有发展。

(2) 项目设置"市场化"

旅游业是一个经济产业,在市场经济的大环境下,要以市场为导向,必须考虑市场的需求和竞争力,要把旅游市场的需求和供给情况作为规划决策的基础。一切要按照旅游市场来进行项目设置,同时还要根据旅游资源的冷热原则,预测未来旅游市场的发展趋势,以对旅游项目做出合理的实施开发序列。

(3) 旅游氛围"生态化"

目前的旅游趋势是:生态旅游、绿色旅游、回归自然旅游,因此,在旅游开发过程中一定要突出生态化、原始化、自然化,从植被保护到服务设施皆要营造生态化的环境氛围。

(4) 游览观光"知识化"

新世纪是知识的时代,对于旅游来讲,游客随着知识层次的提高,对旅游项目的文化内涵也提出了新的要求。这就要求旅游景点要有一定的知识性、科学性,旅游区力求做到科学性、知识性与可观赏性的统一,使游人在游览观光的同时,能够得到知识的陶冶和精神的享受。

(5) 建筑设施"景观化"

在旅游区开发中,每个景点中的建筑设施,都应作为景观的组成部分来对待,应该以"园林化"和"景观化"为主,曲径通幽,曲折有度,强调建筑与自然的协调效果,提高观赏性、艺术性。对于以自然景观为主的景区,其区内建筑设施要坚持"宜小不宜大、宜低不宜高、宜藏不宜露、宜疏不宜密"的原则。

(6) 旅游服务"系统化"

旅游服务是一个系统工程,要把整个旅游服务看作一个大的系统,在开发建设中,大小系统综合平衡,相互协调。如要想达到吸引力与接待力的统一,就必须要求旅游资源的开发建设与旅游服务设施、交通设施及其他基础设施(水、电等)等方面的综合平衡。在行、游、住、吃、购、娱六个方面的服务上,要全面考虑,各种设施系统配套,形成综合接待能力,使旅游者以最少的时间和最少的费用看最多的景点,力求使其舒适、方便、安全。

(7) 建设投资"多元化"

旅游区开发应在突出主题的前提下,把近期投资小、效益大的关键性基础项目规划到位，尽快进入设计与施工阶段，缩短建设周期，提高投资效益，做到全面规划，分期实施。在投资开发上，要明确开发序列，突出重点，多元筹集资金，个人、集体、单位和政府一起上。

(8) 开发利用"持续化"

旅游开发应贯彻可持续发展的思想，应把保护旅游资源与生态环境视为战略问题加以对待，它不仅关系到旅游区的命运，而且也直接关系到人类未来的生存环境。王兴斌认为，旅游业的可持续发展是指在发扬地方与民族文化特色、保护文物古迹与生态环境的同时，满足人们对经济、社会和审美的需求。它既能为今天的旅游者提供高质量的经历和体验，又能为旅游目的地的居民提供良好的生计和生活质量，同时还能满足和保护后代人的发展需求和利益❶。因此，要求在开发过程中，一定要把保护自然资源放在首位，永续利用旅游资源。对于人文旅游资源，必须认真贯彻中华人民共和国《文物保护法》，要坚持"有效保护，合理利用，加强管理"的思想。

5.2.3 旅游城镇旅游资源开发的内容

旅游城镇旅游资源的开发实际上并非局限在对资源本身的开发上，而是在选定好旅游资源的基础上，为了开拓利用或更好地利用这些旅游资源而对与之相应配套的接待条件也同时进行开发和建设，以便使旅游资源所在地成为一个有吸引力的旅游环境或接待空间。其主要开发内容包括：

(1) 提高旅游资源所在地的可进入性

在开发中，不仅要进行陆路、水路和空中通道的建设，还须做好各种交通运输工具的运营安排，满足游客在旅游地点"进得来、出得去、散得开"的基本旅游要求。

(2) 建设和完善旅游基础设施

在多数情况下，被开发地区在进行旅游资源开发之前已经根据当地人口的需求规模规划设计和建造了一些基础设施，但是随着外来游客的大量涌入，很可能出现供应能力不足的问题，因而需要进一步增建和扩建。

(3) 建设旅游上层设施

旅游上层设施是指那些虽然也可供当地居民使用但主要是供外来游客使用的服务设施，由于这些设施主要是供旅游者使用，因此必须根据旅游者的需求、生活标准和价值观念来设计建造，并据此提供相应的服务。

(4) 旅游景点的建设与管理

包括新景点的论证、规划、设计、施工和交付使用后的管理，以及对已有景

---

❶ 王兴斌. 旅游产业规划指南 [M]. 北京：中国旅游出版社，2000.

点或参观点的维护、更新改造和管理。

（5）培训能够提供专业服务的人员

这是因为旅游服务质量的高低在一定程度上会起到增添或减少旅游资源吸引力的作用。

5.2.4 旅游城镇旅游资源开发的类型

按旅游资源的特点，可将目前旅游城镇的旅游资源开发归纳为以下几种类型。

第一，将旅游城镇或所辖区域开发为风景名胜区。这一类型是建立在旅游城镇有可资开发的风景旅游资源、有一定的区位优势的基础之上。其资源特色表现为：自然景观质量高，环境条件优越，人为破坏因素极少，布局和谐，气候迷人，借景空间范围广阔。如近年开辟的大邑县西岭镇的西岭雪山风景名胜区和都江堰市龙池镇的龙池国家森林公园，都以美妙的雪景吸引游客；成都东郊的龙泉山花果风景区集赏花尝果、观光旅游、娱乐休闲于一体；西昌市郊的邛海风景名胜区和盐源县泸沽湖镇的泸沽湖风景名胜区，展现了高原湖泊的风光美景。一般来说，这类小城镇的建设都是围绕着风景区的旅游资源开发而发展起来的，所以，旅游城镇都视自然旅游资源为其宝藏，在建设中充分体现旅游业的发展要求，为旅游业的发展创造条件。同时，通过发展旅游业来带动小城镇经济的发展。

第二，将旅游城镇建设为旅游休闲、观光娱乐的旅游古镇。这种类型具有特殊性，要求小城镇必须有悠久突出的历史，有保护完整且独具特色的古式建筑，有纯朴的民风民情和浓厚的传统习俗文化，有可资开发的传统手工艺品和传统小吃。如20世纪80年代就已开发的双流县黄龙溪古镇，以其古朴典雅的建筑风格吸引游客，其"烧火龙"等传统节目和"豆花"等名小吃给游客留下深刻的印象；最近开发出来的大邑县安仁镇刘文彩地主庄园，展现了川西大地主华丽住宅和豪华生活场面；随着成都市向东向南发展战略的实施，龙泉驿区的洛带镇将成为离成都这个大都市最近的古镇，洛带将以"中国西部客家第一镇"的地位展现"湖广填四川"这一移民运动中的客家移民史，以保存完好的广东会馆、江西会馆展现客家会馆文化，其典型的客家风俗将吸引众多的海内外客家人、游客前来观光、休闲。由于这类旅游城镇旅游资源具有独特性，所以开发中应相当谨慎，必须找准古镇旅游产品和旅游客源市场的定位，不能盲目开发。

第三，把旅游城镇建设为城郊"乡村旅游"的基地。所谓"乡村旅游"，即以农业文化景观、农业生态环境、农事生产活动以及传统的民俗为资源，融观赏、考察、学习、参与、娱乐、购物和度假于一体的旅游活动。这类活动在四川表现为"农家乐"的形式,这类小城镇的区位条件优越,其所属的乡村田园风光优美,是城市居民对回归大自然、融入大自然的追求的理想场所。其游览项目主要有:以"住农家屋、吃农家饭、干农家活、享农家乐"为内容的民俗旅游;以收获各种农产品为主要内容的采摘旅游;以春节、端午、中秋等民间传统的节庆活动为内容的乡俗节庆旅游等,这种"乡村旅游"开发形式灵活,市场前景广阔,但旅游产品开发粗放,有待进一步提高,形成精品和特色。

第四,把旅游城镇开发成具有民族风情特色的旅游观光点。其旅游特色是集民族生活习俗、民族文化和民族建筑等于一体,极具诗情画意。如阿坝藏族自治州所属理县米亚罗镇的米亚罗民族风情区,不仅使游客沐浴在我国最大的红叶风景海洋中,而且神奇的藏羌文化、羌族的古寨、纯朴浓郁的民风等令游客留连忘返。这类民族小城镇的开发,既有利外界了解民族生活状况,又利于小城镇增强开放意识,加速经济发展,摆脱贫困和落后的面貌,其经济效益和社会效益很大。

第五,将旅游城镇开发为革命纪念圣地。这一类小城镇的旅游资源开发也有特殊的要求,必须是与中国革命发生极大联系的地方。如松潘毛尔盖会议会址,反映了红军长征中的一段惊心动魄的历史;中国革命的伟大人物故居所在地,如广安邓小平故居、南充仪陇朱德故居和乐至陈毅故居。据《中国旅游报》报道,四川省委宣传部、团省委、省教委、省旅游局组织首批大学生赴川籍将帅故里及革命老区开展了社会实践、考察和旅游活动,拉开了川东北旅游开发的序幕。"将帅故里游"是落实四川省委、省政府提出的"建设旅游大省,加快将帅故里旅游资源开发"的战略目标,是宣传革命传统教育的好题材,是开发高品位的旅游资源的有力举措。据行家分析,这一旅游中的将帅故居、红军文化及其他人文、自然旅游资源品位高,开发价值与市场前景都很大。预测将帅故里游线路成熟后,游客每年将达30万~50万人次,其经济和社会效益也不可低估。

第六,将旅游城镇开发为生态旅游基地,这是中国"99生态环境旅游年"的一大趋势。在这方面,四川小城镇拥有得天独厚的优势,因为这里是国宝大熊猫生活的基地。如1999年7月5日,四川省旅游局与香港旅游协会正式签订了"旅游合作协议",标志"熊猫之旅"生态旅游线在四川正式启动,这对卧龙大熊猫自然保护区、蜂桶寨大熊猫自然保护区等生态基地的开发提供了新的契机。

当然,还有其他类型的开发方式,只不过以上类型为目前旅游城镇旅游资源开发的主要方面。其中,有的旅游城镇开发兼有以上两种或两种以上的类型,但仍以旅游资源的主要特色来体现。❶

---

❶ 张俊峰. 旅游城镇的旅游资源开发与保护 [D]——以红原邛溪镇为例. 西南石油学院硕士学位论文, 2003.

5.3　旅游服务型小城镇

5.3.1　旅游服务型小城镇旅游资源和环境特点

该类小城镇通常为远离旅游中心城市的著名风景区重要门户和游客主通道，具有独特的区位优势，小城镇依托地理优势，开展旅游接待工作。小城镇本身一般缺乏旅游资源，但作为旅游接待地，它的特色景观在于优美整洁的城镇环境景观和得体的建筑景观。

例如处于重庆市国家级风景名胜区四面山风景区的四面山镇，就是因旅游接待服务而兴起的旅游小城镇；世界历史文化遗产之一的大足石刻旅游区的宝顶镇也是因宝顶石刻的旅游开发而成为典型的旅游小城镇；云南中部的鹿阜镇、石林镇也已成为石林景区的主要旅游服务基地。类似的小城镇还有内蒙古呼伦贝尔市的柴河镇与阿里河镇、黄山市汤口镇、常德市石门镇等。

5.3.2　旅游服务型小城镇旅游资源保护、利用中出现的问题

(1) 旅游要素开发不充分

目前大多数旅游服务类小城镇中的旅游要素，尤其是特色要素资源，还保留着原始状态，或仅进行了初步开发，旅游要素的开发缺乏系列化、深化、特色化和品牌化。

(2) 旅游服务功能尚待加强

目前很多服务类小城镇旅游服务功能还不完善，有待进一步加强，突出表现在以下几方面：小城镇交通体系不完善；基础设施不完备；旅游购物、旅游订票等服务设施不完善；旅游城镇中旅游接待体系的等级结构不合理等。

(3) 城镇景观杂乱

很多小城镇功能分区混乱，新旧建筑混杂，景观杂乱，环境污染现象随处可见，城镇景观远不能满足旅游的需求。

5.3.3　旅游服务型小城镇旅游资源的保护、利用原则

(1) 充分开发各种特色要素

主要开发内容包括特色餐饮、特色住宿、特色旅游商品和特色交通。主要加强以下几方面建设：旅游要素的特色化开发；旅游要素的系列化开发；旅游要素的深层次开发和旅游要素的品牌化开发。

(2) 完善城镇服务功能体系

主要抓紧以下几方面建设：提高旅游商品购物、旅游订票、旅游住宿等服务

设施的便捷性；完善交通体系，形成快速而便捷的交通体系网络；加强小城镇基础设施建设。

(3) 加强城镇景观建设，形成良好的城市风貌

包括：开展城镇的绿化、美化活动，形成良好的城市风貌；保护城镇环境，控制污染；整治城镇景观中不合理、不和谐的建筑和景观。

5.3.4 旅游服务型小城镇旅游资源开发方向

该类小城镇旅游开发的重点在于加强其地方旅游商品的开发和餐饮、住宿等服务设施的改造；提高旅游服务人员和管理人员的素质，提高小城镇与外界以及小城镇与所服务的景区之间的交通联系的便捷性，形成较为完善的交通体系和服务网络体系；加强小城镇的景观建设；加强小城镇中居民的旅游观念教育，形成优美的城市景观、良好的旅游氛围，从而对旅游者产生较大的吸引力。

旅游服务型小城镇社会经济发展的对策：

(1) 依靠当地资源优势，以农业为基础，旅游业为引线，大力发展商业、服务业等第三产业，走各种类型的乡镇经济协同、综合发展之路。

(2) 大力发展小城镇的文化、教育、科技和医疗卫生，促进地区城镇社会经济的发展繁荣。

(3) 加强小城镇市场设施的管理与完善。

5.3.5 案例

5.3.5.1 接待基地型小城镇

指为周围景区缓解环境压力，提供旅游服务的小城镇。这些小城镇具有游客中心的功能，其作用是服务景区，成为接待点或中转站。它们往往位于周边景区的核心区位，对外交通和到各景区内部的交通联系都比较便捷。这类城镇内部有价值的景点并不多，位于风景区的边缘地带，城镇化水平相对周边地区为高，具有发展接待服务的良好区位优势和用地条件。

案例1：白塔镇——面向多景区的接待服务中心

(1) 资源特点

白塔镇位于浙江省台州市仙居县西南，是规划中的台缙高速(台州—缙云)和天仙(天台—仙居)高速的交汇点，对外交通非常便利。白塔镇距县城城关镇以及各主要景区景点(皤滩古镇、淡竹景区、神仙居景区、景星岩景区等)相对等距，处于指状格局的核心区位。仙居县是台州旅游的资源大县，众多高品位的景区景点集中在白塔镇临近区域。由于地处山区，临近县城的白塔镇一直是乡镇经济比较发达的地区，具有发展旅游接待的经济基础。最近批准的神仙居省级旅游度

区也将在镇区附近进行建设,白塔镇将成为仙居旅游发展的游客中心和接待基地。

(2) 保护与开发模式

白塔镇的发展模式主要侧重于开发,其重点是完善基础设施建设和形成自己独特的服务方式。

1) 旅游交通的可达和快捷对于接待基地型小城镇至关重要。建设高速公路枢纽是发展白塔旅游和仙居旅游的重要先决条件,白塔必须充分利用其交通区位优势逐步吸引客源,同时,高等级的交通枢纽系统、高速路出入口和旅游客运中心等建设也要跟上道路的建设。白塔到各景区之间的旅游公路的便捷性和景观效果也是规划需要考虑的重要环节。

2) 配合旅游度假区建设档次齐全的宾馆酒店,主要有面向大众游客的三星、二星酒店,面向学生群体的青年旅舍,面向高端游客的四星、五星级酒店和分时度假型景观房产等。将景区范围内的接待设施逐步迁移出来,形成"游住分离"的理想格局,减轻风景旅游区的环境压力。

3) 大力引进有较高文化素质、行业素质的高水平导游服务、旅游管理等专门人才。伴随各类高档次接待设施的出现,高水平的服务人才是否充足成为衡量地区旅游发展的软件标准。对于小城镇来说,这点尤为重要,它也是和周边更高级别城市进行竞争的重要砝码。

5.3.5.2 会议会展型小城镇

会展旅游,即 MICE(Meetings,Incentives,Conventions,Exhibitions 的简称),意指包括各类专业会议、展览会与博览会、奖励旅游、大型文化体育盛事等活动在内的综合性旅游形式❶。会展旅游已经成为都市旅游和商务旅游的典范,对地方经济发展和形象提升起到重要的推动作用。处于经济发达地区的某些小城镇,由于其优越的地理区位、便捷的对外交通、优美的自然风光和优质的配套服务,逐渐成为一些重要的商务会议会展的举办地,并成为所在地区的形象标志和代表。这类城镇往往一夜成名,其发展模式比较特殊,具有一定的"明星效应"。

案例 2:博鳌水城——现代化的明星商务城镇(图 5-1)

(1) 资源特点

博鳌镇位于海南省琼海市,濒临南海,著名的博鳌水城是"博鳌亚洲论坛"永久会址——一个集国际会议中心、海滨温泉度假中心和高尔夫休闲康乐中心于一体的国际性旅游度假胜地。博鳌水城距海口美兰机场约 100km,规划面积 41.8km², 其中水域面积 8.5km²。这里完整地保存了热带水域的原生态,融江、

---

❶ 周春发. 国内会展旅游研究进展 [J]. 桂林旅游高等专科学校学报,2001(4):8.

图 5-1 博鳌水城
(出处：博鳌网 www.boao.net)

河、湖、海、山、岛于一体，集椰林、海滩、温泉、田园于一身。

(2) 保护与开发模式

1) 强大的外部驱动力和政策支持。博鳌由于被选定为亚洲经济论坛的永久会址，进而成为"超常规"旅游发展的典范，自省市政府直至中央政府都对博鳌的发展给予了高度重视，并从各方面支持博鳌水城的建设。在基础设施外配套建设方面，政府投入了大量资金，为博鳌水城的开发创造了良好的外部环境。

2) 充分利用小城镇所依托的优质环境条件和宜人度假环境，在保持原有生态环境的前提下进行建设。博鳌是万泉河入海口所在地，论坛中心所在地东屿岛是博鳌水城三岛中最大的岛，地处博鳌水城中央。岛上地形平缓，植被繁盛，环境幽静，水田纵横，石路蜿蜒，民居古朴，自然景观和人文景观保存极好，这种高质量的生态景观环境是发展高档次会议中心的必要条件。

3) 超高档次酒店、会议会展中心的超前建设，各种基础设施的高标准配置。由于国际级重要核心会议的实际需要，博鳌水城的度假会议设施建设是与国际一流水平相衔接的。博鳌目前已经兴建了几家高星级的商务酒店，按照规划还将陆续建设 30 余家酒店，多个 18 洞高尔夫球场和温泉度假区也相应开始施工，另外，与海口机场毗邻也降低了商务活动的交易成本和时间成本。

5.4　旅游资源型小城镇

旅游资源型小城镇是长久以来旅游发展的热点地区和核心类型，这类城镇的旅游资源具有垄断优势或比较优势，它们有的是享誉世界的历史文化古镇，有的是景色宜人的风景区城镇，有的处于高质量的生态环境之中，有的富于高品位的休闲度假条件，还有一些分别是著名的乡村旅游、民族风情旅游和革命胜地等景点景区。无论其中哪种类型的城镇，都依托于存在长久吸引力的资源禀赋，在人文环境和自然景观等方面引人入胜，能够直接引起游客参观和游览的兴趣。

对于这类小城镇的保护与开发，从文物建筑保护、遗产管理、城市规划、风景规划、城市生态、环境教育、旅游规划、社会伦理和人文学科等多学科角度都已经建立了一定的理论模式，并在小城镇旅游的开发过程中得到了相应的实践经验。这些实证性的研究无一例外地强调了"保护优先"的原则，提倡以小城镇可持续发展为前提的旅游开发。

资源型旅游小城镇开发利用的方式：
（1）开发利用特色旅游资源要有新的理念

强化未来旅游需要的意识，强化生态与环保意识，强化整体开发、联合开发的意识，强化文化内涵的意识，树立"大旅游"的意识，以新的理念指导资源型旅游小城镇的开发利用。

（2）要突出深厚的历史文化内涵，推出精品

此类旅游小城镇的开发利用应以特色旅游资源加以提升为总体形象，突出个性，发挥区域自然景观和人文景观的优势，形成特色主体，塑造"精品"和"名品"。

（3）要突出重点，在旅游整体布局上合理整合

根据旅游小城镇的地理环境、旅游资源特点及其市场前景，整体考虑，形成特色鲜明的新景区和新线路，突出重点，优化空间格局。

（4）要挖掘资源特色内涵，加强整体促销，扩大旅游市场份额

抓住游客求新、求奇和求险的心理，提高旅游开发的层次，适应不同旅游者的需求，扩大旅游市场。

（5）瞄准目标市场，确定开发重点，优化产业结构

开发旅游小城镇的特色旅游资源，必须瞄准目标客源市场，在地域层面上，第一步是做好区内旅游，第二步是开拓周边购物旅游市场，第三步是国内旅游市场。同时，应注重开发国外市场。

（6）要强化旅游商品意识，提高旅游商品档次

开发利用小城镇旅游资源不可忽视旅游商品的开发，因为旅游商品具有较高的创汇能力，可以增强旅游目的地的吸引力，有利于强化旅游者对旅游地的感知印象，增加客源。

小城镇旅游资源存在着一些共同的特点，如旅游资源规模相对较小，因此旅游容量小，旅游人数低；较高等级的旅游资源中人文旅游资源比重大，自然资源比重小；旅游资源种类齐全等。但对不同类型的旅游小城镇而言，其支撑小城镇的整体外部环境和资源不同，因此出现了不同的资源和环境组合。同时，不同类

型的小城镇在开发过程中出现的问题也各不相同，因此应制定不同的开发和保护措施，有针对性地进行开发。

下面分别对不同类型的小城镇旅游资源特点、开发保护中存在的问题进行分析，并提出相应的开发原则和开发方向建议。

5.4.1 历史文化型小城镇

此类小城镇或是集中保存了一些文物古迹，或是能较完整地体现出某一历史时期的传统风貌和民族地方特色，但是都具有重大历史价值或者革命纪念意义，均为不可复制的历史瑰宝。

5.4.1.1 国内外对历史地段的保护与更新实践❶

（1）欧洲、日本等地区居住性传统街区的保护实践

发达国家传统街区保护工作开展得较早，也取得了积极的经验成果，对国内的保护与更新工作有一定的借鉴作用。虽然，日本和欧洲国家的传统建筑和历史环境各不相同，但是他们的保护工作有不少共同点。

1）保护的整体性理念

第二次世界大战以后，欧洲国家在重建城市的实践中，开始注意对老城区的保护问题。欧洲理事会(Council of Europe)1976年通过的第7628号决议案中，强调了"整体保护"❷ 的概念，也就是说，对城市历史环境来说，保护工作已经不是一个纯防御性的活动。随着理论和技术的进步，保护工作重点由消极维护转向积极保护。工作的内容不但包括文物建筑的保护，也同样包括建筑的现代化生活条件的改善、土地利用及经济问题等，也就是说，保护不是禁止改变，而是指在适应时代的同时，保护它自身的特色。在日本，对历史文化城镇(町)的传统居住区的保护，主要从历史性景观构成角度和传统房屋居住区的"现代化"配套措施等方面出发，提出居住空间的复苏和居住环境舒适性的问题及改善的方法。例如，为解决历史街区内部人口日益减少的问题，整顿附属建筑，使之能够具备居住两代人的必需条件。整顿城镇道路体系，在不超过一定限度的情况下，拓宽和开辟服务性道路，以实现商业复活和街坊内部居住环境的改善，增加基础设施，提高城镇抗灾能力。

2）保护的多层次方法

欧洲的保护工作是多层次的，由单体建筑的修复，到街道的立面连续性控制，再到城市的轴线体系、节点——广场与道路交汇点的保护，最后到新旧城市之间的隔离保护。其中，在总体规划上使发展用地避开老城区发展，就有利于实现新旧城区的隔离保护，从而使旧城得到更好的保护。例如在罗马，新旧城区之间设有自

---

❶ 马海东. 近20年来苏州古城传统街区保护与更新的研究 [D], 2003.

❷ 王瑞珠. 国外历史环境的保护和规划 [M]. 台北：淑馨出版社，1993.

然的河流和人工绿地等缓冲地带,并确定了在旧城快速干道以东发展的原则。

对于单体建筑,逐渐确立保护真实性的原则,如最低限度的干预、修复的可逆性和可识别等;对于历史区域的保护,则更加注重高度、尺度和材料的协调,形体之间的相互搭配,体量和比例的有机组合,以及建筑物和广场、绿化空间的良好关系等,要求建筑物的高度、体量大小必须与街道格局和街道空间相适应,同时与人的尺度相适应。

在法国巴黎,对建筑高度进行了严格控制,越到中心区,建筑高度控制越严格,并根据文物建筑的价值与完整程度区别对待。沿街的建筑高度根据街道的宽度确定,除了沿街建筑的限高控制外,还针对每条街道和广场周围的建筑、重要的景观、建筑透视线与文物古迹环境,制定了更详细的专门高度控制要求。

另外,对于城区的传统风貌也进行保护协调和控制。如巴黎城区从南向北,屋顶颜色中红的成分增加,形成了微妙的地区差别,把使用传统的建筑材料和屋顶形式,作为控制风格样式的最有效的手段。街道立面的连续性是巴黎大多数街道的独有特征,对城市的形象至关重要,因此,除高度控制外,还制定了立面管理条例,对于悬挑部位与高度、平面上的前后进退、屋顶轮廓等都做了一定的规定。而在建筑外廓、屋顶形式、材料和色彩等细部设计上,允许有更多的艺术处理的自由。

在日本,保护工作由以下几个层次构成:①历史景观的基本构成单位——建筑,尤其是主屋;②整个城镇;③城镇周围地区。城镇景观构成元素的关系首先表现在韵律性的景观变化,然后是城镇景观的普遍性,即各种各样房屋相互之间的相似特征,最后还有多样性,即各房屋的微妙的差别和调和。

日本对城镇的保护相当严格,城镇景观和形态即整个城镇的布局构架,在日本受到严格的整体性保护。

3) 保护的广泛参与原则

全法国共划定了 91 个保护区,总面积约 6000hm²,大约 800 万居民生活在历史文化保护区内。有关历史文化保护区的法规基本上是属于城市规划法体系,与历史文化保护区最直接相关的法规是《马尔罗法》,它确定了两个目标:"第一,保护与利用历史遗产的过程中,文物建筑与其周围的空间应一起加以保护,因为其历史价值、美学价值及文化价值是和城市肌理密不可分的。第二,促进城市发展,即历史文化保护区的保护与利用规划应提供使所保护区域重新焕发生机的多种途径。规划不只局限于历史遗产的保护,同时要从城市发展的角度出发,利用合法有效的手段,促进历史保护区合理地新陈代谢。完全保护、合理修复以及改造再利用都是可以采用的方法。"[1] 除《马尔罗法案》外,还有具有法律效应的历史保护区保护与利用的规划,它取代了土地利用规划和城市改造规划。保护规划

---

[1] 石雷,邹欢. 城市历史遗产保护:从文物建筑到历史文化保护区 [J]. 世界建筑,2001(6).

主要确定需要保护的城市历史遗产，为历史遗产保护、修复、再利用做出指导，并涉及城市发展的社会、经济和功能等各个方面。

在法国涉及保护的众多机构与人员中，责任最直接也是最重要的是"法国国家建筑师"❶，他们受过专业教育，一般任职于各个省区的建设管理局。其管辖权限非常大，其中突出的职能就是负责各级历史遗产的鉴定与保护工作，负责实施保护与改善建筑、城市与风景历史遗产的工作。保护规划在实施以前必须经过公众调查和投票表决，在公众调查的两个月期间，所有人都可以直接向市长提出意见并被记录。参照这些公众意见，地方历史保护区委员会对规划进行修改，再次审议，确定没有异议后，才能经过其他部门审批实施。

在日本，历次有关的国际会议鼓舞了日本各地兴起的保护环境的居民运动。首先，由当地居民中产生各地自治体，并着手对保护的区域采取相应的政策与对策，公布具体的保护操作条例等。当全国各个地方都制定之后，国家才着手进行法律制度的完善工作，国家文物的保护法就以这些自治条例为前提，国家不再"指定"文物。1975年新的《文物保护法》的颁布，将具有历史景观的传统性建筑物群中价值较高者定义为文物的一种，法规要求对历史文化保护区的传统建筑物的位置、规模、形态、风格和色彩等特性及周围的环境一起进行保护。

日本民众保护历史城镇的意识来自于他们对环境认识的提高，意识不断发展扩充，终于把历史环境看成现代环境问题的主要课题。人们认识到历史环境是当地居民精神团结的象征，其消失将会给人们的生活带来严重的后果，并把历史环境的破坏比作公害，公害是直接危及人们生命、健康的犯罪行为，而历史环境的破坏，正是对居民精神生活的挑战，因历史环境而自豪的人们无法忍受历史环境的消失所带来的失落感。人们对历史环境的保护关心涉及环境保护的价值观念，这种价值既包括物质价值，也包括对环境在精神上或文化上价值的理解评价。在初始阶段，人们只重视可以转换成货币价值的，即可以数量化表示价值的东西，这种在经济成长时代通行无阻的价值观念，随着经济的发展而带来各种矛盾的表面化和不可调和性。人们继而开始转向注重研究无法用货币测算的、深藏于人民生活底层的、成为人民生活支柱价值的东西。例如"自古传下来的古树，跨海的潮风，远望的寺庙屋顶"等，正是这些难以用金钱估价的东西才是当地居民团结的象征，也是地方特色文化的基础❷。

(2) 澳大利亚保护事业与生态旅游的主要特点❸

澳大利亚把自然资源保护作为现代文明可持续发展的基础，把生态旅游作为

---

❶ 张松. 历史城市保护学导论 [M]. 上海科学技术出版社，2001，12.

❷ 日本观光资源保护财团. 历史文化城镇保护 [M]. 路秉杰译. 北京：中国建筑工业出版社，1991.

❸ 杜万全. 澳大利亚保护事业与生态旅游的考察报告 [J]. 四川林业科技，25(4).

全国三大支柱产业之一,有很多独特的做法和突出的范例。

一是各级政府高度重视。澳大利亚各级政府高度重视自然资源和遗产地的保护,他们的执政理念,不仅仅追求 GDP 的增长、就业人口的增加和社会保障体系的完善,而且把保护事业摆在十分重要的地位,从国家到各州(省),都通过立法和严格执法进行保护,对纳入遗产地和国家公园的私有林,政府出钱保护。谁不重视保护事业,谁就会在听政咨询中被质问;谁在保护工作中玩忽职守,即使其他政绩再好,也会在选举中遇到麻烦,甚至落选。正是这种强制力迫使政府高度重视保护事业,使保护事业日益兴旺发达。

二是保护事业与生态旅游相辅相成。澳大利亚把生态旅游定位为以科学的方法持续利用自然资源的一种经济活动,只能在严格保护自然资源、不破坏生态环境的前提下,遵循持续利用和经济合理的原则,分区域开展旅游活动。即使开展旅游的地方,也要采取分流客源、架设索道、修建便道,对不同景区实行不同限制等措施,保护植被和生物多样性。通过保存完好的自然生态,为旅游业提供生机盎然、千姿百态的景观资源,通过旅游业的发展反哺保护事业,使二者相辅相成、良性互动,实现资源、环境与经济的协调发展。

三是对保护事业和旅游开发实行不同的管理机制。澳大利亚的国家公园和自然保护区,机构编制由政府确定,工作人员纳入公务员序列,实行公开招聘,工作经费纳入财政预算,其设施、设备的大部分也来源于政府拨款,因此,保护事业属于政府行为。而生态旅游必须按照统一规划和有关法律规定,由各类不同的公司和业主进行开发经营,实行市场化运作,依法纳税交费,属于企业行为,政府不加干预。由于管理机制灵活,保护事业和旅游产业都得到了稳定和快速发展。

四是依靠社会各方面力量参与保护事业和旅游发展。在澳大利亚,国家公园和各类保护区都要依靠当地群众和私有林主参与保护,支持他们因地制宜发展旅游业,基本形成了社区共管、专业公司与土著居民共同开发的经营管理格局。与此同时,驻地各类机构、社会团体、旅游企业、导游和司机,都必须尽义务保护环境。保护事业逐步成为全社会的共同责任。

五是中介组织发挥重要作用。澳大利亚各个大学的旅游专业、旅游科研机构以及绿色环球 21 等组织,都以多种多样的方式在旅游发展中扮演着不同的角色。大学和科研机构通过对旅客的调查、旅游市场分析和专业培训,为旅游企业提供信息和人才。绿色环球 21 等组织通过全球性旅游业可持续发展标志的认证,在世界范围内宣传推销旅游产品,这些中介组织为澳大利亚旅游经济的腾飞发挥了十分重要的作用。

(3) 我国居住性传统街区的保护工作

1) 我国历史文化保护区研究历史简介

我国现代意义上的文物保护始于 20 世纪 20 年代的考古科学研究,北京大学于 1922 年设立了考古学研究所,后又设立考古学会,这是我国历史上最早的文物保护学术研究机构。1929年中国营造学社成立，开始系统地运用现代科学方法研究中国古代建筑，为不可移动文物保护工作迈向科学化、系统化打下了坚实的理论与实践基础。

1949年以后，历史文化遗产保护体系的建立经历了形成、发展与完善3个历史阶段，即以文物保护为中心内容的单一体系的形成阶段，增添历史文化名城保护为重要内容的双层次保护体系的发展阶段，以及重心转向历史文化保护区的多层次体系的成熟阶段❶。其中第三阶段——重心转向历史文化保护区的多层次体系对我国历史街区的保护工作有很大影响。

1996年6月，由建设部城市规划司、中国城市规划学会和中国建筑学联合会联合召开的历史街区保护（国际）研讨会在安徽省黄山市屯溪召开，屯溪会议明确指出，"历史街区的保护已经成为保护历史文化遗产的重要一环"，并以建设部的历史街区保护规划、管理综合试点屯溪老街为例探讨我国历史文化保护区的设立、保护区规划的编制、规划的实施、与规划相配套的管理法规的制定、资金筹措等方面的理论与经验。

1997年8月，建设部转发《黄山市屯溪老街历史文化保护区保护管理暂行办法》的通知，明确指出，"历史文化保护区是我国文化遗产的重要组成部分，是保护单体文物、历史文化保护区、历史文化名城这一完整体系中不可缺少的一个层次，也是我国历史文化名城保护工作的重点之一"，明确了历史文化保护区的特征、保护原则与方法，并对保护管理工作给予具体指导。

历史文化保护区保护制度由此建立，虽然其自身的发展与完善还要经历相当长的过程，但它却标志着我国历史文化遗产保护体系的建构完成，标志着我国历史文化遗产保护制度向着完善与成熟阶段迈进。

2）我国居住性传统街区的保护

我国在《城市规划基本术语标准》中对历史地段下的定义为："城市中文物古迹比较集中连片，或能完整地体现一定历史时期的传统风貌和民族地方特色的街区或地段。""历史地段保护是对城市中历史地段及其环境的鉴定、保存、维护、整治以及必要的修复和复原的活动。"在条款说明中，对保存保护等各问题作了进一步的解释："保存，一般指重要文物保护单位应该根据有关法规和规划要求，不允许作任何改变（含改建和拆毁）。保护，一般指对传统街区和民居等的历史古迹和整体风貌的保护。维护，一般指重要的安全防护工作，如防火、防洪、防雪、防震等。不含建筑的具体维护和维修工作。"❷

---

❶ 王景慧，阮仪三. 历史文化名城保护理论与规划[M]. 上海：同济大学出版社，1999.
❷ 国家技术监督局、中华人民共和国建设部联合发布. 城市规划基本术语标准（GB/T 50280—98）[S]，1993-7-16.

其中居住性传统街区的保护与更新工作方面，近年来，国内进行了大量的个案研究，并且积累了一定的经验，总结如下：

A. 居住性传统街区保护的核心是它的整体风貌，包括建筑物外观、道路、绿地等。对街区的保护要做出相应的保护管理规定，采取保护修整外观、更新改造内部的原则，对传统建筑要按原样进行修整，对非传统建筑要逐步改造使之符合环境风貌的要求。要首先注意改善基础设施，提高生活环境质量，要完善该地区的使用功能，保护社区活力，不要大拆大改、以新换旧，不要以崭新的仿古建筑取代真实的传统建筑。

B. 居住性传统街区的改造更新应该因地制宜、因势利导，采用多种开发形式。传统街区改造的方式有保护、修复、改造、更新等，对传统街区改造不能单一从经济利益出发，不顾具体情况，一律采取推倒重建的单一开发模式，其改造应与新区相结合，既能保护原有地段的格局，又能发展新区经济。另外，应该把传统街区改造纳入法制轨道，减少开发建设的盲目性和投机性，市民在传统街区改造中应充当重要角色，积极促成居民参与设计改造。

5.4.1.2 历史文化类小城镇旅游资源和环境特点

此类小城镇自身有一定的自然旅游资源和人文旅游资源，继承了特有的文化艺术传统和特定的社会经济基础，从而对旅游者产生一定的吸引力。其主要资源特点如下：

(1) 人文旅游资源为主，自然旅游资源为辅

作为古镇类旅游地，不论其位于什么地方，也不论其资源的组合情况如何，作为资源主体的一定是人文类旅游资源，而自然类旅游资源作为背景或辅助，如江南水乡的六大古镇、山西王家大院等。人文类旅游资源的数量、等级与分值要远高于自然类旅游资源。以北京石景山区的模式口古镇为例，其自然类旅游资源占全部资源基本类型的 21.74%，人文类旅游资源(遗址遗迹、建筑与设施、人文活动)占 78.26%，表明人文类旅游资源占明显优势。

(2) 人文与自然旅游资源的高度融合

我国的多数保存较完好的古镇，其之所以吸引大量游客，不仅仅是其中的建筑与布局，还有古镇所依托的环境，包括内部的自然环境和外部旷野的环境，使游客产生犹如回归历史的意境，如周庄和同里小桥、街巷与流水(河流)的结合，以及古镇与现代建筑隔离所形成的历史环境等。

(3) 人文类旅游资源按主类分比较齐全

古镇作为一个独立的、人口有相当集聚的地域，其建筑与设施类旅游资源是其中的重要组成部分。同时，作为有相当历史的古镇，在其长期的发展过程中都会形成其各自的文化传统，因而也就有了颇具特色的旅游商品和人文活动，只是一些古镇由于不注重其文化传统的保护而在现代化的浪潮中消

失了。

(4) 在主类旅游资源中,建筑与设施类旅游资源突出

按《旅游资源分类、调查与评价》(GB/T 18972—2003),从单体来说,建筑与设施类旅游资源数量最多,等级一般也较高。因为古镇的资源主体是各类建筑物的组合,将组合的资源分解成单体,可以包括住宅、宗教建筑、商业店铺、娱乐场所、行会等各类建筑,每类古建筑都可以成为一个独立的资源单体。

(5) 旅游要素的资源化现象明显

由于长期的历史形成的传统,古镇一般都有其特色餐饮、特色住宿、特色娱乐、特色商品乃至于特色交通工具,如江南水乡的以舟代步等。可以说,除了作为建筑与布局的主体旅游资源外,吸引游客趋之若鹜的就是古镇资源化的旅游要素了。根据我们对湖南洪江古城、凤凰古城,江苏的周庄、同里古镇,浙江的皤滩古镇,以及山西的静升镇的调查,游客对古镇感兴趣的各要素中,选择特色餐饮、住宿、娱乐、商品、交通的占了32%~67%。

(6) 旅游商品和人文活动类旅游资源作为建筑与设施类旅游资源的辅助

根据我们对全国曾做过规划的20多个古镇的调查统计,具有旅游商品和活动类旅游资源的古镇占所有被调查古镇的82.3%。从资源的基本类型统计,一些古镇这两项的基本类型数有的甚至和建筑与设施类相当,如山西静升镇,但单体数和等级分值一般不如建筑与设施类。

(7) 旅游资源单体的紧密组合性

古镇作为一个特殊的人地关系地域系统,其吸引游客的主要是古镇的整体风貌与环境,其次才是古镇中的具体景点。如2001年对湖南凤凰的市场抽样调查和2003年对湖南洪江古商城的抽样调查结果显示,对古镇整体风貌与环境的吸引比例分别达到了85.7%和96.2%。所以对古镇的保护不仅要保护其资源单体,更要保护其整体与古镇所依托的环境。

(8) 与其他类型的旅游小城镇相比

旅游资源呈现出更多的历史积累性、创作的艺术性、鲜明的时代性和文脉的继承性。历史文化类小城镇都经过几百年,甚至上千年的历史积累,内含有丰富的历史信息,其中每幢历史建筑、每个历史街区都延续了该时代以前的历史文化,并充分体现了建筑时代的风格,是历史文化的充分反映。

5.4.1.3 历史文化小城镇旅游资源开发和保护中存在的问题

(1) 旅游资源保护中存在的问题

1) 历史文物古迹破坏严重。因为历史古迹、古建筑多为传统木结构,而木结构易遭到各种损害,如自然剥落、水灾、火灾、白蚁侵蚀、气体腐蚀等,需要定期进行维修保护。但一些古镇由于缺乏专项保护资金,没有条件定期进行维护,

造成古镇内不少历史文物得不到有效保护。一方面一些古建筑年久失修，自然或人为损害严重，如四川长江第一古镇李庄深受白蚁的侵害，致使古戏台、戏楼剥落严重，近日一把大火又烧掉了重庆东溪古镇的百年老屋；另一方面，一些尚未列入保护等级的遗迹被拆毁，有的地方甚至把最具有旅游价值的明清古屋梁柱以斤论价拆卖。

2）对古建筑进行不恰当的重新包装改建。在建筑材料、颜色及施工工艺等方面进行人为的改变，使得历史信息大量丢失。古建筑作为古镇的文化标志、城镇形象、居民的地域认同载体，具有极高的历史价值和旅游价值。但大规模的改造却造成了这些价值的贬值，如磁器口古镇的建筑已新旧杂陈，古建筑的韵致虽然依稀可见，但渗透了现代的文明（砖墙、水泥柱和瓷砖），在扬美，许多村民在古镇中建起了颇具现代气息的房屋，与古色古香的氛围极不协调，影响了古镇的总体效果。

3）古街区保护与利用之间矛盾突出。主要体现在：古街区多狭窄、建筑破旧、休闲空间缺乏，采光通风较差，基础设施和公共设施落后，从而导致居住质量下降；古街区受到了用地、交通和建设现状等因素的影响，发展极为缓慢，不能适应现代化生活的需要；城镇居民对现代生活的追求使大量居民从城镇传统地段外迁，导致了古街区的衰退；由于商业和公共设施逐步向城镇外围交通便捷、现状牵制小的地段聚集，城镇传统街区原有的商业模式受到冲击，加上私人作坊的形式、传统商铺的销售方式和商品的单调性在社会化大生产的今天丧失了竞争性，导致很多古街巷商业功能逐渐退化❶。总之，古民居、古街区这一传统建筑模式和现代生活及社会发展的趋势是错位的，很多古街区都面临着改造的问题，但大规模改造又会导致传统风格和传统意韵的消失，古街区保护与利用矛盾极为突出。

4）古镇格局与整体风貌被破坏。一些古城镇在镇内随意拓宽道路，兴建高层建筑，对古城布局与整体风貌造成了严重损害。如在扬美，许多村民在古镇中建起了颇具现代气息的房屋，与古色古香的氛围极不协调，影响了古镇的总体效果；云南的建水县在建设旅游文化街时，拆毁了四处古民居，建造了一条以三层建筑为主的仿古街，使历史街区失去原有的环境特色，并对古城格局造成了一定破坏。

5）不注意对文物古迹周围环境的保护。这里的环境包括古镇内部环境和外部环境。一些城镇在古迹周围进行破坏性建设，破坏了古镇的整体环境氛围。如安徽省歙县曾经在国家级文保单位棠越古牌坊群的保护范围内建起商业街、水塔等建筑物，严重破坏了牌坊的自然和人文景观。

---

❶ 黄春，赵和生. 恢复水乡古镇传统地段昔日的活力 [J]. 小城镇建设，2004(4)：60-61.

6) 保护区被挤占。由于人口不断膨胀，许多小镇不断改造、侵蚀保护区，使得规划确定的保护区范围不断缩小，或全部被拆除。

7) 民族文化特色面临退化和消失的危险。少数民族的特色服饰、独特的生活方式和富有民族特色的建筑是吸引游客的重要组成部分，但由于旅游的发展，民族文化艺术受到了前所未有的不良影响和破坏，以致目前这些传统文化正面临着民族特色逐渐退化和消失的危机！在许多少数民族地区，传统的民族服饰已逐渐被各式各样的现代风格的服装所取代，少数民族居住习惯被汉化，具有民族特色的民居建筑逐渐消失！如云南有很多少数民族地区的传统民居，正被内地汉式砖木结构的平房和钢筋水泥结构的楼房取而代之！丽江古城的纳西文化已经受到了外来强势文化的撞击，民族风情变味，古风古韵无存，生活传统退化。大研镇东巴教这一纳西族重要民族风俗活动在民间已很稀少，熟悉东巴经典和古老风俗的老巴越来越少。

(2) 旅游资源开发中存在的问题

1) 商业化现象过重。如绍兴人对自己评价是"这些年，绍兴人花大把大把的钱，把它从一流的古镇，变成了三流的现代化城市"。周庄 $0.47km^2$ 的古镇区内有 100 多家商店和上百家饭店，严重影响了古镇人文景观的原真性。

2) 环境污染日益严重。近年来，包括旅游业在内的地方经济的快速发展，导致旅游地环境污染日益严重。造成古镇环境问题的主要因素是当地居民、企业和旅游者，主要污染物是垃圾污染、水污染。此外，游客本身也对古建筑造成一定的污染与破坏。

垃圾是旅游古镇的主要污染源。据统计，周庄古镇游客人均留下垃圾 0.8kg，那么 180 万人留下的垃圾就可想而知了。重庆磁器口古镇在黄金周期间更是垃圾遍地、污水横流，黄金周之后清理的垃圾堆积如山。另外，当地居民和经营者缺少环保意识，大量"三废"品倾入嘉陵江，严重影响了磁器口古镇的环境。大研镇的商人们对不准乱倒乱扔垃圾的规定熟视无睹，常常在夜深人静时把脏东西往河里倒，不仅给古镇造成了环境污染，而且还带来了精神污染，影响了古镇的旅游质量。更严重的是，垃圾还能发生爆炸，因为大量的生活垃圾在适宜的温度、湿度条件下发酵可产生大量可燃气体——沼气(甲烷气)，聚集在下水道里，达到一定的浓度后遇明火就可能爆炸。在重庆的黄桷桠古镇就发生过垃圾爆炸事件，对游客的人身财产安全构成了极大的威胁，对社会造成了极坏的影响。

水污染严重。在我国历史上，水路是一种重要的交通方式，所以古镇一般都建在有水的地方，或依江、或靠河、或临渠、或跨溪，水就如同古镇的眼睛。可是在古镇旅游热中，水污染相当严重。丽江古城河道昔日清澈晶莹的河水、柔嫩的水草、嬉戏的游鱼，令游人叹为观止、流连忘返，如今由于大量游客和经营者的涌入，河道几乎成了垃圾场。据检测报告，从黑龙潭往下到古城，每隔 100m，水质降低一个等级，到出城时河水已不能洗足了！水是古镇的命脉，可是近些年，江南古镇由于地处商品经济发达地区，乡镇企业排出的有害污水加上居民、游客的生活污水，导致素以"小桥、流水、人家"闻名的水乡古镇"50 年代淘米洗菜，60 年代洗衣灌溉，70 年代水质变坏，80 年代鱼虾绝代，90 年代喝水致癌"。

3) 分离型的保护模式使"空心化"现象增多。分离型的保护模式即将本地居民居住与旅游观光地区分离，通过完整保持古代城镇原貌，再现昔日历史场景。在旅游开发中表现出"空心化"现象，即把原先生活在古镇的居民迁出，再对古镇、古宅、古街进行修缮，派出管理人员、讲解人员进驻，甚至改为旅游服务和娱乐设施。这虽然在一定程度上有助于缓解目前一些热点旅游城镇存在的过度商业化现象，但也在一定程度上丧失了老百姓能为古镇营造的那份传统意韵，导致历史村镇失去了传统的生活方式和习俗，违背了历史城镇保护的原真性原则。同时破坏原有居民的社会人际关系，引起当地居民对旅游开发的不满与抵制。如乌镇在旅游开发之初，曾经将部分居民从旅游区内迁出，不仅引起了当地居民的不满，而且使一些旅游者在其感知形象中形成了一个缺乏生活气息的"舞台式"古镇形象。

4) 主题重复，产品单一，开发层次低下，旅游资源远没有开发成为富有吸引力的旅游产品。在一定区域内，古镇大致具有相同的自然、历史背景，因此无论从建筑、文化、风俗上讲都有很多相似之处，古镇旅游开发主题容易出现重复。如江浙沪两省一市方圆 200 公里范围内散落的几十个古镇，都打着"小桥、流水、人家"的牌子，旅游主题十分相似。在西南地区，由于民族风情比较相似，所以古镇旅游也大多是看看吊脚楼、跳跳竹杆舞、听听民族乐，大同小异。另外，由于古镇本身的地域面积所限，可供开发利用的旅游资源较少，产品相对单一。而且，目前古镇旅游开发只停留在观光的低层次上，积淀深厚的古文化内涵还没有得到充分发挥，对游客难以形成强大的吸引力。同时，古镇文化旅游策划方式单一，目前主要以历史环境陈列式复原为主要展示手法，缺少满足游客多层次旅游需要、参与性强的旅游产品，从而导致游客在古镇的停留时间较短，旅游业的关联带动作用没有得到充分发挥。据调查，江南周边地区旅游者不再选择故地重游或选择其他古镇的原因中，60%是因为江南水乡古镇千篇一律。

5) 部分历史文化城镇旅游人数超载现象严重，造成对旅游资源的严重破坏（表 5-1）。周庄、同里等热点古镇在旅游旺季超负荷运转现象严重，由此产生的旅游环境和资源的破坏、旅游质量下降、文物保护难度加大、社会矛盾增加、安全隐患加大等问题十分突出。如周庄目前接待的游客已超过了本镇居民的 30 倍，远远超过了古镇的承载量。

2002年部分历史文化城镇中文物保护单位的游客峰值情况❶ 表5-1

古城镇	文保单位名称	旺季日平均人数	最高峰日人数	全年游客人数	日平均人数
芮城	永乐宫		3000	4万	110
解州	关帝庙	3000~4000	1万	20万	550
五台县	佛光寺	30~40	80	2000	6
晋祠镇	晋祠	500	2万	30万	822
朔州市	崇福寺	300	1400	3000	8

事实上，这种现象在国外也并不少见，而且不只是发展中国家。比如英国著名的世界遗产威斯敏斯特大教堂，英国 ICOMOS 早在1991年就曾对其进行调查，指出过度旅游已经对教堂造成了极大危害，但"这种令人痛惜的情况依然在继续着"。

5.4.1.4 历史文化类小城镇旅游资源保护和利用原则

历史文化类小城镇旅游资源的保护和利用要坚持以下原则：

（1）原真性原则

陈志华先生在他编译的《保护文物建筑和历史地段的国际文献》的序言中指出：

历史性建筑群，就是那些携带着比较丰富或者比较特殊的历史、文化、科学和情感的信息的建筑群。它们是社会史、经济史、政治史、建筑史和文化史等人类一切活动领域的历史见证。或者，在它们身上寄托着人们普遍具有的深厚的感情。这就是它们的主要价值，它们是综合性的，决不能仅仅把历史性建筑群看成历代建筑艺术的标本。历史性建筑群在城市景观上也有很重要的价值，它能给城市景观以深厚的历史感和丰富的风格变化，塑造城市的个性。这价值既是建筑史和文化史的，也是情感的。

因此，历史性建筑群的灵魂是它们的原生性和真实性。历史性建筑群的根本特点是它的不可再生性，一旦失去便永远失去，任何复制品都不可能具有相同价值，这就是历史性建筑群为什么要保护的原因，也是古城保护与更新这门科学存在的前提和出发点。❷

真实性的量化表现为各种价值，有必要对它进行明确的划分确定（表5-2）。

---

❶ 赵云，钟彦华. 历史文化城镇与可持续旅游［J］. 小城镇建设，2004(7).
❷ 保护文物建筑和历史地段的国际文献［M］. 陈志华编译. 台北：博远出版有限公司，1993.

表 5-2 《世界文化遗产公约》实施守则(草案)对真实性的界定

情感价值	文化价值	使用价值
惊叹称奇	文献的	功能的
认同性	历史的	经济的,包括旅游
延续性	考古的、古老和珍稀	教育的,包括展览
精神的和象征的	古人类学和文化人类学的	社会的
崇拜	审美的	政治的
	建筑艺术的	
	城市景观的	
	地景的和生态学的	
	科学的	

对历史性建筑群的真实性的价值作了分析之后,应该把它们排一个先后次序,把使用价值放在太过靠前的位置可能会危及历史地段的统一性,忽略保护工作和现场的环境❶。

尽量保护小城镇所依存的各种历史信息,包括小镇的历史文化、民风民俗、整体风貌等。要重点把握以下原则:

1)存古、复古、创古相结合原则:存古即对古文物的保护,复古主要是指在精心设计、充分传承文脉的基础上进行复建,创古则是"按照城市内在的发展规律,顺应城市肌理,在可持续发展的基础上,探索城市的更新与发展"。这一理论在北京市的菊儿胡同、苏州"十全街"改造时得到成功实践。同样,这一理论也适合小城镇历史文化资源的恢复开发与建设。但无论是存古、复古,还是创古,都要坚持梁思成先生提出的"延年益寿"思想,即"整旧如故,以存其真"的原则,防止对文物古迹进行"大修大整"。❷

2)"废墟文化"保护:所谓废墟文化保护是指对不同时代的变故,如战争的破坏、历史维修的痕迹、文化变迁的演绎、突发性事件的留痕和岁月气候的蚀刻,都尽量地予以保留,不要随意更改或修复,它强调的就是原汁原味的文化,是任何复原品都无法取代的。

3)融合式开发:很多古镇完整保留了历史的信息并延续着传统的生活,而当地居民的传统生活方式对于古镇历史信息的完整性表达起着至关重要的作用。融合式开发即居民生活与旅游开发并存,以本地人的日常生活为文化旅游资源的有机组成部分,注重挖掘其拥有的优秀文化和产业文化等要素,如庙会文化、民俗文化、祭祀文化、传统手工业文化等,开发出游客能亲身体验的文化旅游产品。

---

❶ 保护文物建筑和历史地段的国际文献 [M]. 陈志华编译. 台北:博远出版有限公司, 1993.
❷ 仇保兴. 中国城镇化——机遇与挑战 [M]. 北京:中国建筑工业出版社, 2004.

（2）整体保护原则

整体保护原则包括两层含义：一是不仅要加强古镇有形旅游资源的保护和开发，而且要加强风俗习惯、传统文化等无形旅游资源的保护和开发；二是在有形旅游资源保护过程中，不仅要加强历史古迹、古街区的保护，还要加强古镇的历史格局、整体风貌及内外环境的保护，分层次、分门类地对其进行定期维修和整治。

（3）可持续性原则

包括以下几个要点：对现在维修的历史文物，维修的材料和方式应是可以识别、可以清除的，以免造成不可逆的破坏。对目前尚不能进行有效修复的历史文物，可采取掩埋性保护的方法，以利后人采取更先进的技术对其进行维修保养。❶

保护古城传统街区的原生性、真实性，就是要保护古城街区所构成的有特色的城市意象，从物质形体上看，这些城市意象分别表现为：❷

1）由街道网和地块划分决定的城市形式；

2）城市内的建筑与其他部分，比如空地、绿地之间的关系；

3）由结构、体块、风格、尺度、材料、色彩和装饰所决定的建筑物的具体形式和总体风貌（内部和外部）；

4）城市与它的自然的和人造的环境的关系；

5）城市在历史中形成的功能使命。

对这些价值的任何损坏都会混淆并搅乱这一历史城市内的街区的原生性、真实性。

（4）公众参与和立法保护原则

1）必须坚持公众参与

保护历史性城市民居环境或城区，首先关系到它们的居民，因此在保护与更新中，尤其不能缺少的环节是切切实实的公众参与（Public Participation），应该充分认识到它的重要性。

公众参与，其实质就是一种让众多的市民能够参加到那些与他们的生活环境息息相关的保护政策和保护规划的制定与决策过程中去的方法和途径，它是一种制度性的社会活动。市民不仅应参与到各项城市居民的活动中，而且还应直接参与到城市规划、民居保护的实践中。H. L. Gamham 在《保持场所精神——城镇特色保护的过程》中提到的情况就是以专家和市民共同组成工作小组，从资料搜集、情况分析、方案比较到研究决策整个过程中，自始至终进行着不同形式、不同规模的公众参与活动。

---

❶ 仇保兴. 中国城镇化——机遇与挑战 [M]. 北京：中国建筑工业出版社，2004.
❷ 马海东. 近20年来苏州古城传统街区保护与更新的研究 [D]，2003.

由城镇大众、社区居民主导，政府与专家给予适当协助，"自下而上"推动家园建设和历史环境保护，由于其社会基础越来越被公众接受，居民的作用对城市和街区的历史记忆（Historical Memory）是没有替代性（Alternative）的，公众参与使得城市设计能够顺利推行和实施，并延续个性化的社区环境和邻里关系。

2）要重视立法保护工作

与公众参与同样重要的就是要通过立法保护历史民居环境。我国目前还没有一部有关历史城市保护的法规，《文物保护法》中有关文物建筑、名胜古迹的保护条款，多是博物馆式保存的要求，历史文化名城的公布也未有明确的标准、程序和保护要求。1990 年 4 月 1 日开始实施的《城市规划法》中也只有一句：编制城市规划应当注意"保护历史文化遗产、城市传统风貌、地方特色和自然景观"。近年来国内在城市建设和旧城改造中，对旧城区和历史街区大规模的拆毁无法得到及时制止，一个很重要的原因就是缺乏法律依据，因此，迫切地需要进行历史环境保护的立法工作。古城街区的保护与更新是一个过程，在这个过程中，要把地方居民的主体性建立起来。城市文化其实是一种社区共同体文化，因为是一个文化，所以它对时间、空间和对人的看法是不同的：在空间上要求是适宜居住的；对时间要求是可持续发展的；对人的要求是参与性的。因此，保护的过程就是一个地区居民主体性的重建过程。实现规划所必须的公共管制力量，要从加强现有的管理力量开始，扩大到完全由新的地方自治、新区自治的力量来代替。❶

（5）与干预相关的一些原则❶

对历史性城市民居或城区的干预（Intervention）必须十分谨慎，讲究方法并且一丝不苟，要避免武断，要考虑每一个案例的特殊问题。在操作中可以参照《世界文化遗产公约》实施守则（草案）的一些规定：

1）建筑物在任何一种干预（intervention）之前的状态和处理中所采取的所有方法和材料都必须充分完全地记录下来。

2）历史见证决不可破坏、失真或去掉。

3）任何干预都必须是最低限度必要的。

4）任何干预都必须不折不扣地尊重文物的历史的、审美的和体形的完整性。

一切建议的干预必须：

1）如果在技术上可能，应是可逆的。

2）至少不妨碍将来有必要时采取的干预。

3）不妨碍以后观察该文物所携带的全部历史见证的可能性。

4）最大限度地保存原有的材料。

---

❶ 马海东. 近 20 年来苏州古城传统街区保护与更新的研究［D］. 清华大学硕士学位论文，2003.

5) 如必须增添材料时，应在颜色、色调、表质、外形和尺度上和谐，但不能比原有材料引人注意，同时又是可以识别的。

6) 不可以由未经过足够训练的或没有足够经验的保护工作者来做，除非他们得到了可靠的指示。必须知道，有些问题是独一无二的，需要根据原则摸索着去做。

(6) 展示性和参与性相结合的原则

历史文化类小城镇既具有文物古迹旅游资源的特点，又兼有社会风情旅游资源的特点，它是一个综合体，需以人、人的生产和生活为载体进行展示方能感受到。目前历史文化旅游资源的开发以静态展示和陈列为主，很多游客游览后觉得景观单调、回味不足，这就是心理学上所谓的"视觉疲劳"。必须将展示与参与相结合，才能激活原来的静态文化主题，达到人与自然、人与文化的互动感应，也才能领略到历史文化的真正内涵。因此在开发时应注意从"时间——历史的文脉"和"地区——环境的文脉"两个方面挖掘历史文化小城镇的内涵，把悠久的传统文化展现在旅游者面前，但这些文化旅游产品必须是易识别、易感受、易参与的。在古镇旅游资源开发过程中重点挖掘古镇民俗文化中可供参与体验的内容，包括传统食品的制作、传统手工艺的制作、传统服饰的制作、传统婚礼仪俗的体验和传统体育项目的参与。如乌镇开发了弹棉花、织土布等参与性项目，取得了较好的效果。乌镇的香市、周庄的国际旅游节、同里的围棋节也都使更多旅游者体验了古镇浓郁的民俗文化。

5.4.1.5 历史文化类小城镇旅游资源保护和开发利用方向

该类小城镇旅游资源的开发应加强旅游资源保护力度，作为主体的旅游资源一般环境容量有限，而且易被破坏，故此，保护与利用的矛盾突出。我国的古镇建筑一般是木结构或砖(石)木结构，不易保护，却极易破坏！另外，我国的保存较完好的古镇除了旅游价值外，还有文化价值、历史价值、社会价值等，在开发利用过程中需要很好地处理保护与利用的关系。也就是说，在评价其旅游资源价值的同时，要充分评估其开发利用条件和环境容量。

(1) 古镇旅游资源的开发要放在区域大背景之中

我国历史悠久，各地遗留下来的古镇不少，同一区域中的古镇在建筑风格与布局、古镇风貌等方面有较多相似之处。因此，对古镇的旅游资源开发要充分考虑其区域背景和市场规模，避免因市场规模不够而产生古镇开发过多与重复建设造成的资金浪费现象。如长江三角洲地区，除了已经开发利用的江南6个古镇外，还有很多其他古镇正在开发，如无锡的惠山古镇、台州的蟠滩古镇等；处于湘西的洪江古商城，在其所在的湘西和临近的黔东地区、桂东北地区，有保存较好的古镇20多座，如果同时开发，势必产生盲目竞争和市场门槛不够的问题。

(2) 加强对历史文化资源的调查工作

各地区应对现有历史文化城镇进行普查，对历史文化城镇的资源开发和保护现状有一个比较全面的了解。应以建设部和文化部等政府管理部门为主,对现有历史文化城镇进行调查,制定出相应的保护和开发利用规划,重点协调好保护和开发利用之间的关系❶。

(3) 从各个层次加强古镇旅游资源的保护和开发利用

国家对历史文化保护的方针是"保护为主、抢救第一",指导思想是"有效保护、合理利用、加强管理",都把保护放在第一位。古镇旅游资源的开发利用也必须以保护为前提进行,首先要抓好以下几方面的保护:

1) 古镇整体风貌与环境氛围的保护

旅游地意象空间是指由于旅游地环境对旅游者影响而使旅游者产生对旅游地环境直接或间接的经验的认识空间,是旅游者的"主观环境"空间。

2) 古镇周边自然环境的保护

很多历史文化小城镇,周边的山脉水系和森林湖泊等自然景观,是旅游资源体系的重要组成部分。如金华市诸葛村,是诸葛亮的后裔按八卦图所建,处于8个小山头的环抱中,整个地形和村庄建筑像一个八卦群,与大自然融合在一起;武义县的俞源镇,其建筑与周边的山脉、河流和田野正好构成了一个非常奇妙的太极图。很多著名城镇的整体意象都与周边自然环境形成高度融合,周边环境成为小城镇历史风貌的重要组成部分,因此古镇周边自然环境的保护问题不容忽视。

3) 古镇空间格局的保护

通过对地方志等史料的研究,弄清历史上城镇的面貌及演变过程,在规划建设时尽量保持小城镇传统的历史格局,并对已经失去的部分作适当恢复。

4) 传统街区与重要节点的保护

传统街区和节点是历史沿袭下来的思想、道德、风俗、艺术的载体,反映了城市的总体脉络,其开发利用应以积极利用为前提,采取小规模、渐进式地有机更新策略进行传统街区的整治、改造与更新。

5) 重点院落与建筑单体的保护

这些院落与建筑往往是小城镇中的标志物,包含有丰富的历史遗存信息,对小城镇的形象树立起着至关重要的作用,因此这些重要的旅游资源单体应成为近期保护和修复的重点。

6) 古镇传统的挖掘与发展

古镇传统的地方风俗、民间礼仪、节庆活动、民间健身活动、地方饮食、地方手工艺品、特色服饰和传统商业功能等传统文化资源,是构成城镇传统风格和

---

❶ 潘晓棠. 历史文化村镇的保护与发展——访古建筑保护专家罗哲文先生 [J]. 小城镇建设, 2004(7): 4-6.

地方特色的重要内容，它与城镇物质文化资源相辅相成，共同构成地区传统的文化内容，因此应该重点对其进行收集、研究、整理和恢复。

7) 实施重点保护

对一些形态典型的地区划定保护区范围加以强制保护，实现控制性规划和开发，严格保护其主体，整治周边环境。而对一些不太典型的地区，可适当结合旅游的发展进行特色创新，融入一定的时代特色。

另外，应当在划分不同层次的基础上对旅游资源进行科学开发与挖掘。这些层次包括：

A. 宏观层次：古镇历史文化的挖掘与整体展示。

B. 中观层次：古镇的区位解说、功能特点与环境展示。

C. 中微观层次：古镇的规划布局与建筑特色。

D. 微观层次：宅院会馆等代表性景点的展示方式及可移动文物的展示。

E. 景点历史传说的发掘与解说，探索乡土文化背景。

F. 场景演绎。

G. 民俗等非物质文化的挖掘与展示。

H. 旅游线路设计。

(4) 采取保留式开发原则

保留式开发也叫有限开发，就是对古镇旅游资源有保留地开发，切忌"一哄而上，全面开花"。时下人们看到古镇旅游的巨大经济效益，很容易产生急功近利的思想，造成重复开发和建设。保留式开发就是选择开发条件较好、能产生示范效应的古镇进行开发，待时机成熟后再开发其他古镇。保留式开发的另一层含义是指，对要开发的古镇中的某些部分暂不开发，暂不开发并不是不开发，而是为了更好地保护古镇。❶

(5) 加强古镇保护措施的落实

古镇保护不力的重要原因之一就是保护措施不到位，旅游者、经营者、居民，甚至有不少决策者根本没有执行相关的法规。所以，首先应加强保护宣传，有了法规和条例，不宣传等于没有，古镇可以利用报纸、电视、广播、宣传招帖、横幅，甚至可以在景点宣传的小册子、门票和旅游图上广泛宣传《文物保护法》、《环境保护法》及当地政府制定的《古镇保护条例》，强调古镇保护的好坏与他们的切身利益息息相关；其次，应该在宣传的基础上严格执法，违法不追究也等于没有法规，应当成立执法大队，监督居民、旅游经营者的行为，确保古镇保护措施的到位。

总之，古镇旅游开发与古镇保护是相互依存的，没有古镇保护就没有旅游吸

---

❶ 田喜洲. 巴渝古镇旅游开发与保护探讨 [J]. 重庆建筑大学学报，2002(6).

引物可言，不进行旅游开发，古镇保护又缺少物质保证，实际上资源的合理开发是一种最好的保护。我们既不能脱离国家和地方的现有条件、水平和需要，离开经济建设和旅游业发展，单纯强调古镇资源的保护；又不能片面追求经济利益，忽视对古镇资源的保护，更不能以牺牲文物和环境为代价，去换取一时的经济效益。❶

(6) 历史文化城镇的环境承载力

我国目前历史文化城镇的旅游压力不可能被动等待旅游业自我完善来消除，无论是遗产保护规划，抑或是城镇发展规划，都需要及早做出决策，尽可能避免与旅游开发相伴而来的损失。决策的重点应当集中于一个关键问题：如何把开发程度控制在一个可持续的水准上，也就是说，必须把游客容量限制在环境承载力允许的范围以内。

目前，国外和国内关于环境承载力的研究都取得许多成果。结合生态环境承载力和风景区环境承载力领域的研究成果，并根据 ICOMOS 的《世界文化旅游宪章》的建议，我们可以建立以下指标作为历史文化城镇的环境承载力的确定标准：

遗产承载力：指游客在遗产地的活动不对任何遗存造成破坏的情况下，该城镇所能承受的旅游活动强度。

生态承载力：指历史文化城镇的自然生态系统及其要素保持持续生存能力而不受损害的前提下，该城镇所能承受的旅游活动强度。

物质承载力：由历史文化城镇内用于旅游的各项服务设施所能提供的服务量而决定的游客量。

社会承载力：历史文化城镇的居民所能承受的由于旅游开发而带来的环境、文化和社会经济影响的程度。

空间承载力：由开放空间大小和平均游客满意度决定的容量。

假设每位游客在各方面产生的影响（消耗、需求）均一致，则以上各种承载力均可以取"人/日"为单位的日承载力或"人"为单位的瞬时承载力。根据"木桶效应"的原理，比较各项后取最小值作为历史文化城镇的环境承载力。

确定环境承载力之后，与每个历史文化城镇当前的游客量进行对比，游客容量控制与管理上就会得到适载、超载和弱载三种可能。那么，该如何进行调控，才能保证游客量尽可能接近但不超过环境承载力的最大值，而且在时间轴上（包括时刻和日期）均衡分布？当然，其前提在于既不妨碍遗产的保护，还能确保游客得到高品质的参观感受，这也正是游客容量控制的目标所在。虽然不可能完全实现，但的确有一些可供使用的方法，总体上可分为：售票管理、分组游览、限时参观、交通限制、降低游客密度等。下面对后两种方案的应用分别加以简单

---

❶ 田喜洲. 论古镇旅游开发中的问题与对策［J］. 社会科学家，2004(2).

讨论。

交通调控——首先，历史文化城镇不应当片面追求客运能力的无限扩大，而是需要限定游客进入城镇的交通方式，至少应当对游客进入的主要交通模式进行规划。其次，在城镇内部可以使用特殊的或传统的交通工具，如马车、人力车、游艇、电动高尔夫车和小型有轨电车等，既可以降低废气排放量，又能够通过调整车次和运载量来控制不同区域的游客容量，而且游客也会喜欢它们的特殊感觉。为了有效地操作，需要规划和设计特殊的交通站，并考虑不同交通工具的特点（比如马车的卫生清洁要求以及容易造成灰尘的不利因素）。另外，当地政府应当控制各种交通运营商的执照，以便控制其总体数量和运营方式，并监测其服务质量。

游客密度调控——通过开发邻近的景点或者增加城镇内的旅游设施来引导游客的行程，前者的适用性是显而易见的，所以我们主要讨论下列与后者有关的两方面问题：

1) 在城镇内增加的旅游设施通常包括公园、绿地、旅游展示中心等，其有效程度取决于该设施对游客的分流能力。为了实现这个目标，尽管有时可以采取强行控制的方案，但寻求较自然的办法来引导游客行动无疑是更好的途径，可以选择如下策略：

A. 将其位置设于各售票点附近，最好兼有游客接待的功能；

B. 提供丰富而有吸引力的节目，并依据需要合理安排节目时间；

C. 尽量利用新建设施为游客提供观景的场所，包括保持与原有景区之间的视线通廊以及城镇周围的其他景观。

2) 为了避免建设性破坏，需要首先制定总体规划，在规划中对新建设施的选址、方案设计及施工进行必要的规定，比如：

A. 确定允许建设的场址、建设类型以及占地面积和建筑体量；

B. 应当与当地的文化特色和景观特色相容，避免在自然景区和遗产地使用现代园林、仿古建筑、大型广场等设计手法；

C. 规定建筑的高度和屋顶形式，应当精确地限制屋顶的最高点、坡度以及可以选择的色彩；

D. 提倡生态建筑设计，尽量使用本地材料，尽量保持较低的维护费用和运行费用，并确保排污系统不构成危害；

E. 选择使用节约劳动力、减少环境影响的施工方案。

1995年的《可持续旅游的宪章》与1999年世界旅游日的主题都寓示："旅游就像一把火，它可以烹熟你的菜肴，却也可能烧毁你的家园。"可持续发展理念的基础就在于，人类已经认识到环境的人口承载力、生态的自组织能力和环境自净能力都是有限的。因此，历史文化城镇的旅游并非如旅游业曾经期望的那样是

"永远的朝阳",是"无烟产业",历史文化城镇的文化资源和生态资源也并非"不存在耗竭问题"。所以,在开发任何历史文化城镇之前,首先制定符合可持续要求的总体规划是必要而明智的决策。❶

5.4.1.6 历史文化类小城镇旅游资源中文物古迹的保护❷

通过对小城镇类型的分析,可将小城镇建设中文物古迹和历史环境保护分为4个层次:文物古迹单体的保护、历史地段的保护、古城镇整体的保护及小城镇地方民俗和文化特色的保护。

(1) 文物古迹单体的保护

小城镇开发建设,有相当数量是在原有旧城镇基础上进行的,这些旧城镇,或多或少还保留着一些文物古迹和古建筑,尤其是具有标志性的古建筑,如城墙、城门、钟楼、鼓楼或较大型的庙宇寺院等,它们如同古城的眉目,对小城镇的形象起着至关重要的作用。

1) 保护的内容

文物古迹单体大体可分为古建筑、遗址及非建筑三类:

第一类:历史文物建筑、古建筑、历史纪念建筑,具有各种文化意义的建筑物和构筑物,在城镇规划和城镇发展上具有意义的建筑物和构筑物,具有重大意义的近现代建筑物和构筑物。

第二类:古文化遗址、遗迹,比较集中的文物古迹地段以及尚未完全探明的地下历史遗存。

第三类:古典园林、风景名胜、古树名木及特色植物。

在保护中,既要注意地面上可见的文物,又要注意埋藏在地下的文化和遗址;既要注意古代的文物,又要注意近代具有代表性的建筑及革命纪念地;既要注意已经定级的重点文物保护单位,又要注意尚未定级而确有价值的文物古迹。对它们在普查的基础上抓紧定级,经论证无须保有原形的可采取建立标志或资料存档等方式妥善处理。

对文物古迹的保护包括文物建筑本身的保护和建筑艺术环境的保护,在保护中应充分发挥其在新的城镇空间与景观中的场所认同作用,同时考虑赋予它们新的使用功能。

2) 文物建筑的保护

A. 冻结保护

即将保护对象原封不动地保护起来,允许必要的修缮和加固,但必须以不改变原貌为前提,并且修复和增添的部分应该是可以识别的,即所谓"整旧如旧"

---

❶ 赵云,钟彦华. 历史文化城镇与可持续旅游 [J]. 小城镇建设,2004(7).
❷ 梁玲玲. 小城镇建设中文物古迹保护研究 [D]. 河北农业大学硕士学位论文,2001.

原则。

　　著名的《威尼斯宪章》总结了欧洲各国的经验和教训，提出了修复的方法和原则，并逐渐成为欧洲及世界各国公认的准则。一是真实性原则，规定保护历史的原物，反对一切形式的伪造，修复一定要有完整的详细的资料，尤其是对于具有较高考古价值和历史文献价值的文物建筑（重点级文物保护单位），在进行修复工作时，人们特别强调对其进行全面的考古和历史研究，特别要尊重原始资料和确凿的考古证据，而不能有丝毫的臆断；二是保存全历史信息原则，观赏一个文物建筑如同阅读一部历史的书，要读出各个时代留下的痕迹，看出各个时代的叠加物；三是识别原则，修复时的添加物要与整体和谐，但又要和原来的部分有明显的区别，使人们能够识别哪些是修复的当代的东西，哪些是过去的痕迹；四是可逆性原则，即加固和维护措施应尽可能地少，而且不应妨碍以后应采取更有效地保护措施。这种保护观念，对于砖、石类建筑的保护有直接的借鉴价值。"新"与"旧"划清界限显然更加有助于强调"古"的感染和文化氛围，通过强烈明确的对比，古建筑（或遗迹）本身会产生更加真实和动人的历史感，从而也就能更有力地表现固有的文化价值和感情价值。另外，还应注意对尚未探明的地下历史遗存的存在区域采用"冻结"保护方式，即在该区域不再建造任何永久性的建筑物，已建造的建筑不再更新或增建，以便给今后进一步的研究挖掘减少阻力和经济损失，以保证地下遗存不再受到进一步的人为破坏。

　　B. 重复和重修

　　现代西方的观点认为：如果建筑及其环境目前已无使用功能，则作为建筑遗址保留，不复原；如果它们仍在被利用，则须进行修复，维持原有使用方法或相近方法，对重建一般持否定态度。在中国，复原与重建几乎是被同等对待的。历史上有一些十分重要的建筑物，由于各种原因已被毁，但它们对于地方特征却是至关重要的，起着象征性作用。有选择地重建一些具有重要意义的历史建筑，使中断的城镇历史文化延续，不失为保护历史建筑的一种有效方式，因此在条件允许的情况下，是有必要重建的。中国的传统建筑，绝大多数是木结构的，发展几千年，到后来几经定型，一代代传下来，其变化只体现在局部上，而局部上那些手法的变化又主要是随着观念的转变而发生的，基本上不存在遗失的感受。同时，因为木结构是不耐久的，古时代的建筑总是在人们眼前慢慢消亡，人们也就顺应和接受了这一过程。这使重建成为可能，并视其具有的文化价值、历史价值、现实经济价值、观赏价值和教育意义等而定，其中又以经济价值和教育意义作为古建复原和遗址重建的重要动机。在重建的过程中，一般总是或多或少地加入当时时代的手法、材料或技术的印迹，人们不太追求对原来形态、结构的彻底保留，而自然而然地加入新的东西，体现出理性和浪漫的交织。但重建必须谨慎，因为重建必然失去历史的真实性，有许多情况，保存遗迹更有价值。复原和重建的对象一般可为城墙、陵墓、名人雅居的遗迹或宗教崇拜的庙宇。

C. 迁移保护

严格地说，文物建筑是不能搬迁的。但一些客观现实又迫使我们不得不把搬迁作为文物建筑保护的一种办法选择，随着经济的发展和交通的变化，对于分散和零星的建筑，如在城镇建设中影响城镇功能，严重影响城镇的正常运行，阻碍城镇发展的，或是原址对其保护不利的，可以在规划上相应划出一块地段作为一些比较有价值的文物建筑的迁移安置地，照原样建成独特风格的古建小区。文物迁移重建时有着严格的要求，如：尽可能大块地原状迁移与编号；重建时按编号复原；重建的文物古迹不仅要求完全恢复单体原状，同时也要求重建的环境尽最大可能与原环境相似等。例如河北省平山县西柏坡中共中央旧址，位于岗南水库淹没区内，于1971年迁至北面的山坡上新址复原。

D. 使用中求保护

保护和利用相结合，已成为历史性建筑保护的重要原则。早在19世纪中叶，法国文物建筑保护理论的奠基人维奥勒·杜克（Violet Le Due）曾说过："保护文物建筑的一个好方法就是给它找一个合适的用途，好好地满足这个用途的各种需要，条件是不改动它。"绝对不能因为使用需要去改变文物建筑原有的空间形态、建筑格局和原有的装饰色彩，包括主要的、大的环境因素。

a. 继续它原有的用途和功能。经过修缮的古建筑，某种程度上说破损的古建筑有了被再利用的可能，按照古建筑的初始功能进行与之相关的再利用，会提高古建筑的价值。这种方式意味着对古建筑最少量的变更，有利于保护建筑各方面的价值和降低费用，是最好的方式。国外的绝大多数宗教建筑及一部分行政建筑、部分王宫都属于这一类型，在我国小城镇中，寺庙可采用这种方式。

b. 改变其使用性质，为现代服务。对于已经失去原有功能且等级较低的古迹点，可作如下处理，如：结合庙宇设置公园，结合戏台设置文娱活动场地，或作为小品使用，譬如绍兴某古建筑经过修整成为宾馆等。

c. 近年来，越来越多的一种方式是利用古迹点作为参观旅游的对象。对于古迹点较多且分散的地区，可采取开辟与公路有一定联系的小环路的规划方式，既从空间上限定保护区，又可使人们顺路观赏。河北省张家口市蔚县南留庄镇历史悠久，文物古迹较多，且多为非保护单位，如镇中的娘娘庙、关帝庙、真武庙、城堡门、戏楼、门氏五套大院等，尤其是俗称"九连环"的门氏五套大院，据传建于明代，布局严谨、主次分明，砖木结构，青砖筒瓦，砖雕彩绘，古朴典雅。在建设规划中，设计者结合路网布置，对这些文物古迹进行了保护和改造利用，使其完整地重现于世人面前：戏楼和娘娘庙与绿地结合，成为公共绿地的一个组成部分；真武庙用道路环绕，成为一个"环岛"，构成了道路的对景；对"九连环"周围的民房进行拆除或改造，同时控制新建住宅的高度，"九连环"内部的

住户考虑逐渐迁出,远期改为敬老院,对其进行统一的修整。规划中根据文物古迹的具体情况,或充分利用,或为人观赏,实现了使用中求保护。

E. 古建环境的保护

中国古建筑是一种人文性、文化性很强的形态,它与现代建筑几何变异的表现格格不入;由于矮小,也很难与高大体量的现代建筑对比,往往成了现代建筑旁的大盆景。当如翼的屋顶不再展翅于天空,当仙人走兽这些赞天的符号不再以天为"底",而被淹没在一堆包装盒子似的现代建筑中的时候,那么这种艺术的魅力也就死亡了。

传统建筑是一种很矮的环境,给城镇带来不可弥补的困难,在小城镇规划建设中,对于重点古建周围环境的处理,可通过下列途径处理:

a. 保护原味环境

中国的古代建筑十分讲究礼制,长幼有序、尊卑有别,群体布局、空间序列是表现主题烘托气氛的主要手段,要理解这些匠心所在。在城镇建设过程中,应尽可能地保持原文物环境和氛围,根据原设计意图和《文物保护法》,提出环境控制范围与建设要求:在保护范围内,不得进行其他建设工程;在建设控制地带内仿建、新建建筑物和构筑物,其建筑高度、尺度、比例、材料、色彩应予以严格控制,不得破坏文物建筑的环境风貌,并进一步明确这两个范围内的一切建设活动需审批的特殊程序——征得文物管理部门的同意。如:保护陵墓应该同神道、石象生一起保护,神道、石象生是陵墓的一个组成部分,它反映着陵墓主人的地位,反映陵墓的保护范围应从神道划起。同时保护其自然环境风貌,连同其周围的山峦背景等一概列入保护对象。

b. 隔离

在新老建筑间可用道路、树木等予以隔离,从空间上对保护范围做出较明确的限定。树木是一种奇妙和优美的环境因素,以姿态、高度、枝叶从视觉上调和与消除相邻之间的矛盾,这样不仅能为环境增色,也可以缓解城镇喧闹的气氛。尺度合宜的道路也可构成古建筑的保护距离,规模很小的古建筑个体可作为交通岛处理,成为美化街道景观的观赏性建筑,但应注意留以缓冲环境,防止交通污染对古建筑的影响。用绿化和环境使古建筑独立出来,构成保护界限,对于古建筑的隔离是最佳的物质环境,可有效地化解城镇景观形象上的矛盾。

c. 城镇环境中的重要建筑物如同文章中的标点符号,使城镇语言段落分明。古建筑在城镇骨架系统中可以起到标点城镇的作用,与环境相得益彰。当古建筑体量较小时,可将其置于构图中心,或置于中轴线上等类似手法,将古建筑组织到城镇整体环境中,使之不失其自身独有的地位和个性。

d. 新老建筑的协调方法

一个是仿古延伸:在传统建筑环境中添加新建筑,常用手段是对历史建筑的模仿。通过对传统建筑实体、空间与文化内涵的理解，对传统建筑间接模仿，这是协调历史与现代建筑之间关系最容易的手段。如利用统一的建筑材料、协调的色彩以及同一装饰母体等手段，对古建筑环境进行扩展，以仿古形式创造一个有利于古建筑保存的环境，使新建筑不突出个性并能形成连续的背景，以衬托古建筑的特色。国内比较风行的古迹点延伸仿古小城镇即属于此类手法。不过，以环境的仿古来维护真古迹的存在环境，仍是一种静态的方法。

另一个是对比和谐：运用构图规律的对比手法达到统一，包括垂直与水平、高与低、虚与实、轻与重、动与静、粗糙与光洁、直线与曲线等的对比。简单地说，就是采用与传统风格截然不同的艺术表现形式，这种形式非常具有时代感，但它并不是随意表现，而是针对具体的时空脉络，顺应自然孕育而成。在欧洲和日本的城市中，一些现代化的商业大街上，古建筑和现代建筑相映成趣，具有历史延续感，以现代建筑完整的体量和简洁的立面处理来衬托传统建筑的清雅、柔美。新建筑色彩宜平淡，不宜采用过多装饰与繁琐的笔法。如苏州汇丰大楼的设计就是以简练的手笔、符号化的语言，使现代功能与传统文化融为一体，成为环境的有机组成部分。

(2) 历史地段的保护

"历史地段的保护"总是与城镇的发展建设息息相关。城镇是一个文化生态系统，新陈代谢是一个永恒的规律，城镇的平衡发展就体现在贯穿于过去、现在和未来的生生不息的成长和繁衍过程中。这就决定了"历史地段"的保护不同于单个文物古迹博物馆式收藏，即"让历史'凝固'那样的保护"，它是为了使蕴藏历史风貌的特定地段能"延年益寿"。它的保护不是切断自身的发展，而是通过规划的引导与制度的调换，让发展的脚步更为稳妥，历史地段的保护实质上是保护和更新的辩证统一。在许多具有历史传统的小城镇中，尽管大多数地段已被现代的居民区和商业区所取代，但仍有小片的传统街区保存下来，人们通过这些区域、地段，可以看到当年兴旺发达的景象，具有保留价值。

1) 概念

1986年，国务院在公布第二批国家级历史文化名城时，正式捭出了保护历史地段的概念，文件指出："对文物古迹比较集中，或能够完整地体现出某一历史时期传统风貌和民族地方特色的街区、建筑群、小镇、村落等也应予以保护，可根据它们的历史、科学、艺术价值，核定公布为地方各级历史文化保护区。"文件中所说需要予以保护的街区、建筑群等即为历史地段。历史地段是指在城镇历史文化上占有重要地位，并代表城镇文脉发展和反映城镇特色的地区。具有以下特点：

A. 具有浓郁的传统风貌。有历史典型性和鲜明的特色，能够反映城镇的历史风貌，代表城镇传统的特色。其中或许每一座建筑都够不上文物保护的级别，但从整体上看，却具有非常完整而浓郁的传统风貌，是这一地区历史活的见证。

B. 具有真实的建筑遗存。地区内的历史遗存，如建筑、街道及院墙、驳岸等是记载着历史信息的物质实体，而不是仿古的假古董，也不是恢复重建的。

C. 具有一定规模，并形成完整和协调的视觉效果。历史地段内应具有一定规模的居住人口，保留有传统的地方社会方式和社会结构，并是该地区和历史城镇社会生活的有机组成部分。历史地段应达到一定的建筑和用地规模，并在一定视觉领域内形成比较完整和协调的视觉效果，即历史真实性、生活真实性和风貌完整性。

总之，传统小城镇中的历史地段主要指历史上遗留下来的商业区、寺庙区、居住区和风景区等。

2) 保护的内容

A. 历史地段的城镇环境和体形特色的保护

a. 要保护和延续原有的空间结构和网络，其具体体现在传统的道路格局、河湖水系和山体地形等方面，历史地段的内部道路格局常常具有该地段乃至整个城镇的个性。

小城镇因当地的商品交易和集散而发展，商业街坊构成了城镇的轮廓，决定了城镇的外观和尺度，每个店铺和住宅都竭力争取沿街的立面，因而每家的沿街立面都较窄，彼此紧靠在一起，沿街道形成曲折而连续的城镇立面带。店铺和住宅本身只能向纵深发展，以满足使用空间的要求。行走在街巷里，街的立面景观像是徐徐展开的长卷，显现出随时间延展的视觉物，此时将目光转移到街巷的整体形象上，即可发现街巷立面丰富的视觉构成。街巷因其导向性和集散性，有效组织了小城镇居民的日常生活，也因其不规则性和复杂性，使小城镇更具魅力。

b. 要保护原有的空间尺度感觉，它包括建筑的体量高度和街道的宽度，显示着建筑物与外部空间的关系，是体现城镇肌理的重要组成部分。

c. 要保护空间的界面特征，包括建筑物的立面、屋顶、质感等。界面特征是重点关注的对象之一。因为场所认同可以通过空间安排和界面特征的分类加以确定，仅以空间来描述场所是不够的，相同的空间组织通过界定元素、边界、立面的不同处理手段，可能有非常不同的特性。

B. 居民生活环境的改善与地段功能的复兴

在弘扬城镇历史文化风貌的现代化城镇建设过程中，文物建筑的保护因其与城镇生活的分离特征而较好地得以实施。但现代城镇历史文化风貌的形成单靠文物建筑的保护是不够的，历史风貌的体察只有在人的日常生活中才能实现，历史环境也因有了人的存在和气息而更有意义。生活一方面构成了城镇历史文化风貌的基本内涵，另一方面又是历史地段在新陈代谢的过程中生存发展的根本动力。因此，历史地段的保护也要体现对现代生活的关怀。芒福德曾说过，城市最好的模式是关心人、陶冶人，它注重人的需要和人的尺度，任何城市都因为有了人才显得充满生机。

历史地段通常存在着设施老化、居住环境恶劣和居住人口流失等问题，在保护更新工作中，需特别注意。

改善居民的居住条件，除重点民居外，其他传统民居在保留建筑外观的同时，根据现代生活方式的要求，对内部进行改造：增加现代化厨卫设施，改善日照通风条件，适当进行装修；调整道路结构，改善街区内的给水、排水、电力、电信以及防灾等基础设施；对与古城功能和性质有冲突，影响环境质量与视觉景观的设施进行搬迁，对一些特点不显著的破损建筑给予拆除；适当增加广场绿地，以适当降低建筑密度和居住密度；根据一定的服务半径，增设各种生活及文化服务设施等。

为了地段复兴，借助于观光旅游活动的开展，要妥善设置停车场、旅店、观光中心及导游标志，充分考虑污水处理、垃圾存放等问题。

3) 保护的方法

历史地段的保护与文物建筑保护有根本的区别，文物建筑是在人居环境的新陈代谢过程中剥离人的生活的发展而得以保护下来的，历史地段的保护则有两种：其一，适应城镇新陈代谢的机制，保护其历史文化的风貌，并在改造与更新的努力中获得新生；其二，剥离人的现实生活，使其成为文物古迹区。对于后者只有采取全方位保护。

在小城镇现代化建设过程中，生活在历史地段中延续和发展，剥离是不可能的，因此历史地段的保护既要强调它的整体性，又要考虑到它的发展性。为了保证具体实施的可操作性，可依据建筑与环境的价值、质量、特点等因素，在历史地段中划分出三个层次，分别采取不同的处理方法。

第一层次——维护(Conservation)：对于历史地段中的文物保护单位或保存完好的建筑，在保护维修的基础上进行再开发，作为开展旅游和进行社会教育的场地。我国很多地区在历史地段内修建特色商业街、民俗博物馆等，都取得了很好的社会与经济效益。这一层次一般限制在较小的范围内。

第二层次——改建(Rehabilitation)：在历史地段中存在的普通的民宅、街巷等，由于时间的积累，都有不同程度的残损和衰落，或已不能适应现代生活的需要。因此，有必要在保持历史地段原有使用功能、空间组织和社会结构的基础上进行审慎的更新改造，保护和发展紧密结合是保证历史地段得以延续和再生的必要前提。

传统街道一般比较窄小，建筑层数较低(1~2层)，这种宜人的空间尺度成为一般传统街道的空间特征。在道路改造建设时，要充分考虑历史与现有城市形态特征，维持原有的道路格局，不要采用大拆大建、拓宽取直的做法，要维护好古城风貌和街巷空间的宜人尺度(Human Scale)，保持沿街建筑高度与路面宽度的良好比例关系。尽量不开大马路，并尽可能地通过交通组织和交通管制来疏导古城内的交通流量，缓解交通压力。有些标志物如桥、牌坊的街道，具有强烈的标识性，应认真保护。

第三层次——新建(Redevelopment)：在历史地段中，有些建筑在失去了修复价值的情况下，可以进行必要的插建和补建。但新建必须是慎重的，是在不能破坏整体环境的前提下进行的，同时也应对地区的历史文脉有所继承和发展。

《华盛顿宪章》中明确规定："当需要修建新建筑物或对现有建筑物改造时，应当尊重现有的空间布局，特别是在规模和地段大小方面，与周围环境和谐的现代因素的引入不要受到打击，因为这些特征能为这个地区增添光彩。"

"一个充满活力的街区总是既有新建筑又有旧建筑，而如果全是某一时期的建筑，只能说这个街区停止了生命。"对于非全方位保护的历史街区，为了不使残缺破损的遗迹太突兀孤立，可在环境中经过规划，添建一些衔接性的具有传统风貌的建筑物作为铺垫过渡，使其形成较完整的空间段落。

添建建筑的规模、体量不可过大过重，建筑物体量大小必须与街道格局和空间相适应，建筑间距应宜人适度，形式以保留建筑为蓝本加以成熟和地道的仿建；建筑群体的排列和组织宜起伏而忌多变，且忌统高、平板，使街巷空间保持自然发展而形成的特殊肌理；街道空间排列组织宜曲折、有进退，忌直白无变化，增添活跃的气氛和趣味性。

街道两侧的建筑设计，其材料、色彩、形式和尺度都要严格控制，预防发展旅游和商店建设带来的冲击和视觉环境污染(Visual Pollution of the Environment)现象发生，户外广告、门面、招牌宜采用传统形式与和谐色彩。

(3) 古城镇整体保护

小城镇中文物古迹的保护，不应仅仅停留在建筑单体和历史地段层面上，还需要建立在整体保护与发展系统规划的基础上。通过城镇总体布局拓展和功能结构调整，为城镇保护提供前提保证，而进行精心的城市设计则更能保护与强化历史环境的传统风貌和特色，可以妥善地处理好保护和发展的关系，减少小城镇现代化建设可能对历史环境和文物古迹造成的不良影响。

1) 整体结构的保护

许多传统小城镇是在漫长的岁月中自然发展起来的"自然城市"。在江南水乡，傍水而居、以水为街的城镇风貌是在长期的生活中形成的，人们的生活向水面敞开，建筑组团也顺应水势而并不过多考虑朝向等要求。北方的城镇则是采取以街道为主，以集市为中心的格局，人们的生活私密性较强，通常只有集市才是较开放的场所，建筑组团常常是依朝向而定的行列式布置；外观均具有强烈的整体感，多向的、层叠的、有机的和随机的并置，使每一部分都不可缺少，形成了从"地"、"城"、"门"而及"街巷",最后到"里"和"家"的区域层次。同时小城镇多以高密度、小体量的民居向街坊线形汇聚而成,在水平方向自由曲折地伸展,形成分区段的公共聚集场所。在小城镇空间里,从家庭、邻里到街道,熟悉的环境使人们有较强的亲近感和丰富感。在进行小城镇规划建设时要有意识地保留传统格局,使人们能够看到该城镇的历史面貌。

此类保护有下列方式:

A. 开辟新区,保护古城

开辟新区,逐渐拉开城镇布局,减轻旧城的压力,是当前协调名城保护和经济发展的一项重要抉择,对处理好古城的保护和发展具有战略意义。城镇的发展、人口的增长、经济活动的拓展、城镇规模的扩大和交通流量的增加,均对业已处于饱和状态的旧城构成巨大威胁。这时从城镇规划上开辟新的区域,将新的建设和体现城镇现代化的新功能引向城外新区,则在规划布局上就为保护创造了有利的先决条件,使保护与发展各得其所。古城区的保护以保护性为前提,遵循保护的观念与原则。新城区的发展可不受古城风貌与格局的制约与影响,但不能脱离传统文化而盲目进行,应与古城区一起,在新的生活形态和新的技术水平下继续发扬地方传统文化的精神内涵,营造特定的文化氛围。主要类型有新城围绕旧城发展型、新城在旧城的一侧或几侧发展型、旧城和新城完全脱开型。

保护历史文化遗产和改善居民生活是两个同等重要的问题。在国外已有不少历史城镇采取这种方式。在我国,一些有条件的历史文化名城在经过几年的实践之后采取了开辟新区、另建新城的方式,如辽宁兴城、陕西韩城、山西平遥等。平遥采取全面整治新区建设的措施来缓解古城的矛盾,改善居住环境,其保护规划在遵循城市总体规划的前提下,对城市的布局结构进行调整,目的在于保护古城外部空间环境和生态环境,形成良好的城市布局结构,使古城不被新区发展所包围。整个城市形成古城区、西关区、东关区和城南区,各区间以绿化、河川进行隔离,城北形成视野开阔区。

这种方法适用于历史文化名城、名镇中旧城区的保护,也适用于对有较大历史文化价值且保存完好的小镇进行整体保护,但采用另建新区的方式,一方面忽略和限制了老区的发展,另一方面也造成了土地的大量占用,应谨慎行事。

B. 保护道路网格局

主要是保护旧城的步行街道系统,这样的街道系统富有艺术情趣并适合人的尺度。目前可采用限制车辆交通,将原有道路改为单行线或辟为步行街和步行区等方法,一些有重要意义的历史性小城镇可作为步行城。在历史性城镇或地区,通常采用的方法是将文物古迹集中的地区或城镇传统空间格局集中体现的地区辟为步行区,机动车交通在外围环绕,步行路线与车行路线交汇处即步行区域的入口,设置停车场等交通停放、换乘服务设施。步行街区内部则由规划的游览路线将主要景物古迹串连起来。

2) 城镇轮廓线的保护

城镇轮廓线是作为"边沿"的空间形态而展现的,它由城镇众多实体包括人工和自然实体共同组成,有的称天际线:以天空为背景的一幢或一组建筑物以及其他物体的轮廓线或剪影为天际线(Skyline)。天际线是在成长过程中逐渐形成、演变和发展的。维持一个城镇独特的天际线及建筑物的高度,不仅合乎审美上的要求,同时对于一个城镇与居民之间形成的方向感与认同感等心理上的意义颇为重要。构成天际线的最小单位是建筑的天际线轮廓线。全国各地明显带有地域特征和文化特征的建筑构成了丰富、生动的天际线。小城镇建设步伐的加快会使城镇轮廓和天际线不断变化,从小城镇外部景观来说,它不像大城市那样难窥其余貌,从一定距离的公路、河道、田野上都可以较完整地看到城镇大致的轮廓线,所以对高耸的地标如古塔、拱桥、大树名木等应有意识地加以保护,使其成为环境的识别标志。为了保证历史文物建筑在城镇轮廓线中的地位,必须严格控制历史文物建筑周围环境和更新建筑物的高度,确保历史文物建筑的主导地位,体现出城镇对历史文化的尊重。

3) 自然环境的保护

小城镇的开发建设应全方位深入地着眼于整个地区的生态环境和历史环境的平衡发展,创造优美的小城镇景观生态。

A. 水文化的保护

许多小城镇的历史文化与水息息相关,如苏州地区的周庄古镇因水成街,人们傍水建屋,依水建市,前街后河,在河路相间,河、桥、街、店、宅相宜的布局下,形成了小桥流水的江南水乡格局。由于人的活动和影响,水已经不是纯自然景观,而成为城镇的文化景观。对于水系统的保护,在规划中可根据具体情况采取措施。如丽江水系保护严格规定不得改变河、沟、渠、井系统现状,保护现有水系免遭覆盖、改道、堵塞、缩小过水面积或占用;建设排污管道,严禁向河流排放污水和倾倒垃圾、废物,在河边的一定地段(如桥下)设置网状遮挡物,挡住水面上的浮游杂物;定期疏导河道,整治驳岸、护坡,拆除遮挡和覆盖主河道的建筑;河道两侧空地种植树木,以改善河道绿化,提高景观质量等。

B. 建筑周围环境的保护

城镇不能脱离自然环境而存在,不同的山川条件孕育了不同的城镇形态,一些特有的自然景物记录了地方特有的历史文化。结合文物景观进行绿化,采取"点、线、面"相结合的方式,提高保护范围的绿化覆盖率,调节气候,美化环境。同时,绿化具有一种奇特的天然的亲和力,能够不拘一格,同任何不同性质、特色的建筑与环境友好相处,达到非常协调、融洽的地步,此外,还起到向不同景观或不同建筑风格基调的过渡、转换的桥梁作用。被誉为绿色项链的合肥市环城公园是成功运用城市绿环保护生态环境和历史环境的佳例。合肥市在总体规划中利用古城墙遗址建设城市绿环,在绿环设计中,研究了古城墙遗址中有价值的遗迹、人物及事件,作为人文景观的构思来源;研究了各段地形特征及现状,从而创造各具特色的景区。环城公园不仅为居民提供了良好的游憩场所,也保护和展现了该城市具有丰富内涵的历史、文化,同时也为城市的景观、形象增添了特征。

C. 古树名木的保护

古城镇绿化历经沧桑现已保有不多,但更加珍贵的古树名木,本身就是城市历史的见证,应绝对加以保护。在建设规划中要为古树名木留出足够的生存空间,保护其原有的生态环境,并可通过挂牌说明的方式,引起人们的重视,自觉加以保护。

4) 历史环境的保护——图底关系的转换

环境保护是我国的一项基本国策,在保护好自然环境的同时,也要保护好历史环境。正如美国历史保护学者指出:"历史环境保护与自然环境保护是同一枚硬币的不同的两个面。"

运用格式塔心理学(Configuration)中,图(Figure)与底(Ground)的关系来分析现代建筑已为大家所熟悉,而图底关系转换的分析运用范围越来越广,在历史保护方面,可把巨大的纪念性建筑(Monument)看作"图",过去的保护多着眼于此,而自20世纪80年代以来,人们越来越重视对"底"的保护,也就是对传统民居和近现代建筑等构成的历史环境的保护。

我国城镇的主体形态从总体来看,有两个方面:一个是重点建筑,另一个是一般建筑。二者不可分割,缺一不可。高大的、占制高点的建筑,如钟鼓楼或城楼,可以说是重点建筑,民居则是一般建筑。民居建筑构成了小城镇的背景,是量最大的,反映了当地过去的人们如何对待当地的历史、文化、气候和其他自然条件。

在小城镇的发展过程中,民居建筑作为历史文化遗产的组成部分,应很好地保存下来。目前,小城镇民居保护主要存在下列问题:一是居住环境质量差,表现为外部年久失修,面貌残败,损害城镇形象;内部各类基础设施跟不上,人口密度过高,居民对保护存在抵触情绪。二是居民缺乏资金渠道,表现为改造量大,政府财力难以负担,开发经济效益不佳,因此对民居保护的积极性不高。

对于小城镇中传统民居的保护,应通过调查研究,采取区别对待方式:其一,对有保留价值的、反映地方特色居住文化的,可采取重点保护,如国家或省市有些历史名镇和古村像周庄、黟县、徽州等列为重点保护地区,成片成套地完整保护下来;其二,对有选择的重点保存下来,如一些名人故居和有纪念意义的民房旧宅,必要时还可采取移地保护的办法;其三,作为文物古迹协调区的、质量较差的民居,只要材料、建筑形式、体量等符合协调的原则,可采取拆除重建的方式;其四,对没有保留价值且破损不堪的,可任其自生自灭或拆掉改建。

举例来说,平遥古城现有四合院3797处,其中历史、文化价值较高的民居有400余处。这些保存完好、地方特色浓厚的四合院民居,构成了古城的整体风貌,是历史城镇的"底"。鉴于国家财力和现状的可能,规划在现状调查基础上提出40余处典型民居作重点保护。保护措施:在现状调查基础上尽快建立档案和挂牌,对其建筑布局、造型、特色、使用状况、居住人口、建筑年代及其历史背景等进行注册;严格保护其建筑造型、色彩、材料乃至每一构件,不得随意拆除和改动;制定典型民宅保护、维修、使用条例及法规,并发至各有关用户使之认真执行;减少现有居住人口,提高居住面积和设施标准:一类民宅每户人均建筑面积应大于 $35m^2$,二类民宅应大于 $25m^2$,由此而改善环境,为保护建筑创造条件。

丽江古城的民居建筑是纳西族建筑艺术和建筑风格的集中体现,它在纳西原始的井干式木楞房形式基础上,吸收融汇了汉、白、藏等民族建筑的一些特点而形成,古朴素雅,造型优美,组合灵活。规划中依据民居院落在历史、科学、文化、艺术价值上的高低和民族及地方特色的浓郁程度,对古城民居进行考察,将其中的46个院落划为重点保护民居,66个院落划为一般保护民居,已由政府挂牌。对于这些民居院落,在修复时应原址原样修复,不得改变原来结构、层次、布局、坐落、高度、材料、装饰铺地、朝向。没有列入重点保护及一般保护的民居,在修复建设时也要做到"修旧如旧、原貌恢复",保持建筑物的历史风貌和真实性。

(4) 地方民俗和文化特色的保护

《马丘比丘宪章》指出:"保护城市历史遗址和古迹的同时,还要继承一般的文化传统。"各地的乡土民俗、生活方式,传统的工艺特产和地方风味、饮食文化,有地方特色的诗歌、戏剧、舞蹈、音乐、绘画、雕刻、剪纸等远远超出具体时空范围的东西,是构成城镇、地区传统风格和地方特色的重要内容,是地方文化在建筑以外的体现,是地区传统文化的重要内容。

1) 挖掘历史文脉

在保护有形的文物古迹之外,更重要的是保护和发展无形物——文化内涵。文化是一个民族和一个地方所特有的,研究当地文化,挖掘历史文脉进行保护和延续,有助于小城镇的特色建设,使古老艺术焕发新的光彩,使新的建设融合丰富的传统文化和历史深度而具有历史感,从而使小城镇更具魅力。如很多小城镇每年都有庙会,但各地的庙会时间、形式和内容都有很大的不同,庙会上往往有各种各样的文化活动,可以从庙会文化中汲取营养。周庄保护了历史街区,挖掘历史文脉,至今仍保留了"讲茶"、"花快"、"划灯"等文化传统,使之大放异彩,每年吸引上百万的游客；丽江古城的价值，固然在她充满诗情的老市街和民居建筑，但更为可贵的是她拥有具有历史渊源的文化生活，包括生活模式，如语言、衣着、日常生活活动、仪典节庆、人际亲切的交往方式以及生活艺术的持续。地区用品的工艺美术、音乐、编织等，是活的文化，包含了一个民族、一个地区的真正的生活方式，而这些在世界各地的其他历史聚落中已很难看到。在丽江名城保护规划中就确定了保护民族语言；扶持纳西族古乐等民间艺术团体，并开展普及性、艺术性的艺术活动；保持优良传统的民族民间节庆、婚嫁、交际、礼节、风尚和运动；建立民族文化博物馆、东巴学校以及研究东巴文化机构；光大民族饮食文化、历史遗产文化、雪山绿水文化和东巴文化，沿袭具有代表性的传统的民族节日和民俗民风活动。

开展反映历史文脉的民间活动必须有相应的场地。由于特定的组织与约定俗成，相应的社会活动空间就会形成，应让这些记载人们社会历史活动的场地在现实生活中发挥作用，并在规划中给予体现。如云南省临沧地区耿马傣族佤族自治县西部的孟定镇中心的规划方案中，再现了赶摆（赶集）和浴洗的傣家民俗风情，除布置了赶集场所外，还利用南瓦河和水井设置洗浴场点。

2) 保存历史虚存

一些历史悠久的城镇，在经历经济停滞、生产力低下、社会不稳定和战乱频繁之后，现在衰落了，可见的建筑遗存已不多，但孕育它们的环境风貌犹存，大量的历史文化，传统习俗仍在民间流传，形成"口碑多，实在少"的历史文化虚存现象，虚存形态是文物建筑非实体的信息保存形态。在再现历史风貌、保护文化遗产和发展旅游事业方面与实存形态同等重要，为文物建筑的保护和信息的传递提供全面的保障。这些城镇在建设时，应该通过规划手段将一部分以虚存形式保存下来的历史文化有形化再现出来，达到与历史产生紧密联系的效果。强调对某地场所的历史说明，或简或繁，在有历史意义的地段，立一碑、一亭或一处小品，加以陈述。如江苏省吴江县同里镇，在各代名人故宅前一一挂牌介绍其历史，在小镇上行走会产生漫步于历史长廊之感，激发居民的自豪感和对所居地段的热爱，形成历史传统延续的软环境，对城镇历史文化保护至关重要。

3) 开发特色产品

对能够体现名城历史文化特性的古代重点艺术珍品，进行商品性复制开发、规模化生产，逐渐形成具有较高经济效益和社会效益的文化产业。

如保定的定窑陶瓷、曲阳石雕、涿州金丝挂毯和易水古砚均具有悠久历史，可结合旅游予以发展。再如湖南省凤凰县沱江古镇，逐步挖掘湘西特种手工艺品，如扎染、蜡染等，开设特种手工艺作坊，为发展旅游业服务。游客可自己操作，或设计图案代为制作，还可开设特种工艺品展销，同时扩大就业，促进地方性经济的全面发展,增强古镇自身活力,形成融生产、生活于一体的城镇综合体,达到以城养城的目的。

5.4.1.7 保护和开发利用的方式

一座城市的历史城区是在长期的历史进程中逐渐形成和发展起来的,并随着社会、经济和技术等条件的变化而演变。而随着中国城镇化发展进程的加速,传统古镇在这样的背景下如何保护和发展已成为必须解决的课题。

(1) 保护历史文化名镇的水系、道路、空间格局和传统文化

历史文化名镇的土地利用和各项建设必须有利于名镇的保护,延续名镇原有的历史文脉和传统风貌。例如江南古镇的民居重重叠叠,体现了平安悠长的生态意象,是古镇景观的重要元素,其中蕴涵着丰富的历史文化遗传信息。在江南古镇的旅游保护开发中,将这种遗传信息演绎为较强的历史解读性材料,可使人们更容易理解古镇的文脉,从而极大地提升古镇旅游保护开发中的文化内涵。❶ 在保护范围周边地区的建设必须与名镇风貌相协调,在保护范围内原有损害名镇风貌的建筑物、构筑物应当有计划地进行改造或者拆除。对近几年来所建造的某些风格不伦不类但结构完好的建筑,则采取改造外部面貌的方式,以达到与古镇的建筑风格协调,对影响视觉走廊和谐的部分(如炮楼、板式栏杆、卷闸门、拉闸门),则采取部分拆除或改造。❷

历史文化名镇应以旅游及文化为主要产业,不得影响名镇的保护,防止无序和过度开发,人文景观和历史遗迹的恢复必须有充分依据并组织专家论证,经规划行政主管部门和文物行政主管部门批准后实施。❸

一方面,要适当加大保护古建筑的力度:①采取措施,如涂抹防腐剂、防蛀剂,添置消防设施,防蛀、防火,减少自然风化,禁止人为破坏。②古镇的管理者也要不断学习旅游专业知识和文物保护专业知识,防止"好心做坏事"、"搞建设性破坏",因为有的领导热衷于搞某某一条街、修宾馆、建"面子工程"等。③古建筑确因年久失修需要修复时,也要修旧如旧,动作尽量慢,改一些,修一些,补一些,古建筑维修是使其延年益寿,而不是返老还童,要采用原材料、原工艺、原式样,要注意自然、历史、人文的和谐,还古镇以"古气",万不可焕然一新、富丽堂皇。❹

另一方面,要转变开发观念,提高文物建筑的效益。文物建筑保护不但是保护建筑本身,而且还要保护建筑物周围的空间,确保文物建筑及其周边地带的整

---

❶ 董波. 江南古镇旅游开发中的几个问题——以上海市练塘镇为例 [J]. 小城镇建设,2000(10).
❷ 汤品森. 古镇改造保护整体规划的思路与实施 [J]. 中外建筑,1998(4).
❸ 史建华等. 苏州古城的保护与更新 [M]. 南京:东南大学出版社,2003.
❹ 田喜洲. 论古镇旅游开发中的问题与对策 [J]. 社会科学家,2004-03,2004(2).

体性和协调性,例如建筑高度、层数、体量、造型、比例、色彩和效果等。尤其是文化属性应与文物建筑的文化主题相和谐,旅游开发不能以破坏文化遗产的文化氛围为代价。这样做既提高文物建筑在社会上的影响与品牌效应——知名度,又提高文物建筑的观众流量,有助于最终成为文化名胜或历史文化旅游区。目前的文物管理仍然偏重于保护技术,这与文物管理的体制和目标有关。换言之,若要把文物保护单位建设成为旅游景点,首先要拓展政府行政事业单位管理职能与文物保护管理观念,树立保护与利用之间的互动关系,而不是简单机械的先后程序关系。文物建筑的开发利用是一种高效的建设举措,现存的资源能利用而不利用,是资源的浪费和投资的损失,相反,文物建筑在为社会发挥作用的同时,也能够提高其自给的能力。❶

(2) 完善名镇(名村)保护法规和相关制度

对于历史文化名镇的保护,不仅要保护好其历史风貌和古村落,更要十分注重保护自然环境,因为古人在村镇选址时,都会选择山环水绕、风光秀丽的地方,这些地方的山脉水系、森林湖泊和自然景观都是历史文化名镇(名村)不可分割的有机组成部分。例如,金华市的诸葛村,正好在8个小山头的环抱之中,诸葛亮的后裔在700多年前在那里按八卦图建的村庄,较好地保存了历史自然风貌,整个地形和村庄建筑像一个八卦群,与大自然融合在一起。武义县的俞源镇,其建筑与周边的山脉、河流和田野也正好构成了一个非常奇妙的太极图,这个镇与周边的环境相依存,周边的环境实际上是这个镇历史风貌重要的组成部分。假如这个镇只保护建筑群,而把自然山水风貌全改变了,那就失去了遗产的价值。因此,任何规划建设和旅游开发都要服从于古镇古村的保护需要。只有服从于这些保护的原则,才能够使这些可以并能够持续增值的历史风貌和建筑不断地提供永不枯竭的财富,不断地增强其历史真实感和环境协调感。

不少旅游资源的破坏都是由于法制不健全和人为原因造成的。为了旅游业的可持续发展,必须通过立法手段来加强资源的保护,对破坏行为实行强制干涉和惩罚。旅游资源具有多样化的特点,人们难以制定全面的旅游资源保护法,但建国之后,我国先后颁布了不少直接或间接的与保护旅游资源有关的法律法规,如文物保护法、环境保护法、风景名胜区管理暂行条例等,它们已经在旅游资源的保护中起了一定的作用。在采取宣传、立法等预防性措施的同时,还应对损害和破坏旅游资源的单位和个人给予必要的严厉的行政处罚和经济处罚,对造成严重破坏者,还要追究其法律责任。❷

---

❶ 张伟强,陈玲,刘少和. 文物建筑保护与旅游开发协调发展及其对策 [J]. 热带地理,2004-06,24(2).

❷ 朱燕. 旅游型小城镇形象的规划设计研究——以重庆市域的旅游型小城镇为例 [D]. 重庆学硕士学位论文,2003.

5.4 旅游资源型小城镇

在很多旅游区,旅游管理条例颁布以后,旅游资源至今仍在遭受着这样或那样的人为破坏。究其原因,无外乎两点:一是对旅游业发展给旅游资源和环境带来的副作用认识不足;二是旅游资源和环境的保护宣传不够深入和广泛。针对这两点,可采取以下措施:

1) 纠正"旅游业是无烟工业"的错误观点,使人们正确认识旅游业带来的负面影响。事实告诉我们,旅游业并不是什么"无烟工业",作为一种产业,它也生产并排放废弃物污染环境,破坏旅游资源和生态环境。如果认识不到这一点,盲目乐观,不注意旅游资源和环境的保护,必将导致旅游资源的消亡和旅游区的毁灭,从而严重影响旅游业的可持续发展。❶

2) 加大宣传力度,提倡文明旅游,杜绝旅游污染。在宣传工作上,要认识到旅游资源的保护意识并不是一朝一夕所能建立起来的,需要长期的宣传教育工作。宣传教育活动的形式应该是大众所喜闻乐见的,譬如可以利用相声、小品等艺术表现形式使群众在哈哈一笑之中不知不觉接受旅游资源和环境保护的教育。还可以在旅游食品包装上,印上"请别随便抛弃我,我要回家"之类轻松活泼的保护性口号,以防止旅游垃圾污染。更可以在景区增加一些趣味性强、造型精美的垃圾箱,引导一些孩子将垃圾丢入箱中。

(3) 改善名镇(名村)人居环境及基础设施条件

一方面要调整聚落人口和建筑密度,适当地减少核心保护区内的居民数量,优化居民结构,拆除一些与历史风貌不协调的新建建筑,恢复传统建筑和风貌的本来面貌。另一方面也要进行必要的基础设施建设,比如给水排水、燃气、道路,其中道路的建设要使用当地的材料和当地的工艺,体现当地的文化特色,如云南的丽江古城采用当地的"五花石"作为街道的铺装材料就是好的典型。要控制名镇(名村)内的机动车辆的通行,合理布局停车场。另外,要对名镇(名村)及其周边环境的广告、商业标志、电力通信电缆、路标及街道装饰进行详细规划和控制,使它们与历史环境协调一致,避免形成视觉污染,造成对历史风貌的损害。

(4) 多渠道筹集名镇(名村)保护资金

一方面要加大地方各级政府的财政支持力度,每年要列支专款用于名镇(名村)的保护。另一方面要逐步建立名镇(名村)保护社会基金,鼓励社会团体和个人对名镇(名村)的保护进行资助,以扩大保护资金的筹集数量。

(5) 鼓励公众参与名镇(名村)保护

通过制定乡规民约,使公众认识到保护历史风貌和古建筑,就是保护子孙后代永不枯竭的、可持续发展的历史文化资源。同时动员公众对游客进行宣传教育

---

❶ 朱燕. 旅游型小城镇形象的规划设计研究——以重庆市域的旅游型小城镇为例 [D]. 重庆学硕士学位论文, 2003.

和监督,尽到保护的责任。

历史文化名镇(名村)的保护任重道远、艰难繁复,必须要学习国外历史文化名镇(名村)先进的保护理论,借鉴我国历史文化名城成熟的实践经验,在城镇化和旅游高潮中,探索出一条适合我国历史文化名镇(名村)保护和发展的道路。❶

(6) 部分空心化

所谓"部分空心化",即在确保民居建筑安全的前提下,允许原先的住户继续留住,对一些安全状况堪忧的古居应立即迁出原住户,另辟新居加以安置;对留在古镇的居民,政府给予一定的补贴,但严禁他们私自翻修古民居。这样就不至于使古镇成为静态景观,既维护了古镇的生命力,又改善了居民们的住房条件。随着社会经济的发展,为了维护古镇而让居民们都住老房是不现实的,也是不人道的,保护古镇并不等于复古。古镇和古民居,是在农业社会经济基础上、在家族制的社会形态下形成的,其建筑格局在当时是非常优秀的,但在今天已不一样了,它的物质载体跟里面生活的现代居民已是两码事。应该指出,居民保护是不存在的,只能说是居民建筑的保护(居民是建筑和人的双向交流,它不是一个壳)。因此,妥善的解决办法是在古镇外面另建新区,以此作为古镇区的一个发展和疏导。新区和老区要有联系,也要有区别。新区应受老区的约束,如建筑高度要控制,要离开古镇区一定距离,若在位置和高度方面处理不当,就会对水乡古建筑景观形成破坏(周庄的新区建筑就显得太高)。因此,一定要注意城镇外部环境与空间轮廓或称天际线的处理,注意城镇的群体风貌和空间结构的完整性。❷

(7) 选择融合式的策划模式,为旅游者营造适宜人居的环境

古镇文化旅游策划应选择融合型的策划模式,即将当地居民生活有机地组合于文化旅游策划中,为旅游者营造一种适宜人居的富有地方特色的自然文化环境。

国内外对历史城镇文化旅游策划从环境开发的角度有两种方式:一种是分离型的策划模式,即将本地居民居住与旅游观光地区分离,通过完整保持古代城镇的原貌,再现昔日历史场景;另一种是融合型的策划模式,居民生活与旅游观光并存,以本地人的日常生活为文化旅游策划的有机组成部分,注重挖掘其拥有的优秀文化和产业文化等要素,如庙会文化、民俗文化、祭祀文化、传统手工业文化等,开发出游客能亲身体验的文化旅游产品。古镇完整保留了历史的信息并延续着传统的生活,而当地居民的传统生活方式对于古镇历史信息的完整性表达无疑起着至关重要的作用。采取分离型的策划模式或在旅游区内限制居民生活的变

---

❶ 仇保兴. 中国城镇化——机遇与挑战 [M]. 北京:中国建工出版社,2004.
❷ 江五七,陈豫. 江南水乡古镇旅游传统遗韵的开发与保护 [J]. 商业研究,2003(8).

相分离型策划模式,有助于缓解目前古镇如多数江南水乡古镇已存在或正面临的过度商业化的威胁,但从长远来看,这一策划模式的弊端是显而易见的。首先,在江南水乡古镇的开发和保护资金都非常有限的情况下,要拿出巨额资金来搬迁古镇旅游区的居民,显然是不符合国情的。其次,通过搬迁古镇旅游区内的居民或限制古镇居民生活的措施所营造的"舞台式"的古镇,是违背保持历史城镇原真性原则的,因为根据"整体性保护"观念,不仅要保存历史建筑,更要留住居住在其中的生活者。"舞台式"古镇因为没有了普通人的生活,失去了真正的地域文化,其保存的古建筑也就失去了原来的历史文化价值。再次,吸引众多旅游者游览江南水乡古镇的内在动机是为了体验古镇人所塑造的中国人理想的"文明、富足、诗意、和谐"的居住环境,如果搬迁了这一居住环境的真正创造者或限制其生活,则不仅大大降低了古镇的旅游吸引力,而且还会破坏原有居民的社会人际关系,引起当地居民对旅游开发的不满和抵制。如江南六大古镇之一的乌镇,在旅游开发之初,曾采取了分离型的文化旅游策划模式,将部分居民从旅游区内迁出。这不仅引起了当地居民的不满,而且使一些旅游者在其感知形象中形成了一个缺乏生活气息的"舞台式"古镇形象。因此,从江南水乡古镇的现实来看,融合型的文化旅游策划模式比较适合。采取融合性的文化旅游策划模式,展现在旅游者面前的应是既富有江南水乡特色,又适合现代人居住、交流的自然文化环境。然而,目前古镇区内人口密度较高以及家庭结构和人际关系变化的现状,使以前和谐的人居环境不复存在。因此,通过文化旅游策划的实施,应营造一种适宜现代人生活、社交的新型和谐的古镇人居环境。要实现以上的策划目标,笔者认为应采取以下具体措施:

1)在严格保持古建筑外观和基本功能的前提下,通过逐步置换和鼓励私人(特别是外来资本)购置古镇区房产等措施,降低古镇区内目前过高的居住密度,逐步恢复古镇区民宅的原有居住密度和生活居住功能。

2)通过引进新的机制和功能,去除和整治古镇居住方式中不合理的及与现代城市生活不相适应的部分,切实改善居民的居住质量和生活环境质量。例如乌镇在全国古镇、古城保护中首创的"改厕工程",使古镇的历史性与现代化有机地融合在一起;而周庄的"管线地埋"及"污水集流处理和河水净化处理"使古镇居民的生活环境更为清洁优美,真正体现了古镇的水乡风光。

对于大规模的城镇建设的种种弊端,简·雅各布早已在她的《美国大城市的生与死》一书中进行了尖锐的批评,说"大规模改建摧毁了有特性、有色彩、有活力的建筑物、城市空间以及赖以生存的城市文化、自由和财产",并曾一针见血地指出,"大规模的计划只能使建筑师、政客、房地产商血液沸腾,而广大群众往往成为牺牲者"。

任何一座城镇都是由各式各样的建筑物与构筑物交织起来的类别不一、风格各异和多元共生的有机整体,构成城镇本身组织的城镇细胞总是不断地新陈代谢。城镇的建设和发展是一个不间断的过程,决定了其保护更新应采取小规模整治与逐步改造的方式,这种办法称为"有机更新",强调旧城改造的过程性和阶段性,使保护的同时不切断自身的发展,体现保护与更新的辩证统一。"有机更新"的原则就是要注意把小城镇传统特色环境中已被分散的点、中断的线和不协调的面组织成一个系统的有机整体,特别是保持空间特色,包括街道空间和历史地段的整体性。小城镇不可能保持特定历史时期空间形态的恒定,而只能在生活的延续中发展。有机更新既易于保持建筑文化的延续,也有助于保持原有社会网络的稳定。小城镇有机更新中的保护,包括保护建筑的单体和群体、传统空间和环境特色、文化特质和生活情趣,使城镇空间具有生长性、代谢性和承传性。❶

3)在古镇区的一般保护区内营建公共绿地或在古镇的传统交流空间处(如桥边、景观水道的开阔处)营建绿化小品,将古镇的历史文化信息有机地融合于绿地或绿化小品设计中(如将古镇著名的历史人物塑像或历史象征物聚于绿地或绿化小品内)。同时在绿地或绿化小品的设计中要兼顾古镇区居民的游憩需要,在新的空间里营造古镇原有的亲密邻里关系。

4)鼓励具备条件的古镇居民,利用自己的住宅推出"做一天古镇人"等形式的文化体验旅游,使旅游者能够体验到原汁原味的当地居民的日常生活。例如在周庄推出的"做一天周庄人"的活动中,旅游者可以通过与房主一天的生活,充分体验周庄人真实而独特的生活方式,这项旅游活动自推出以来,非常受旅游者的欢迎。

5)鼓励古镇居民在生活环境中营造浓郁的具有地方特色的庭院文化,并作为特色旅游项目对外开放。如西塘的民居景点充分体现了古镇人的生活情趣,即在特定的环境中所营造的精致生活及环境。这一旅游项目是西塘的特色旅游项目,并且吸引了不少海内外旅游者。

(8)通过层次性文化旅游策划,根据不同客源市场塑造各异的旅游地形象

通过层次性的文化旅游策划,在汉文化圈以外的海外旅游者(主要是欧美旅游者)心目中树立富有浓郁中国乡村传统文化特色的古镇形象,在国内其他地区旅游者(包括港澳台)和新加坡、日本旅游者心目中营造具有鲜明传统文化特色的古镇形象,在周边城镇旅游者心目中营造充满日常生活情趣的历史城镇形象。

根据研究,旅游者在对旅游地进行选择时,首先感知的是旅游地形象。形象使旅游者产生一种追求感,进而驱动旅游者前往,因此从时序上讲,形象是旅游吸引第一要素。我们知道,从区域宏观背景角度来看,一个旅游地的完整形象系统至少包括地区形象、地段形象和地点形象三个层次,而来自不同地域(包括不

---

❶ 梁玲玲. 小城镇建设中文物古迹保护研究[D]. 河北农业大学硕士学位论文,2001.

同文化圈)的旅游者心目中的古镇形象,则分别突出了旅游地形象系统的某一层次。以江南水乡古镇为例,古镇周边客源市场的旅游者在其形象感知中突出了旅游地的地点形象,即与城市形象不同的富有生活情趣的古镇形象;而来自距离古镇稍远的国内其他地区(包括港澳台)和日本旅游者心目中,则在其形象感知中突出了旅游地的地段形象,即"小桥、流水、人家"的江南水乡形象;来自距离中国遥远的汉文化圈以外的境外旅游者,在其形象感知中突出了旅游地的地区形象,即中国乡村传统的社会经济空间。鉴于旅游地形象在旅游决策中的重要作用,有必要通过实施层次性的文化旅游策划,以契合不同地域(包括不同文化圈)的旅游者心目中各异的古镇旅游地形象。

要实现以上层次性策划目标,笔者认为应采取以下措施:

1) 针对周边城镇、国内其他地区(包括港澳台)以及日本、新加坡和汉文化圈以外的境外(主要是欧美客源市场)旅游者,设计不同的主题形象、宣传口号和宣传资料。

2) 针对周边城镇、国内其他地区(包括港澳台)以及日本、新加坡和汉文化圈以外的境外(主要是欧美客源市场)旅游者推荐不同的江南水乡古镇游线路或旅游产品。向境外(主要是欧美客源市场)旅游者推荐由传统中国乡村文化旅游资源要素组成的旅游线路。如同里古镇为欧美旅游者专门设计的旅游线路中包括了欣赏退思园(江南园林)、参观崇本堂和嘉业堂(民宅)、体验走三桥的民俗、欣赏江南丝竹、水上游古镇、明清街购物。这一旅游线路虽然没有涵盖同里所有的文化景观,但却非常契合欧美旅游者,因此广受欧美旅游者的欢迎。向国内其他地区(包括港澳台)以及日本和新加坡客源市场的旅游者推荐由传统江南水乡文化特色旅游资源要素组成的旅游线路。在线路中应重点突出与江南水乡相关的要素,包括江南的宗教文化、民俗文化(包括饮食文化、服饰文化、婚嫁喜庆文化、节日文化等),如乌镇2002年春节向日本市场推出的旅游线路中就包括了与当地居民一起包汤圆、守夜、到玄妙观烧头香等富有鲜明江南特色的民俗文化。向周边城镇旅游者推荐的线路则应重点突出日常生活情趣方面,如茶馆喝茶聊天、亲身体验传统食品的制作等文化旅游节目。

同时要根据地域文化特色策划文化旅游产品,赋予每个江南水乡古镇"和而不同"的特色。

江南水乡古镇是中国人类发展史上独特的人类聚居地,欣赏其所蕴涵的中国传统文化是汉文化圈以外旅游者的主要游览目的,国内其他地区(包括港澳台)和同属汉文化圈的日本、新加坡等国旅游者的游览目的主要是为了体验江南,而周边地区旅游者则是将古镇作为游憩活动可供选择的目的地。根据笔者调查,超过一半(51.95%)的周边城镇旅游者至少游览过两个古镇,他们对古镇比较突出的意见之一就是千篇一律。由于江南水乡古镇是在基本相同的自然人文环境下形成的,因此表现出极相似的"小桥流水人家"的景观特征。旅游者并不是专家,并且在短暂的游览期间也不可能了解其深层次的内涵,所以易从表面特征将这些古镇等同化。根据笔者调查,60%周边旅游者会基于对古镇的等同化感知而不再选择故地重游或选择其他古镇旅游。因此,有必要根据地域文化特色策划文化旅游产品,赋予江南水乡各古镇"和而不同"的特色,以满足来自不同地域文化旅游者的需求。

要实现以上地域性文化策划目标,笔者认为应采取以下措施:

1) 紧扣江南水乡古镇文化旅游资源在区域比较中所凸显的"水文化"主题,充分挖掘古镇文化旅游的基础部分,即别具江南特色的音乐文化旅游、戏剧文化旅游、建筑文化旅游、商业文化旅游和渔文化旅游,塑造传统中国文化背景下的江南古镇形象。

2) 应重点开发古镇文化旅游中最具地方特色的部分即民俗文化旅游,具体来说,就是推出各古镇所独有的饮食文化旅游(包括茶文化旅游、酒文化旅游)、婚嫁喜庆文化旅游和节日文化旅游(包括庙会文化旅游、祭祀文化旅游)。例如周庄成功推出的品茗阿婆茶的特色旅游项目和乌镇恢复的传统香市(庙会文化旅游),都是旅游者感知最深刻的地方特色。

3) 充分挖掘古镇的名人文化,以古镇历史上最知名人士的故事为主题线索,推出相关的名人文化旅游。根据笔者调查,多数周边旅游者(39.39%)深刻记忆古镇景点的原因是因为其名人效应,如80%的周边旅游者是因为沈万三才深刻记忆周庄沈厅的。因此,古镇要充分挖掘历史上最知名的人士,并以此加深旅游者对各古镇独特性的感知,通过将名人的形象实体化,如开发关于名人的系列产品(包括旅游商品),播放以其题材摄制的影视剧或记录片,塑造名人蜡像馆,以加深旅游者对他们的了解,同时也有助于塑造古镇独特性的形象。

(9) 强化可参与性文化旅游策划,满足旅游者观光、休闲、生态、求知等多层次旅游需求

文化旅游是当今世界最受欢迎的旅游形式之一。与以往文化观光旅游不同的是,多数文化旅游者希望获得知识性、娱乐性、体验性、享受性为一体的多重满足。因此,成功的文化旅游策划应使旅游者体验成为可参与的,即旅游者从先前旁观者的角色转变为演员的角色。而作为古镇游览核心的文化旅游,策划方式一般都比较单一,静态陈列是其主要展示手段。根据笔者调查,不少旅游者游览古镇之后觉得景观单调、回味不足,这就是心理学上所谓的视觉疲劳,因为过多的单一文化陈列,会使原本十分精彩的文化内容黯然失色。因此,强化可参与性文化旅游策划,满足旅游者多层次需求,不仅可以激活原来静态的文化主题,而且可以使旅游者在整个游览过程中保持愉悦的心情,并满足其观光、休闲、生态、求知等多层次旅游需求。要实现可参与性强的文化旅游策划目标,笔者认为应采

取以下措施：

1) 例如将江南水乡古镇的渔文化和农耕文化有机地融合于现代休闲旅游产品中，推出休闲渔业和休闲农业旅游。让旅游者亲身参与到古镇的渔事和农事活动中去，将其收获以城市的方式烹调。例如，旅游者用传统的渔具捕捞所得的水产在专辟的烧烤区烧烤。旅游者可以通过这一旅游节目体验古镇传统的渔文化，而且可以满足其休闲、社交等多层次旅游需求。

2) 充分挖掘古镇民俗文化（主要是指服饰文化、饮食文化、婚嫁喜庆文化）中可供参与体验的内容，包括传统食品的制作（如做南瓜饼、捣年糕）、传统手工艺的制作（如编制竹篮、弹棉花）、传统服饰的制作（如蓝印花布的染制和蓝印花布的裁剪制衣）、传统婚礼仪俗的体验（如绣制嫁妆、梳洗打扮、花轿迎亲、拜堂成亲、送入洞房）。根据笔者调查，旅游者普遍认为乌镇是江南水乡古镇中最好玩的古镇。乌镇通过挖掘和恢复参与性强的民俗文化（如弹棉花、织土布），不仅使久居都市的旅游者能体验或回忆旧时的生活习俗，而且也体现了其浓郁的江南水乡特色。

3) 充分挖掘古镇的传统节日文化（包括庙会文化、祭祀文化），并积极探索新的节日文化形式。由于古镇的传统节日文化（包括庙会文化、祭祀文化）如乌镇成功恢复的香市包含着丰富多彩的民间活动，因此旅游者也将其视为体验古镇民俗的最佳方式。然而古镇的传统节日往往具有很强的季节性，因此还应积极探索新的节日文化形式，使更多的旅游者能体验古镇的民俗。如周庄的国际旅游节和同里的围棋节都使更多的旅游者体验了古镇浓郁的民俗文化。

4) 整合地方影视文化、书画文化、音乐文化、戏剧文化和书院文化，推出富有浓郁地方特色的参与性强的修学旅游。江南水乡古镇优越的区位条件、长江三角洲众多的学子都使古镇推出修学旅游具备了有利条件。但是由于青少年旅游者更喜欢参与性强的旅游活动，而不是单纯参观古镇的传统文化，因此有必要整合地方影视文化、书画文化、音乐文化、戏剧文化和书院文化，推出富有浓郁江南文化特色的参与性强的修学旅游。例如建造影视艺术中心，综合展示以古镇为场景拍摄的影视剧或根据古镇作家小说改编的电影，推出修学旅游者可充分体验的影视旅游。通过将古镇小说中的人物再现于古镇的大街上，或让学生自己扮演小说中的人物，推出体验性的文学旅游（如鲁镇旅游公司开发的鲁迅笔下的人物沿街表演活动，使旅游者充分感受了鲁迅笔下的传统鲁镇风貌）。另外还可以在游程中安排传统文化的学习活动项目（如学习弹奏江南传统丝竹音乐）。❶

(10) 加强区域旅游合作，从区域文化背景角度整合文化旅游资源，策划有地方特色的主题文化旅游

---

❶ 蒋志杰. 江南水乡古镇文化旅游策划研究 [D]. 上海师范大学硕士学位论文，2004.

仍以江南为例。江南土地肥沃、物产丰富，自古以来孕育了独特的文化，特别是建筑文化和饮食文化。通过将水乡古镇文化旅游有机整合于江南文化旅游之中，推出有江南特色的主题文化旅游，则可以为古镇塑造鲜明的江南整体特色。如南得古镇可以依托其丝文化旅游资源(如丝业公所)，并联合周围的湖州含山蚕花节、苏州的丝绸博物馆及震泽的丝绸交易市场，共同推出"江南丝路之旅"的线路。

(11) 发掘地方商业文化内涵，营造和谐商业文化氛围

古镇文化旅游策划应发掘商业文化中具有浓郁地方特色的文化内涵，营造和谐的古镇商业文化氛围。

在对江南水乡的研究中发现，恢复明清繁盛时期的商业文化环境本是古镇文化旅游策划的初衷，但事与愿违的是，一些江南水乡古镇已经过度商业化，或正面临过度商业化的危险，不仅严重影响到古镇人文景观的原真性，而且也会影响旅游者对古镇人文景观的感知。根据笔者调查，周边城镇旅游者最不满意的是古镇过于商业化。然而，用迁出主要商业街商家的办法来解决江南水乡古镇所面临或即将面临的过度商业化问题，显然是不符合古镇实际的。江南水乡古镇是商品经济的产物，而传统商业文化旅游又是古镇文化旅游的基础部分，迁出主要商业街的所有商家，将使古镇失去体现其往昔商业繁华的历史环境，破坏古镇人文景观的原真性；同时这也不符合旅游者在古镇的购买习惯。因为根据笔者调查，多数旅游者(51.72%)是在游览过程中挑选旅游商品。有鉴于此，发掘江南水乡古镇商业文化中具有浓郁地方特色的文化内涵，营造和谐的古镇商业文化氛围，才是解决这一矛盾的真正对策。

要实现以上策划目标，笔者认为应采取以下措施：

1) 控制古镇主要商业街的商业密度，调整古镇区的商业结构(主要是针对经营旅游商品的商业)。可逐步迁出或置换出已过度竞争的旅游商业企业(如土特产店、工艺品店)，鼓励有地方特色的旅游商店的经营。根据调查，古镇主要商业街高密度的商店和古镇区内不合理的商业结构(主要是经营旅游商品的商业结构)是并存的两大问题。如周庄 $0.47km^2$ 的古镇区内分布着 100 多家商店，其中 60% 是经营万三蹄的商店。古镇雷同的旅游商品使不少旅游者觉得没有选购到自己喜欢的有地方特色的旅游商品，因此在控制古镇区商业密度的同时，也应逐步调整其商业结构(主要是经营旅游商品的商业结构)，重点扶持有地方特色的旅游商店。

2) 积极开发具有浓郁地方特色的旅游新商品(主要是工艺品和土特产)，改进现有旅游商品的包装，使其成为向旅游者展示古镇文化的载体。根据调查，古镇的旅游商品单一、包装缺乏地方特色，是旅游者购买旅游商品的消费偏低的主要原因。积极开发具有浓郁地方特色的旅游新商品(主要是工艺品和土特产)，改进现有旅游商品的包装，不仅能使旅游者购买到称心如意的旅游商品，而且可以借

此充分展示古镇的文化。笔者认为可以通过挖掘古镇传统文化主题,来开发古镇的旅游新商品,改进现有的旅游商品包装,如根据古镇的门窗艺术,开发微缩的窗格系列旅游商品。

3) 整合商业文化的多种感觉要素(视觉、听觉、嗅觉、味觉、触觉),使旅游者充分体验古镇的传统商业文化。例如乌镇可以依托汇源当铺,通过表演形式(可以让游客自己扮演其中的角色)来展示当年典当的程序和有趣的细节。古镇应鼓励商店和饭店通过独特的招牌和店面设计、服务人员的民俗服饰及商业吃喝(普通话与地方话两种语言并用)来吸引旅游者,同时并展现古镇的地方文化。

4) 积极扶持民间艺人,集中展示古镇的传统民间工艺(包括糖画、面人、剪纸)。古镇的传统民间工艺是传统商业中最具魅力的形式,但受商业地租和主体旅游商业(古镇内经营主体旅游商品的商业)的影响,传统民间工艺只能在不引人注目的地方零星展示,而且民间传统工艺由于未得到积极扶持,与红火的古镇旅游形成鲜明对比的是日渐萧条的民间传统工艺,有些古镇的民间传统工艺甚至有失传的危险。因此,有必要积极扶持民间艺人(如用部分旅游门票收入来资助民间艺人、将民间传统工艺列入旅游宣传手册、提高民间传统工艺的包装品位)向旅游者集中展示古镇的传统民间工艺。

5) 挖掘古镇历史上的商界名人,充分展示其成功的经商之道。如周庄可以利用沈万三——江南史载最早做外贸生意的商人的经商事迹,举行专题研讨会。

(12) 使古镇文化旅游策划的信息有效地传递给旅游者

一些古镇文化旅游策划的信息未能有效地传达给旅游者的现状,已经严重影响了这些古镇旅游的可持续发展。因为只有实现了策划信息的有效传递,才能使当地经营管理者、社区居民、旅游者和古镇都受益,并促进古镇旅游的可持续发展。

要实现策划信息有效传递,除上文已论述的措施还应采取以下措施:

1) 通过视觉艺术的展示设计,突出文化旅游策划信息,加深旅游者对古镇传统文化的感知。在古镇文化旅游策划中,视觉艺术的展示设计往往起着提纲挈领的作用,而旅游者也主要通过视觉来认识古镇传统文化。有的古镇视觉展示设计虽然取得了一定成绩,但仍缺少主题鲜明的视觉展示设计,没有鲜明主题的视觉展示设计,就使一些传统文化的视觉展示显得杂乱无章,这样既不利于传递策划者的真实用意,又不能使旅游者观后留下深刻印象。因此,有必要强化视觉展示设计的艺术感染力,特别要注意通过视觉的展示设计突出策划的主题,加深旅游者对古镇传统文化的感知。如乌镇的百床馆陈列的老式江南床,本是展示江南传统文化很好的载体,但由于陈列摆放得杂乱无章,因此并没有形成很好的视觉展示效果,也没有给旅游者留下深刻的印象。如果以床的发展与演化史为主题,将不同时期和不同类型(如老人、新婚、小孩等)的床在这一主题基础上分别展示,则更有可能使旅游者对江南床文化形成系统的认识,并留下深刻的印象。

2) 整合多种古镇文化的感觉要素(视觉、听觉、嗅觉、味觉、触觉)设计,使旅游者充分体验古镇的传统文化。古镇文化旅游策划信息一般通过视觉展示来传递,却忽视了挖掘其深厚文化底蕴中的其他感觉要素(听觉、嗅觉、味觉、触觉),而单纯的视觉展示会使旅游者视觉疲劳,影响其对古镇文化的感知。只有整合多种古镇文化感觉要素(视觉、听觉、嗅觉、味觉、触觉)的设计,才能使旅游者充分体验古镇的传统文化。例如,乌镇通过开发江南百床馆、公生糟坊、蓝印花布馆、皮影戏馆等,使旅游者从视觉、听觉、嗅觉、味觉、触觉全面感知了古镇的传统文化。

3) 完善古镇区的旅游解说系统的设计。旅游地的解说系统是文化旅游策划信息实现有效传递、旅游者顺利游览的关键。随着游览古镇散客比例的逐年递增,目前很不完善的古镇旅游解说系统急需改进。由于古镇的旅游解说系统在内容上主要包括交通导引系统、旅游接待系统、景区解说系统和游客中心,因此设计完善的古镇区旅游解说系统的工作也就包括以下内容:

A. 完善古镇外围和景区内(包括完善古镇区的标识系统和提供最佳游览路径)的交通导引系统。在具备条件的情况下,可在古镇设立若干电子导引系统,提供包括交通、景点、餐饮、住宿、购物等综合旅游信息。

B. 完善古镇解说系统,特别应完善古镇的景点文字解说、导游解说、景区定点解说和演示解说。古镇的许多文化旅游资源要素如果没有经过系统解说,是很难为旅游者充分感知的,因此,首先应增加景点文字解说的可读性、趣味性和醒目性,使旅游者在即使没有导游讲解的情况下也可以充分感知古镇文化。例如,西塘新近开发的纽扣馆本可以形象展示纽扣生产流程的标识,由于采用了单一的文字解说方式,缺少必要的图示说明,以致几乎没有引起旅游者的兴趣,因此许多旅游者游览的时间非常短暂(一般只有4~5分钟)。其次,应增加景点导游讲解的文化内涵,培养多语种的讲解员(条件许可应培养双语种的景点讲解员),使其能将策划信息真实地传递给中外旅游者。导游是旅游者了解古镇的良师益友,所以应使他们掌握多种语言,并成为通晓古镇文化的"专家",才能使其如实传递策划信息。再次,通过完善景区的定点解说(如义务讲解员)和演示解说系统,也可以使散客在没有导游讲解的情况下,对古镇的文化景观有基本的了解。另外,为了避免旺季时导游讲解互相干扰,影响旅游者文化旅游体验,可采取新方式(如统一由各景点讲解员讲解)或新技术(感应式讲解系统)。

C. 完善古镇的接待解说系统,包括古镇的宾馆、饭店、购物和公厕的解说系统。

D. 应重点建设游客服务中心。旅游者在游览古镇前,一般对古镇并不了解,游客服务中心就成为传递策划信息的最佳地点。游客服务中心提供的文化旅游资料应包括：古镇有什么文化旅游节目；游客怎样能找到自己想参加的旅游节目；古镇的最佳文化旅游线路；如何便捷地完成古镇文化旅游等。多数旅游者都是选择以居住地或暂住地(多为苏州、杭州、上海)为依托的节点状路线的旅游，所以故地重游的可能性很小。因此，在旅游者开始游览古镇之前，由游客服务中心传递的文化旅游策划信息无疑是最佳方式。而且，借助游客服务中心提供的精心设计的文化旅游手册，旅游者还可以获得高质量的文化旅游体验。另外，旅游服务中心也可以出售印有文化旅游活动信息(包括演出节目、地点、时间)的参观券，便于旅游者了解并找到自己想要参加的文化旅游活动。

4) 选择最佳的时间和空间(地点或区位)传递文化旅游策划的信息。旅游者在古镇逗留的时间一般都很短(2～5小时)，因此宜选择最佳的时间和空间(地点或区位)把信息有效地传递给旅游者。根据上文分析，传递信息的最佳时间应是春季(3月中旬至5月底)和秋季(10～11月中旬)两个高峰期、双休节假日和每日的9：30～15：30(双休日、节假日8：30～16：30)。如在上述古镇客流最集中的时段充分展示文化旅游策划信息，则可以提高信息的有效传递率。例如西塘春季的七老爷庙会使众多的旅游者领略了古镇的文化。传递信息的最佳空间应是旅游者空间集聚的地方和旅游者意象最鲜明的空间。从古镇旅游地意象空间的标志要素考虑，应是游客主要集聚的民宅(主要是大户民宅和名人故居)、商业街、传统产业(特别是茶楼和酒楼)、桥梁和园林。例如同里退思园的江南丝竹表演，从其通道要素考虑，应是古镇主要商业街和景观水道；周庄的水上昆曲表演，从其节点要素考虑，应是古镇广场和船码头；例如乌镇观前广场古戏台的社戏表演及附近的皮影戏表演。但应避免在古镇的边界处向旅游者传递文化旅游策划信息，因为根据笔者研究，在边界附近，旅游者对旅游地的感知程度递减非常迅速，如周庄古戏台位于古镇的边界附近，是造成旅游开发部门策划的昆曲表演少为旅游者所知的原因之一。另外根据研究，有些旅游者(尤其是自驾车的旅游者)的旅游地选择很大程度上受途经的主要交通干道(如沪杭、沪宁高速公路)户外景点广告影响。因此，有必要在旅游者途经的主要干道边树立户外广告，将文化旅游策划信息形象地传递给他们。如乌镇和西塘在沪杭高速公路旁的巨型广告，使旅游者预先感受到了古镇浓郁的水乡风情。

5) 根据旅游者的偏好，将古镇的传统文化策划融合于游客的休闲空间里。古镇许多传统文化艺术，旧时的表演地点多是在大户民宅和茶馆酒楼。但随着古镇旅游开发，它所服务的主体也逐渐发生了变化，现在古镇传统文化艺术的主要欣赏者一般是旅游者，因此有必要根据旅游者的偏好，将古镇的传统文化策划融合于游客的休闲空间里。可以将昆曲、评弹、越剧的演出安排在茶楼、饭店、园林和游船等旅游者喜欢的游憩休闲场所中，如同里南园茶楼里演出的评弹说唱，使旅游者在谈天说地的同时也领略到了古镇的传统文化艺术。

6) 利用最有利的媒体渠道传递文化旅游策划信息。根据上文分析，报纸、电视、杂志和旅游代理商是旅游者获取古镇旅游信息的主要渠道，应充分利用这些渠道传递古镇的文化旅游策划信息。

7) 用传统方式来展示文化旅游策划信息。体验江南水乡古镇的传统文化，是旅游者游览的主要目的之一。传统文化经历了漫长历史的发展，其展示方式也是相对固定的，只有通过传统方式的展示，才能充分展现传统文化的魅力，真正满足旅游者体验传统文化的需求。如南得新开发的江南丝竹馆的曲牌和名牌设计都采用了传统的方牌形式，很好地烘托了江南丝竹的演奏氛围。

8) 提供整体的优质服务，使旅游者在愉快的心情下接受文化旅游策划信息。根据研究，文化旅游者特别注意服务中的每个细节，因此，只有提供整体的优质服务，才能使旅游者乐于接受文化旅游策划信息。目前古镇的旅游服务缺乏必要的配套保障措施和制度(例如古镇菜肴的卫生问题)，难以使旅游者感受整体的优质服务体验，同时也影响到旅游者接受文化旅游策划信息的有效性。因此，应在涉及接待旅游者的每一环节建立和完善服务质量体系(包括奖惩制度)，评出星级，并定期考核。

(13) 提升当地社区和社团在策划中的地位，营造真正留传久远的传统文化氛围

古镇文化旅游策划应提升当地社区和社团在策划中的地位，借助当地社区和社团营造真正留传久远的古镇传统文化氛围。

在全球经济一体化影响下，优势的城市文化借助交通、通信手段的便利不断涌入，使古镇的文化发生了巨大变迁，古镇的文化变迁使传统文化和现代城市文化暂时并存于此。但受强大的现代城市文化和旅游开发的双重影响，并随着传统文化真正传承者的逝去，古镇的传统文化很有可能被现代城市文化同化，因此有必要借鉴上海等大城市成熟社区和社团的经验，让传统文化可以代代相传。为了使传统文化代代相传则必须提升当地社区和社团在古镇文化旅游策划中的地位，因为只有这样，才能充分挖掘古镇文化最具活力的一面——民间文化，营造真正留传久远的传统文化氛围，同时又使旅游者在古镇游览期间时时处处都能感受到古镇深厚的文化底蕴。为了提升当地社区和社团在策划中的地位，应在以下几方面采取措施：

1) 让社区和社团积极参与古镇的文化旅游策划工作，如文化旅游线路的设计工作，将已有的文艺社团充实于新开发的文化旅游景点(例如南得开发的江南丝竹馆聘请了当地丝竹的业余爱好者)。

2) 组织古镇的长者回忆古镇昔日的传统文化(包括传统工艺、土特产和民俗等)，并鼓励其积极参与这些传统文化的恢复工作。老年人是古镇传统文化的见证人，因此要充分挖掘传统文化旅游资源，就必须多请教老年人，并鼓励其积极参与传统文化的恢复工作，才能使传统文化得到真实的再现。如乌镇文化旅游策划人员

向当地老年人虚心请教，依据老者的指导比较真实地恢复了乌镇的历史原貌。

3) 资助社区和社团(可以提取一部分旅游收入)的民间文艺活动，利用或创造空间向旅游者充分展示这些活动。古镇一般有深厚的民间文化活动传统，但随着古镇的日益城市化，原来的社会关系被打破，已很难再用原来的方式组织起民间文化活动，因此要借鉴大城市成熟社区和社团的经验，通过资助社团和社区的方式来恢复民间文艺活动。这样，不仅能丰富古镇人的精神生活，特别是能使古镇的老年人老有所乐，而且可以将古镇的传统民间文艺传教给更多的当地居民(特别是古镇的年轻人)。如可以利用古镇丰富的古老民宅资源，开办由社区和旅游开发部门共同管理的民间文艺传习所，负责教授当地居民(特别是年轻人)古镇的传统文化，并向旅游者开放。这样，既可以确保传统文化核心得以传承，也可以使旅游者融于当地的文化氛围中。

4) 通过社区和社团的活动，培养当地居民的文化认同感和社会认同感。只有使古镇的居民认识到家乡传统文化的重要意义，才能使其真诚支持古镇文化旅游的发展，如可以播放关于古镇的风光片让当地居民了解古镇的历史文化。

5) 通过社区和社团的活动，使古镇的外来人员融入古镇的文化氛围。随着旅游发展和古镇的新区开发，越来越多的当地居民搬出了古镇区，随之而来的是大量外来经商人员的入住，因此古镇传统文化面临被异化的危险。基于古镇的现状，可通过社区和社团活动，使外地经商人员全面了解古镇，自觉融入古镇的文化氛围。

(14) 成立古镇文化旅游策划的相关部门或组织统一筹划文化旅游策划工作

由于文化旅游策划工作牵涉到与古镇保护与开发相关的各部门(包括旅游开发公司、规划部门)，鉴于目前古镇文化旅游策划缺乏必要的配套保障措施和制度的现状，所以有必要成立专门的相关部门或组织统一筹划文化旅游策划工作。

这一部门的工作主要包括：

1) 协调涉及文化旅游策划工作的各部门，制定统一的服务质量体系。目前参与古镇旅游开发的部门不仅包括旅游开发公司，还包括文化局、园林局和房管所等部门。由于每个部门都有各自不同的接待服务制度，所以在向旅游者提供服务时，有时并不默契，致使旅游者难于体验到整体的优质服务。因此，要使旅游者认同古镇的文化旅游策划，则必须协调涉及文化旅游策划工作的各部门，制定统一的服务质量体系。例如南得古镇旅游开发之初，景点开放时间不统一，致使不少旅游者来不及欣赏古镇文化的精华，影响了旅游者对文化旅游策划的评价。因此，2004 年南得旅游开发工作的重点之一，就是制定统一的服务管理制度(包括统一的开放时间、服务标准等)。

2) 协调江南水乡各古镇的文化旅游策划工作，统一推出文化旅游策划，并突出各自的特色。如浙江的乌镇、西塘、南得推出了统一的文化旅游宣传形象，提升了旅游者对其文化旅游策划的整体认知度，美中不足的是没有突出古镇的各自特色(如西塘展示其烟雨长廊的形象,乌镇展示其茅盾故乡的形象,南得则展示其中西合璧的江南巨富之镇的形象)。

3)提高古镇文化旅游策划人员的文化素养,提高其展示当地传统文化的能力。古镇文化旅游策划的成功,依赖于策划人员本身的素养(包括对当地文化了解的程度)。因此,策划人员只有充分认识了古镇的传统文化,具备了展示当地传统文化的能力,才能更好地进行文化旅游策划。

4)制定并具体实施古镇的文化旅游策划。❶

古镇的保护与旅游开发并不矛盾,只要注重如下几个方面,就可以较好地解决处理好名镇(古镇)保护与开发的一些问题。

一是传统长街的延续。让新建筑的立面、造型、外观色彩、建筑高度、体量等,延续和继承传统长街的古建风貌。

二是划定名镇(古镇)保护区范围。规划新区一般在古镇保护区范围的外边。

三是延续和继承传统的滨水处理手法。新房子沿着水道而建,建筑与河流水体相依相偎(亲水建筑),亲水也就是亲近自然。人与自然相协调,也就是表达了我国古典哲学中有关"天人合一"的辩证思想。❷

(15)小城镇的管理对策

旅游资源的破坏大多是由于管理不当所造成的,潜在旅游资源、开发中的旅游资源和利用中的旅游资源需要采取不同的管理对策,要坚决避免重走"先污染后治理"的老路。

1)潜在旅游资源的保护管理对策

开发旅游城镇的旅游资源必须坚持旅游开发的"时序性",潜在旅游资源是旅游业进一步发展的后备军,对这类资源,应以保护为先。开发有先有后,既要考虑到目前,又要考虑到未来,绝不能与子孙后代"抢饭吃"。"暂时不开发的先保护起来,留待后人去开发。"这是一个非常有远见的开发观。西安周围有秦始皇陵及许多汉、唐帝陵,大部分没有开发而加以保护,一方面是考虑到目前科技水平尚未达到能保证地下文物一旦出土不致变质的地步,另一方面也是为了给后人留下一些开发对象。杭州的南宋故城出土后予以回填,部分也是基于这种考虑。前面提到的对邓溪镇旅游资源中的麻色寺和白河风景区作为后开发对象,也是考虑到目前邓溪镇不具备把所有景区全部全面开发的能力,就集中力量开发优势景区,把其余的景区作为潜在旅游资源进行适量开发,而不再走以前旅游资源开发"先污染后治理"的老路子。如果潜在旅游资源在开发前就已遭破坏,则旅游业的发展就会成为无源之水、无本之木,旅游业的持续发展将成为空话,所

---

❶ 蒋志杰. 江南水乡古镇文化旅游策划研究 [D]. 上海师范大学硕士学位论文,2004.

❷ 李长江. 历史文化名镇保护与旅游开发 [J]. 小城镇建设,2003(9).

以，潜在旅游资源的保护是旅游业的头等保护任务。

2) 开发中的旅游资源的保护管理对策

在许多旅游城镇旅游资源的开发中，由于认识上的不足，以及缺乏科学指导和保护措施不当，不少旅游资源及环境在开发中遭受严重的破坏，旅游资源开发出来失真、变味，失去吸引游客的能力。所以，在旅游城镇旅游资源的开发规划中，应有专业人才来计划和实施旅游资源及环境保护的具体细节，真正把旅游资源保护落到实处。此外，在旅游城镇旅游资源开发中要注意适度开发，开发那些不影响或少影响生态环境的旅游项目，并且要注意使旅游资源的开发与其周围社会的生态环境相协调，以保证其原汁原味的气氛环境，保护吸引游客的魅力。否则，旅游资源开发的过程便是旅游资源破坏的过程。

3) 利用中的旅游资源的保护管理对策

旅游城镇的旅游资源开发后形成的可接待游客的旅游景区，由于管理不当也会造成破坏，具体表现在景点的破坏和景区环境质量的下降两个方面。其保护可以从下述几个方面来开展：

A. 加强对游客的管理。景区接待的对象是游客，而游客是一个较为松散的群体，素质水平参差不齐，所以必须对游客加强管理：①宣传措施：通过各种宣传途径，对游客进行旅游环保教育，帮他们养成良好的习惯，建立旅游资源和环境保护意识；②奖励措施：对一些习惯好、素质高、能自觉维护景区环境的游客给予一定的奖励；③惩罚措施：对某些破坏景区资源和环境(如在景点刻上"某某到此一游")的游客按相关条例给予应有的惩罚，情节较为严重的，还要追究其法律责任。

B. 加强对景区环境的保护管理。景区的环境，据其性质差异又可区分为生态环境、卫生环境和旅游气氛环境。在对景区环境的管理中，首先要控制旅游活动项目，对那些会导致景区水体、空气及环境污染的旅游项目应予以撤除，以保护景区的自然生态环境。其次要控制游客人数，因为游客过多涌入会对景区的旅游气氛环境和生态环境造成损害。再次，应采取一些行之有效的旅游景区卫生管理措施，防止垃圾污染，以保证景区随时有一个洁净的环境。

C. 要建设一支具有环境保护意识和专业知识的管理队伍。随着旅游业的发展，迅速建成的大批旅游景区，需要大量的专业旅游管理人员，而我国目前缺乏这种专门人才，现有的景区管理人员大部分是由其他行业转来或由当地居民和农民充当，缺乏保护意识和保护知识，造成许多旅游景区出现不同程度破坏的现象。为解决这一问题，必须对在职人员进行环保意识和环保知识的培训，同时积极培养景区专业保护人才。

古镇旅游承载了小城镇旅游的绝大多数份额，是核心中的核心。这些城镇拥有悠久灿烂的历史，其古建筑、历史街区乃至整个古城都具有相当的遗产价值，各具特色的民风民情和浓厚的传统习俗文化附加在老城上，宛然一部部人类文化的老相册，颇具观赏性、参与性和宣教性。

当今，绝大多数古镇的保护重任依靠旅游开发作为资金支持，相继出现了很多保护与开发、外来旅游与当地生活之间的冲突和矛盾。就保护和开发的模式或手法而言，我们可以通过对城镇格局、文化传统、建筑特色等进行深入研究和实地调研，找到种种应对措施。

然而，目前的古镇旅游开发往往受经济利益的驱使，置保护与当地居民生活于不顾，大上快干，急功近利。某些地方政府放弃了对古镇保护应该恪守的职责，将其全盘承包给某些私人开发公司，造成了国有资产流失和古镇面貌的破坏。还有相当一类古镇拆掉了"破旧凋敝"的真文物，有的甚至是连片拆除，代之以假古董，刻意追求整齐划一的仿古建筑风格，笼统地采用现代化的建筑技术手段和材料。有的古镇大量迁出原有居民，将民居群进行现代化的改造，使其成为旅游接待和娱乐设施，导致古镇传统生活方式和习俗的丧失。有的古镇全然不顾其所能承载的游客容量，无限制地开放所有的历史保护区，造成文物破坏的加剧。回顾古城镇在地方旅游发展中遭遇的不恰当开发，我们更要切实从保护地方遗产的角度加以深思和警醒，选择符合可持续发展的历史城镇旅游利用方式。

以下将通过威廉斯堡和平遥的案例分析，阐述两种不同方式的保护和利用方式，可以对古镇保护和旅游起到指导性作用。

案例3：威廉斯堡——"博物馆式保护模式"❶ 的典范（图5-2～图5-4）

图5-2 总督府

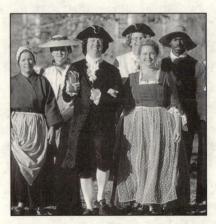

图5-3 身着18世纪服装的古镇服务人员

---

❶ 王景慧，阮仪三，王林. 历史文化名城保护理论与规划 [M]. 上海：同济大学出版社，1999：42.

5.4 旅游资源型小城镇

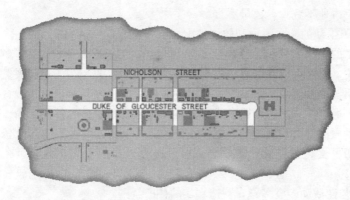

图 5-4　威廉斯堡街道格局

(图 5-2~图 5-4 引自：威廉斯堡官方网站 www.williamsburg.com)

(1) 资源特点

位于弗吉尼亚州的威廉斯堡镇，在美国独立前是英国殖民时期的政治、社交、经济和文化中心。1926 年，美国开始重建和修复威廉斯堡的 18 世纪的古堡原貌。现在，这里的街道、公共建筑、住房、店铺、教堂和花园都恢复了 18 世纪的旧观，成为今天美国难得一见的一个典型的英国殖民地城堡。它占地 69.2hm^2，有 800 多座经修复和重建的古建筑物，其中有 90 座是美国独立前的建筑物，是一个洋洋大观的大型博物馆，每年吸引着超过 100 万来自世界各地的旅游者前来观光。

(2) 保护与开发模式

1) 博物馆式的保护模式

威廉斯堡的保护模式也称作"冻结保存，是指将地段的建筑进行复原与修复之后，将从前的生活也一起保存起来，作为供人参观、学习和观光旅游的重要设施"❶。从旅游开发的角度讲，它属于"再现型：恢复古代城镇面貌，再现昔日历史情景"❶。

威廉斯堡在 20 世纪 20 年代的复原修复中，将整个古镇作为历史保护区，保持了城镇原有的街道格局和建筑风格，一些 18 世纪的风车、谷仓、磨坊和农舍等也得到了复原。类似的做法在世界上其他国家的古镇保护中屡见不鲜，但这种保护模式只局限于历史街区规模较小的城镇，因为完全恢复原貌需要大量持续的资金投入，而且现代生活也不能在其中得到延续，居住和旅游完全分离。目前较多的应用是在老城中选择具有典型性的某些历史地段，进行这种再现型的开发利用。当然，从延续古建筑使用功能达到延年益寿的角度来讲，所选择的历史街区

---

❶ 吴承照. 现代旅游规划设计原理与方法 [M]. 青岛出版社，1998：148.

183

5 小城镇旅游资源保护与开发模式

或历史地段占地不宜大，数量不宜多。

2）完善生动的旅游解说和软硬件配套服务

古镇中的工作人员和导游装扮成18世纪居民的模样，带领游客了解有关美国的早期历史。游客可以在信息中心找到有关下列内容的一些信息：展览馆、艺术收藏品和手工艺收藏品、图书馆、花园、别具特色的教育项目以及教育方面的资料；另外，通过官方网站可以在线购买殖民时期威廉斯堡的各种产品。正是这种细致周到的旅游解说和服务的设置，使得游客可以在畅游古镇的同时轻松地获得有关美国历史文化的点滴知识，提高旅游的教育功能和文化内涵，充分地解读古镇。

3）参与性活动多姿多彩，营造真实的怀旧氛围

制烛是殖民地时代重要的手工业，每年圣诞节的烛光灯会期间，每座楼房的每个窗台上点起蜡烛，顿时全城如白昼，然后有各种音乐和舞蹈表演，最后以焰火作为结束。这一切活动，都以18世纪的传统为蓝本，具有浓烈的乡土特色。

《马丘比丘宪章》指出："……非但必须要保存并维护好城市的历史遗址和古迹，而且还需要把一般的文化传统继承下来……"❶古城镇的民风民俗，是对游客产生强大吸引的非物质旅游资源，需要结合实际的历史环境氛围得以展示。首先，需要开发者(政府或旅游开发公司)从古城镇的历史出发，借助大学和科研院所等研究机构，从多学科的角度认真挖掘附着于老城之上的丰富的历史信息和人文精神。其次，采取对历史事件的场景再现、对特色风俗的不断延续、对传统工艺的培育继承和对地方文化的萃取升华等各种积极有效的方式，将老城的非物质文化淋漓尽致地展现在游客面前，令其不由自主地参与其中，增强历史感受和文化认知。

案例4：平遥古城——中国保存最完整的古城之一（图5-5～图5-9）

图5-5 古城墙和恢复的护城河

图5-6 明清商业古街

---

❶ 转引自：吴良镛. 建筑·城市·人居环境[M]. 石家庄：河北教育出版社，2003：340.

5.4 旅游资源型小城镇

图 5-7 平遥古城民居

图 5-8 双林寺

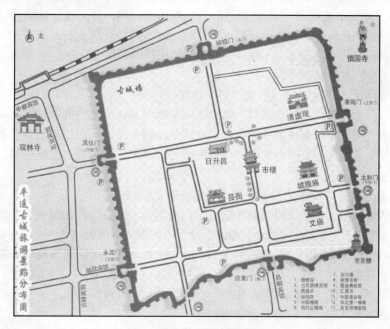

图 5-9 平遥古城旅游景点分布图

（图 5-5～图 5-9 出处：中国平遥网 www.pyonline.net）

(1) 资源特点

平遥位于山西省中部，距太原 100km，是一座具有 2700 多年历史的古城。现在的城墙建于明洪武三年(1370 年)，是我国现存最完整的明清县城。平遥古城于 1986 年被国务院定为"国家历史文化名城"，1997 年被联合国列为"世界文化遗产"。平遥县有平遥古城墙、双林寺、镇国寺等全国重点文物保护单位 3 个，被称为"平遥三宝"。

目前，县城的城墙、街道、民居、店铺等建筑，基本上保持着原有的古城格局。平遥古城是保存完整的历史名城，也是中国古代城市的原型。古城池总面积 2.25km^2，基本保持着明清时期的历史风貌。其主要特征有以下 4 点：

1) 独特而丰富的文化遗存。平遥古城众多的文化遗存，不仅代表了中国古代城市在不同历史时期的建筑形式、施工方法和用材标准，也反映了中国古代不同民族、不同地域的艺术进步和美学成就。

2) 汉民族的传统文化特色。平遥古城是按照汉民族传统规划思想和建筑风格建设起来的城市，集中体现了 14~19 世纪前后汉民族的历史文化特色。

3) 完整的古代民居群落。平遥重建以后，基本保持了原有格局，民居建筑布局严谨，轴线明确。精巧的木雕、砖雕和石雕，配以浓重乡土气息的剪纸窗花，维妙维肖、栩栩如生，是迄今汉民族地区保存最完整的古代民居群落。

4) 发达的金融城市。平遥古城在 19 世纪的中后期，是金融业最为发达的城市之一，是当代最有影响的票号总部所在地，即当时的金融业总部所在地和金融业总部机构最集中的地方，一度操纵和控制了中国的近代金融业。

(2) 保护与开发模式

1) 运用城市规划的手段分离老城和新城

这是保护古城镇的首选战略，即将老城全面保护起来，发展以旅游观光为主的服务业，另辟新城容纳增长的人口和经济活动的扩张，布局旅游接待服务设施和其他产业发展用地。平遥的新城建设方针是"新旧截然分开，确保老城，开发新城"❶。

为了保护 2.25km^2 的古城，将古城内过度集中的近 5 万居住人口减至 2.2 万的居住人口上限，政府决定大量外迁古城内的居民，开发建设新城区。新城位于平遥古城以西，"古城—双林寺"旅游走廊中段，占地面积 95.8 万 m^2，主要发展居住、商业（晋商文化城）、旅游服务设施等。❷ 在政府、医院和学校陆续搬出古城后，平遥的搬迁遇到了几乎所有古城保护普遍面临的难题——资金匮乏，搬迁陷入困境。❸ 目前，平遥正在试图通过上市融资、民居的保护性旅游开发等手段争取搬迁和建新居住区所需的巨额资金。

2) 保护古城的格局肌理

世界遗产委员会评价"平遥古城是中国汉民族城市在明清时期的杰出范例，平遥古城保存了其所有特征，而且在中国历史的发展中为人们展示了一幅非同寻常的文化、社会、经济及宗教发展的完整画卷"❹。

---

❶ 阮仪三. 护城纪实 [M]. 北京：中国建筑工业出版社，2003：23.

❷ 平遥旅游网 www.pingyao.com.cn.

❸ 平遥古城搬迁陷入困境，县财政收入不够搬迁改造 [EB/OL]. 网易新闻中心，news.163.com，2004-03-04.

❹ 华夏经纬网 www.huaxia.com.

古城近乎完好的保存，一方面是指古城墙保存完整，另一个重要方面就是街道格局得以保留。古城街道的肌理反映了中国古代的营城思想和纯朴的风水观，整座城池平面布局状如乌龟，城内街道犹如龟背纹络。全城以市楼为中心，以南大街为中轴线，"左文（庙）右武（庙）"，"左阴（城隍庙）右阳（县衙署）"，由城墙和四大街、八小街、七十二巷组成一个庞大的八卦图案，布局严谨，主次分明，是典型的明朝县城格局。

街道格局是城市个性特色的反映，和文物古迹、历史环境等保护因素具有同等重要的地位和意义。平遥保留了古老的街巷肌理，并延续了明清商业街等老街的使用功能，使古城不断焕发着旺盛的生命力，成为旅游发展的重要依托。

3) 文物古迹、传统商业街和特色民居的旅游利用

景点开发初具规模，主要依托于以古城墙等国保单位为代表的文物古迹，形成了古城墙、日升昌、双林寺、县衙和城隍庙等八大类特色文化旅游景点。由于近代县城经济发展比较缓慢，古城幸运地得以保留。八大类文化景点作为世界遗产的重要组成部分，得到了各方面资金的支持，在科学合理的改造后成为旅游热点。以南大街、北大街、东西大街等主干街改造为重点，明清商业街等古街巷在经过了加固修复、"三线"入地等改造后，古城基础设施环境明显好转，古城旅游区域不断扩大，商业传统得以沿袭，丰富了旅游的吸引物体系，形成两日游的格局。

古城内众多的民居院落全是青砖灰瓦的四合院，轴线明确，左右对称。全民办旅游氛围日益浓厚，全县宾馆饭店、民俗客栈等达到90余家，其中大部分就是利用老房子来办旅舍。对老建筑使用功能的保持和延续是保护要求下的必要途径，平遥的老民居更需要延续其基本的居住功能。借用梁思成先生对文化遗存或文物的维修保护提出的原则，本着"延年益寿"而非"返老还童"的宗旨，民居的内部功能进行了现代化的提升，满足住宿和旅游的需要；外观严格按照保护规划的要求进行改造，"整旧如故，以存其真"，与历史街区的风貌特征取得一致。近年来，某些规模较大的民居院落还成为了新的旅游景点。

5.4.2 风景型小城镇

这类小城镇位于风景名胜区的区域内或其临近区域，自然风景和城镇紧密融合在一起，是名副其实的"山水城镇"。城镇建设多结合自然的山体水域有机布局，宛如镶嵌在整个风景区中的一颗颗明珠，其资源特色表现为：自然景观质量高，环境条件优越，人为破坏因素极少，布局和谐，气候宜人，借景空间范围广阔。一般地说，这类小城镇的建设都是围绕着风景区的旅游资源开发而

发展起来。

因和风景区紧密相依，城镇的发展规模和风景区的环境承载力会存在一个平衡。当前，一些"久居深闺"的小城镇不堪忍受"世外桃源"般的僻静，现代生活和城市建筑的侵入打破了原本的平衡，破坏着风景区原始、自然的景观风貌。"景区城市化"已成为众多学者和旅行家诟病的现象。❶蹩脚的高楼大厦，整齐划一的柏油马路，喧嚣嘈杂的汽车喇叭，纷纷攘攘的外来游客……这些由城市化运动和旅游大潮带来的新事物迅速地改变着城镇的风景，也使当地人们的生活发生着深刻的变化。

如何保护宜人的居住环境，如何控制合理的生态容量，如何安排大量的旅游活动，如何对待外来文化，都是风景型小城镇的旅游发展所无法回避的敏感问题。寻求自然和人文环境的可持续发展，对于风景型小城镇的保护和发展至关重要。

5.4.2.1 风景类小城镇旅游资源和环境特点

旅游小城镇通常具有相对特殊的城镇性质和突出的环境优势，而临近风景区的旅游小城镇在此基础上还需要重视镇区和风景区相互关系的协调，只有确立实现共同的发展目标，才能确保两者真正达到互惠互利、互相支持。❷

此类旅游小城镇视自然旅游资源为其宝藏，在建设中充分体现旅游业的发展要求，为旅游业的发展创造条件。同时，通过发展旅游业来带动小城镇经济的发展。

风景型小城镇有着优美的风景依托，如果失去了风景，小城镇也就失色许多。因此，对风景资源的保护，是风景型旅游小城镇发展的重中之重。资源是一个国家和民族生存发展的物质基础，其中风景资源的状况还涉及一个国家或地区的形象与精神文明，风景资源独特者，更是人类共有的自然与文化遗产。因此，第一，风景资源在物质与精神两方面的重要性要求我们必须重视保护；第二，随着人口剧增，许多风景资源因其不可再生性与脆弱性更加需要保护；第三，市场经济行为的负面影响正在威胁着资源与环境，风景资源尤其需要有效保护。

与其他类小城镇不同，该类小城镇的主导旅游资源以自然资源为主。尽管有部分城镇人文资源独具特色，但在整体资源体系中往往仅占辅助地位。该类小城镇有：漠河、蓬莱、长汀、丽江、香格里拉、西岭镇的西岭雪山、泸沽湖等。该类小城镇中有相当一部分即是围绕风景名胜区的旅游资源开发而发展起来的。

---

❶ 柴海燕. 旅游风景名胜区城市化的经济学分析［J］. 桂林旅游高等专业学校学报，2003(4).
❷ 叶林. 邻近风景区的旅游小城镇的总体规划初探［J］. 小城镇建设，2004(10).

5.4.2.2 风景类小城镇旅游资源保护和利用中出现的问题

(1) 风景资源多头管理现象严重，导致风景资源出现开发性破坏

风景区的传统产业是农业(包括养殖业)、森林采伐业和采矿业，目前很多风景类小城镇中风景资源多头管理现象普遍，如园林局、土地局、林业局、风景区管理委员会、水利局、镇政府等都对风景资源有着管理权，这些单位从各自的角度出发，对风景资源进行开发利用。当各机构没有进行很好的协调时，多头管理的结果往往导致风景资源出现开发性破坏，这种现象在早期更为突出。如很多风景类小城镇早期存在产业式和掠夺式的开发，将风景资源视为普通的矿产或林业资源而滥砍滥伐与过度利用，导致风景资源受到较大程度的破坏。据统计，目前在国家级风景名胜区中存在的最为普遍的建设性破坏即为开山采石和滥砍滥伐，如天津蓟县国家地质公园内，开山采石已直接影响了极具研究和观赏价值的叠层石资源和地貌的完整性。这种现象在风景类小城镇内随处可见，已成为该类小城镇亟待解决的重要问题。

(2) 旅游业的快速发展对风景资源造成了一定程度的破坏

旅游业的快速发展对风景类小城镇的影响主要体现在以下方面：旅游者人数过多，对旅游环境造成了污染和破坏；旅游小城镇中过度开发，宾馆饭店、餐饮娱乐设施和道路交通设施等的开发使风景资源城市化现象严重，降低了风景资源的观赏价值和生态价值，同时带来了环境污染和破坏。如丽江历史古镇的建设虽然取得了一定的成就，但是风景资源景观破坏严重，今天的丽江已经再也不能恢复到 20 世纪 60 年代初的如诗如画、世外桃源的景色了。

(3) 风景资源的开发层次较低，开发深度不够，重复开发现象严重

目前很多风景小城镇的旅游资源开发还仅限于观光产品的开发，缺少其他产品类型的开发，缺乏文化内涵的开发，缺乏深层次的开发。如黄山南麓的汤口镇，利用黄山余脉的沟谷地貌，开发了 6 处旅游景区，但大多与黄山的风格相似。这样既影响了旅游的经济效益，同时低层次、粗放的开发模式对旅游资源和环境的破坏较大，从而降低了风景资源的质量。

5.4.2.3 风景类小城镇旅游资源的保护和利用原则

(1) 协调好风景资源各管理部门之间的关系，尤其是协调好旅游资源开发和其他产业发展的关系，以尽量减少不必要的建设性破坏。可由风景资源所在地政府(镇、区或市政府)成立风景资源旅游管理协调委员会，成员由风景资源各管理部门派人组成，该机构有权独立对风景资源进行开发和管理。

(2) 加强对旅游开发和旅游业发展的控制，以有效保护风景资源和旅游环境。主要从以下几方面进行控制：控制旅游者人数；制定对旅游企业的规章制度，严格控制旅游企业对风景资源和环境造成的影响；加强核心区管护，保证

缓冲区的作用，利用实验区的功能；尽量减少对风景资源的人文干扰，保持其自然风貌。

5.4.2.4 风景类小城镇旅游资源开发方向

该类小城镇多开发为风景名胜区。在风景资源的开发和保护中主要加强以下几方面建设：

(1) 加强风景资源和环境保护

1) 限制旅游者人数。目前，为了保护资源和环境，已有一些小城镇对高峰期旅游人数开始加以控制。据报道，莫高窟和九寨沟实行了严格控制日旅游人数的办法来保护资源，莫高窟每日入窟旅游人数控制在数百名以内，九寨沟控制在2000名以内，以减轻旅游人数过多时对旅游环境的破坏。

2) 可采取游览轮休制，或提高门票价格等方法来控制旅游人数。

3) 加强对旅游开发和旅游业发展的控制。包括：风景点的建设以利用自然景观为主，保护自然风貌，必要时附以少量的人工点缀；加强对风景资源核心区的控制，将旅游服务设施布置在远离核心风景资源的地方，并将现有的与旅游无关或对环境有污染的工厂单位迁离核心区；从用地、建筑风格和生产的环境技术达标等方面对旅游企业进行控制，以加强旅游企业的环境保护。

(2) 对风景旅游资源进行深度开发，开发高质量的风景旅游产品

1) 开发各种旅游项目，做到四季可游览。

2) 开发不同主题、面对不同客源市场的游览路径，以满足不同客源市场的需求。风景区内可开发各种不同类型、长度和难度的郊野路径，供游人野足或漫步，尽量满足不同类型的旅游需求。可设置包含各类风景资源精华的风景观赏类旅游路径、休闲健身类旅游路径和科教类旅游路径等。

(3) 建设优美的小城镇景观

保留和建立小城镇中的自然绿地，用块状绿地和条状绿地分割小城镇中各区，扩大绿地面积，提高绿化效果，增加从远处观赏的可识别性；合理配置乔、灌和草本植物，形成稳定的复层混合主体；草木结合，错落有致，环境丰富自然、物种多样，体现层次美，做到再现自然，维护生态平衡，改善城市环境，满足景观欣赏。

(4) 明确保护的对象和目标

国内一些保护单位的确定，比较全面地反映了我国的历史和自然风貌，形成了颇有特点的风景资源保护体系。但是在已经调查的风景资源中，仍然存在如何科学而恰当地评价的问题，合理评价风景资源，是明确保护对象与目标的重要环节。

(5) 健全体制、统一管理，协调各方步调

由于风景资源类型多样和风景资源多重性的特征,历史上形成了政府相关部门分别管理的状态,然而,随着经济的发展,这种管理体制却演变成了分散管理的局面。

社会主义市场经济的形势,迫切要求建立健全的管理体制,实行统一管理,切实有效地保护好风景资源,实现风景资源永续利用的目标。

(6) 加强法治、弘扬德治,完善保护措施

德治与法治相结合,是完善保护措施的重要内容。树立新时代环境意识,培养珍惜资源、爱护资源的高尚品德,是有效保护风景资源的根本措施。

(7) 风景资源利用的合理途径

1) 充分发挥风景资源的综合潜力,正确选择发展方向与目标。
2) 因地因时制宜,正确处理开发与保护、开发与节约的关系。
3) 发挥规划的龙头作用,搞好配套设计,搞好与小城镇的协调共生关系。

(8) 小城镇风景旅游发展途径的探索

小城镇风景旅游资源具有接近大自然本色,保持着地方文化特色,处于开发的初级阶段及存在破坏生态环境现象等特点,小城镇旅游有着广阔而美好的前景,但缺乏科学合理的规划,致使盲目建设现象严重。风景旅游的发展应注重景观、旅游、生态三个层面的内容。

1) 景观:小城镇风景旅游规划的基础

自然风光和乡土文化共同构成了小城镇景观的二元素。小城镇风景资源虽知名度不高,但"山不在高,有仙则名;水不在深,有龙则灵",山与水指的是自然风光,仙与龙则指蕴涵的文化韵味,两者有机地融合便达到"虽由人作,宛自天开"的效果。

A. 自然风光:山、水、林、田构成了自然环境空间的主体要素,共同呈现出相互交融的自然生态格局。应调查发掘与分析评价小城镇所特有的地形、地貌、水文和气候等自然景观资源,研究确定小城镇的景观特色与目标。

B. 乡土文化:历史文化和近代革命史迹共同构成了小城镇的乡土文化内涵,应深入了解当地的古迹遗址、古树名木、历史人物、民间传说及民风民俗等,以景点形式纳入到旅游规划中,并要冲破"文化传统的表达"的局限,进行文化内涵的深层挖掘,注重用隐喻及象征手法来展示乡土文化的魅力。

2) 旅游:小城镇风景旅游规划的具体内容

规划的目的在于实施,风景旅游规划的目的是为游人创造时间与空间的差异、文化与历史的新奇以及生理与心理的满足。设计中应把握"以人为本"的设计理念,以人的心理活动和行为感觉舒适作为旅游设计的出发点。怎么"游"便是设计的核心内容,应当包括对游客市场分析、组织旅游线路和布置旅游景点这三方面的内容。

3) 生态：小城镇风景旅游规划的出发点，人类可持续发展的要求

旅游开发决不能破坏生态环境，建设生态旅游是风景旅游规划的出发点，也是最终目的。生态系统是指生物群落与生活环境间相互作用而形成的一种稳定的自然系统，旅游的开发必然要打破这种稳定。在设计中应始终把握生态理念，加强规划界、生态学界和社会学界等多学科的综合研究和论证，充分考虑生态系统循环中的能量流动、物质循环和信息传递，把握环境容量，保护生态环境，维持生态平衡。❶

案例5：阳朔——城在山光水色中（图5-10～图5-14）

图5-10 阳朔现状城市建设范围

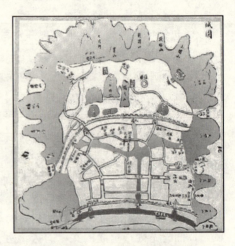

图5-11 阳朔古城池

图5-12 刘三姐歌圩

图5-13 街巷与风景的融合

---

❶ 李学斌. 景观、旅游、生态——小城镇风景旅游规划设计的探索[J]. 小城镇旅游，2002(4).

5.4 旅游资源型小城镇

图 5-14 阳朔鸟瞰

[图 5-10~图 5-14 引自：中国城市规划设计研究院. 桂林漓江风景名胜区总体规划(2004-2020)]

（1）资源特点

阳朔县位于广西壮族自治区东北部，属于漓江国家级风景名胜区。阳朔县城位于漓江下游东岸，历史悠久，风光秀丽，是中国的旅游名县。全县有奇特山峰2万多座，大小河流19条。城市北、西、南侧均为群山环绕，东临漓江，北向东岭，是典型的"城在景中，景在城中"的城市格局。众多的人文景观、美丽的自然山水、奇巧的洞穴、秀丽的田园风光和淳朴的民风民情，构成了阳朔独具特色的旅游资源。

（2）保护与开发模式

1）保护城镇的自然风景，保持自然与城镇和谐相容

城镇内外的自然风景构成了风景型小城镇的独特风貌。阳朔整个城镇完全融入了自然环境之中，是一种小巧灵秀的美丽。碧莲峰是全城的视觉控制点，也是"阳朔八景"的代表。对于这类核心景观，应该保护原有通透的景观廊道，周边留出一定的控制地带，建筑从高度和体量上要充当配角。蟠桃山等环绕城市的山体和碧莲峰共同构成了阳朔的整体空间格局。在城镇发展布局中，阳朔保持了自然山水画的特色，这既是出于对景观的保护，也是为了将城镇发展控制在合理的生态容量之内。漓江东岸的带状空间是整个城市最重要的景观背景，沿江景观带建设要充分考虑与自然山水的结合。最近两年建起的刘三姐歌圩，不仅对原址地形破坏小，且具有当地乡土风情，以游船作为听众席，仅在短时间内占用江面，对空间的占用灵活机动，是一种很好的开发方式。❶

2）合理利用城镇风景，创造优美宜人的度假环境

为了充分展示优美的自然风景和独特的城镇风貌，阳朔在近几年狠抓旅游基础设施建设，接待设施和度假环境都上了一个新台阶。至2003年底，全县共有旅游饭店188家，床位8800多张，其中相当于三星级的酒店有10家，床位占

---

❶ 中国城市规划设计研究院. 桂林漓江风景名胜区总体规划(2004-2020).

30%，❶ 还下大力气兴建并规范了大批农家旅馆。同时，对著名的历史街区阳朔西街进行了全面的整治，老城区进行改建，整治后的房屋建筑更富有民族风格。针对旅游者的商业服务和特色民俗展示有效地配合了老街的改造，丰富了阳朔的休闲度假内容。漓江精华游、漓江夜游、农家乐、休闲游、徒步游、健身游和修学游等丰富多彩的旅游方式，都促使阳朔旅游从风景观光向休闲度假的方向转变。2003年，出席世界旅游组织旅游目的地开发与地区合作研讨会的专家们通过实地考察后认为，阳朔是"休闲度假最佳目的地"的主题城镇。❷

5.4.3 生态型小城镇

生态旅游是20世纪为适应人们"回归自然"和保护环境的需要而产生的一种新型旅游形式，它将是21世纪旅游发展主要趋势之一。生态旅游（Ecotourism）一词由国际自然保护联盟（IUCN）特别顾问、墨西哥专家谢贝洛斯·拉斯喀瑞（H. Ceballos Lascurain）于1983年首次提出，并在1986年墨西哥召开的国际环境会议上被正式确认，得到世界各国的重视。❸ 在短短20年的时间里，世界生态旅游发展非常迅速。据世界旅游组织估计，目前生态旅游收入已占世界旅游业总收入的15%~20%，年产值已超过2000亿美元。❹ 生态旅游作为一种宣传主题和产品品牌，日益深入人心，与此同时，学术界对生态旅游的研究给予了极大的关注，并一直进行积极的探讨。

目前，旅游有两个研究领域属于突出的热点：一是城市旅游，二是生态旅游。❺ 城市旅游的研究在20世纪80~90年代真正发展起来。❻ 其原因主要是，后工业化的到来、城市综合实力的增强、环境的改善，以及各种配套服务设施的完善，带来了更多商务、会议和国内外交流的客人，从而使城市具有了旅游管理、接待、集散和辐射中心的功能，旅游的"城市化"使一些专家、学者将目光投向这一领域。就国内目前对城市旅游的研究而言，注重对城市旅游形象的探讨和开发城市旅游的重点大多放在商务旅游、会议旅游上，而对城市生态旅游提之甚少。城市生态旅游是目前旅游资源开发研究中的一个新课题。

生态旅游定义包含两个基本内容："首先，生态旅游是一种以自然环境为资源基础的旅游活动；第二，生态旅游是具有强烈环境保护意识的一种旅游开发

---

❶ 阳朔投资指南［EB/OL］. 阳朔旅游网，http://www.yangshuotour.com/chs/zsxm_index.asp.

❷ 广西阳朔县成为世界旅游组织休闲度假最佳目的地［EB/OL］. 中国新闻网，www.chinanews.com，2003-12-31.

❸ 印开蒲，邸和琳. 生态旅游与可持续发展［M］. 成都：四川大学出版社，2003：7.

❹ 万绪才，朱应皋，丁敏. 国外生态旅游研究进展［J］. 旅游学刊，2002(2)：68.

❺ 李艳娜，胡波. 城市生态旅游初探［J］. 重庆工学院学报，2002(2)：87-89.

❻ 俞晟. 城市旅游与城市游憩学［M］. 上海：华东师范大学出版社，2003：30.

方式。"❶ 可见，生态旅游对旅游的客体(生态旅游吸引物及其环境)和主体(旅游者)都有明确的要求，是一种高层次的旅游活动。生态旅游作为当今国内外旅游的热点和趋势，已经并正在吸引着越来越多旅游组织的注目和游客的参与。世界旅游组织预测，生态旅游将是21世纪旅游业发展的主要方向和基本模式。

国家旅游局在1999年推出的宣传促销主题为"生态旅游年"（后改为"生态环境旅游"），体现了政府和业界对生态旅游的高度关注。然而，相当一部分以旅游作为主导产业和以"生态旅游"作为主要卖点的小城镇没有遵循真正意义上的生态旅游开发利用原则，社会公众缺乏发展生态旅游的意识，许多具有高质量生态条件的地区环境污染和生态破坏正在加剧，"目前有22%的自然保护区因开展生态旅游而造成破坏，有11%出现旅游资源退化"❷。

生态旅游，就是让游人在良好生态环境中或旅行游览，或度假休息，或健康疗养；同时认识自然，了解生态，丰富科学知识，进而增强环境意识和生态道德观念，更自觉地关爱自然，保护环境。❸ 可见，生态旅游是一种对环境保护负有责任的旅游方式，它同传统旅游形式的本质区别在于，生态旅游必须具有促进生态保护和旅游资源可持续利用的特点。❹ 因此，生态旅游又要有目的地提高旅游景区的旅游环境质量，使人们在享受、认识自然的同时，又能达到保护自然的目的，从而实现人与环境的和谐共处，其根本宗旨就是贴近自然、保护自然和维护生态的平衡。生态旅游必须和生态环境的保护有机结合起来，强调在维护良好环境质量的前提下开展旅游。生态旅游不能把生态消费摆在首位，不能以牺牲环境为代价。因此，必须要保持旅游区域内的环境质量，保持生态自然资源与文化遗产的多样性，实现生态系统的良性循环和有序发展，保持好优异的自然环境。

目前，我国的城市，尤其是历史文化名城，在旅游开发过程中由于缺乏对城市自然与人文生态环境整体性的有效保护，破坏了原有的景观特征，割裂了其历史文脉，失去了旅游开发和旅游审美的价值，而这一切产生的主要原因之一，就是割裂了城市自然生态和文化生态这两者的整体性联系。而作为世界文化遗产和中国历史文化名城的丽江古城，在当前的旅游开发过程中也面临着同样的问题。所以，对丽江古城旅游业可持续发展的问题，有必要从城市生态旅游的角度来研究和分析，探讨以城市生态旅游来实现丽江古城的可持续发展途径，在大规模旅

---

❶ 牛亚菲. 可持续旅游、生态旅游及实施方案 [J]. 地理研究，1999(2)：180.
❷ 生态旅游岂能破坏生态 [N]. 光明日报，1998-5-23. 转引自：张广瑞. 生态旅游的理论与实践 [J]. 旅游学刊，1999(1).
❸ 张建萍. 生态旅游理论与实践 [M]. 北京：中国旅游出版社，2001年：78-87.
❹ 印开蒲，娜和琳. 生态旅游与可持续发展 [M]. 成都：四川大学出版社，2003：21-24.

游开发的今天，保护好这一人类文化的珍贵遗产，让古城的魅力永久得以保持。❶

基于理论探索的角度，本节的生态型旅游小城镇概念是指小城镇身处自然保护区、风景旅游区、森林公园、草原、湿地和海滨海岛等区域，自然生态条件优越，相应地对各种环境变化也较敏感，需要旅游发展、社会进步和生态保护三者保持高度和谐。办好生态旅游，加强环境教育，协调城镇发展和环境保护的关系，实现旅游全过程的生态化目标，是发展生态型小城镇旅游的重点。

5.4.3.1 生态类小城镇旅游资源和环境特点

该类小城镇包括两种类型：

(1) 自然生态类小城镇：有着良好的生态环境，一般来说，包含以下几个特点：有着较为完整的生态系统和生物进化过程，并且生态系统处于较好的平衡状态；生态过程比较连续；生物多样性丰富，包含一些稀有种或特有种，这些种类在地区，甚至全国占有重要地位；生态环境受到的人为干扰或污染较小，可进入性较差，因此生态环境的原生性较强；自然环境的生态价值较高；生态资源具有一定的规模。

(2) 人文生态类小城镇：具有较好的人文生态环境，一般来说，包含以下几个特点：具有相对比较完整的传统文化系统；城镇文化保持了较为浓厚的民族特征或地域特征；社区文化特色突出。

5.4.3.2 生态类小城镇旅游资源保护、利用中出现的问题

(1) 对生态旅游理解的误区造成了生态城镇旅游资源的破坏

生态旅游产生于 20 世纪 80 年代，到 90 年代初，它已经成为大家所关注的焦点。时至今日，生态旅游已经成为国际旅游业发展最快和最重要的部分。在中国，生态旅游概念一度被旅游经营者和开发者曲解，从而造成了对自然生态原始而保存完好的自然生态旅游地和人文生态古老而神秘的人文生态旅游地的大规模开发，其结果造成了生态旅游资源的大规模破坏，生态类小城镇也普遍遭到了破坏。旅游开发和旅游业发展带来的破坏主要体现在以下几方面：旅游业开发和游客的进入导致自然生态系统受到了较多的人为干扰，从而影响了生态环境的完整性、物种的丰富性以及生态过程的连续性，降低了生态环境质量；大量旅游者的涌入和旅游开发设施的涌入，使古老的人文生态旅游城镇中传统的生活方式受到了冲击，人文生态资源遭受了一定程度的破坏。

(2) 生态城镇中"非生态开发"现象普遍

生态旅游是一种旅游模式，其概念主要包括三方面内涵：生态旅游的目的是去生态旅游地学习、欣赏、参与、研究当地的自然和文化景观；生态旅游的六大特性是生态系统的完整性、自然环境的原始性、地域的边远性、较差的可进入

---

❶ 唐跃军. 丽江古城城市生态旅游开发研究 [D]. 武汉大学硕士学位论文，2004.

性、文化的独特性和社区的传统性;生态旅游的目标是强调环境保护和社会的可持续发展,同时为当地居民提供积极的社会参与,并通过其经济收益或外来援助,为生态旅游地的可持续发展做出贡献。但是,现在生态城镇中的旅游开发采用的还是大众旅游的模式,"非生态开发"现象普遍,主要包括以下几方面问题:旅游资源开发中对教育的关注普遍较少,对游客的知识教育和环境教育重视不够;对生态环境、生态系统的保护虽在某些地方引起了一定的重视,但仍存在着很多不足;人文生态城镇开发中,对当地社区的传统性、文化的独特性的保护力度不够;很多城镇旅游开发中将当地居民摒除在外,既缺少居民的参与,又未考虑到当地居民从发展旅游中所得收益;生态城镇中旅游服务设施非生态化现象严重等。

5.4.3.3 生态类小城镇旅游资源的保护和利用原则

(1) 生态化原则

该类小城镇以生态环境优良见长,因此生态环境的保护是该类型城镇旅游资源开发和保护的重点。旅游项目的设置、旅游业的开发布局和服务设施的设计等方面,都要以保护生态环境的原生性、生态系统的完整性和生物多样性为原则,突出生态化、原始化和自然化。同时,加强旅游城镇环境和周边环境的生态美化和改造,营造生态化的环境氛围。

(2) 原真、原生、原创的"三原"原则

"三原"原则是针对人文生态,尤其是民族村镇的开发而言。

1) 原生性:民族村镇是在长期的历史演变过程中,在特殊的自然环境中形成的特殊聚落,任何不恰当的搬迁都会破坏其应有的聚落生态,至少在景观上和聚落生产、生活方式上是如此。原生性包括聚落环境的原生性、聚落空间结构与布局的原生性、聚落内建筑的原生性、聚落生产与生活工具的原生性和行为方式的原生性。

2) 原真性:人类的历史在继承与发展中前进,民族特色村镇也是如此。在其发展过程中,由于人为因素和自然因素的破坏,一些建筑、村镇布局时常遭到局部或全部的损坏,修复的原则之一是保持其修复内容的原真性,即依照原有风格特点进行修复。

3) 原创性:随着时代进步,民族村镇的一些内容在外来文明的影响下或内部因素的催变下需要发展,其发展的改变需要遵循原创性原则,即继承原有特色和合理要素,结合自身环境条件特点,创意设计符合其发展条件的新的村镇特色。

(3) 教育性原则

与其他类小城镇相比,该类小城镇旅游资源开发中应更重视挖掘旅游资源的教育作用。挖掘旅游资源所内涵的知识,通过解说系统、展示系统,与当地居民的直接接触和旅游从业人员的以身作则等方式,对游客进行生态知识和环境知识教育，丰富其知识，培养其环境意识，使小城镇力求做到科学性、知识性与可观赏性的统一，使游人在游览观光的同时，能够得到知识的陶冶和精神的享受。

5.4.3.4 生态类小城镇旅游资源开发方向

生态类小城镇旅游资源的开发利用分两个部分。

(1) 加强对自然生态旅游资源的开发利用

1) 保持自然生态环境的原生性

在旅游开发时尽量减少对原生环境的破坏。在设置旅游项目时，尽量选择对原生环境干扰较小的项目，旅游业开发布局要以不破坏当地生态系统为原则，以保持生态环境的原生性。

2) 维护自然生态过程的连续性

充分依据区域自然山水格局，树立小城镇体系的人工与自然景观区域的系统观念，确定最佳的镇区景观生态格局，保护关键性的要素如山头、水面、绿地和城镇边界。旅游开发时，尤其在旅游设施布局时，尽量保持生态系统的完整性和自然生态过程的连续性，以维护自然过程的连续性，从长远角度控制镇区的景观生态质量和变化趋势，维护镇区生态安全。

生态旅游的开发应与现有的自然人文历史的旅游开发同步，做到相互补充、相互促进，引导和鼓励向生态旅游投资，加大开发力度。在开发生态旅游过程中加强对环境的保护，做到资源的可持续性利用。

3) 保护物种及生物多样性

物种的多样性是生态系统稳定的基础，生态性小城镇一系列年代久远、种类多样的生物与环境已形成具有良好适应关系的乡土栖息地，应注意保护和建立多样化的乡土生态环境系统。对珍稀动植物品种在调查清楚资源本底的前提下进行重点保护，尤其对动物通道和繁殖地等要进行严格保护，严禁随意采挖和捕杀珍稀动植物。此外，在进行充分考察论证和确保不破坏当地生态系统的前提下，引进当地优势种、特有种和改良当地动植物种类，从而增加生物多样性。

4) 加强周边环境的生态改造，形成良好的生态氛围，构建生态城镇格局

建设交通绿色廊道、水系绿色廊道和镇区园林绿地系统，从而形成镇区绿色廊道体系。充分利用自然景观要素如山体、水系和绿化等作为镇区开放空间的基体，结合镇区自然山水格局和绿化体系，以生态原则确定土地形态上的差别以及各自的价值和限制，由此划定开放空间，构筑科学的开放空间框架。

将自然景观引入城镇建设中。镇区景观系统的开发规划尽可能保持与自然山水的联系，在建设特色景观时，注意将自然景观引入城镇重点地段，使镇区与山水相融。

整合城镇结构与自然生态之间互相依存和彼此协调的关系，进而通过创造性的建设，形成具有鲜明城镇艺术特色和个性的生态城镇格局。

促进镇区基础设施、接待设施和旅游要素向生态化转型，镇区基础设施应按照生态系统理念，运用生态学的原理进行规划、设计和建设，生态化后的旅游要素可能也会出现旅游要素的资源化特点。

5）建立自然保护区

在生态系统完整、生态环境原生性强、生态功能较强和物种丰富的地区建立生态自然保护区，以有效保护核心生态资源。划分自然保护区的核心区、控制区和外围带，分别制定保护和开发措施。

(2) 加强对人文生态资源的开发利用

文化资源是旅游业产生吸引力的源泉，是旅游业的灵魂和可持续发展的基础。旅游是文化的载体和窗口，❶ 旅游景点要产生强烈的吸引力，就必须充分认识到文化价值的作用，挖掘当地的文化资源，通过文化创造提炼出文化精品，用适当的方式将资源所蕴藏的无形的文化内涵用具体的形式表现出来。旅游业的存在与发展，既有赖于作为旅游者的人为其主体，更有赖于能够对旅游者产生巨大吸引力的旅游资源作为其对象和客体。而作为旅游客体的旅游资源必须具备两个基本条件：一是能够让旅游者获得一定的物质享受和精神满足；二是要蕴涵着较高的历史、文化、艺术及科学价值。由此可见，文化无论是具象性的实物，还是无形的精神产品，都具有成为独特旅游资源的客观基础。

文化生态旅游的旅游吸引物为具有特色的文化景观，这些文化景观除了作为文化载体的特色城镇、文物古迹、古建筑、宗教寺庙、民居建筑、民族服饰、饮食习惯和节日庆典等外，还有一种可以感觉但难以表达的气氛、感情与风格等，如宗教文化区域、民族风情区域、区域精神、区域气氛和区域风格等。❷

文化生态旅游要促进文化生态平衡和文化完整性的保护，文化生态旅游是一种可持续发展的旅游。现代旅游业在帮助发展旅游目的地的经济和提高区域文明程度的同时，也造成了许多负面效应：随着旅游业的蓬勃发展，无节制的旅游活动，游客的大量介入，使得地方原有的社会文化受到了极大的冲击和干扰。旅游对古城镇文化发展带来了很多负面效应，古城镇文化旅游的文脉正在丧失，文化生态景观正在遭受破坏。因此，维护古城镇文化生态平衡和文化的完整性的重要性丝毫不亚于维护自然生态平衡。❸

1）推进传统社区向生态型社区的转型

传统镇区注重人的消费，而生态型镇区更重视人与自然的融合与和谐。建立生态型镇区，应更多地考虑人与自然的时空联系，在设计人类生活和活动空间的

---

❶ 张波. 旅游业发展中的文化价值论——以云南丽江旅游业为例 [J]. 思想战线, 2003(3).
❷ 黄安民, 李洪波. 文化生态旅游初探 [J]. 桂林旅游高等专科学校学报, 2000(3).
❸ 唐跃军. 丽江古城城市生态旅游开发研究 [D]. 武汉大学硕士学位论文, 2004.

同时，留有自然生物联系的空间。

2) 保持人文生态的原生性

研究并挖掘人文生态中的民族文化或地方文化内涵，在旅游开发时，对旅游资源的开发、修复和再创造都应当尽量保持旅游资源的原生性，包括周边环境的原生性、空间结构与布局的原生性、建筑风格与材料的原生性、生产生活方式与工具的原生性以及民俗风情的原生性等。

3) 保持社区的原生性和独特性

社区是人文生态资源的重要组成，也是对人文资源进行保护和了解人文生态知识的重要途径。旅游开发中要保持社区的原生性和独特性，使社区居民参与到旅游开发中去，并加强社区居民对旅游环境保护和旅游收益分配的参与程度，加强人文生态的保护和开发。

4) 乡村旅游的开发方式

其游览项目主要有：以"住农家屋、吃农家饭、干农家活、享农家乐"为内容的民俗旅游；以收获各种农产品为主要内容的采摘旅游；以春节、端午和中秋等民间传统的节庆活动为内容的乡俗节庆旅游。这种开发方式比较灵活，市场前景广阔，但旅游产品开发粗放，有待进一步提高，以形成精品和特色。

案例6：大陈镇——优美的海上森林公园[1]（图5-15、图5-16）

图5-15 大陈岛甲午岩　　　　　　　图5-16 大陈岛砾石滩
（引自：台州市旅游局，《台州旅游》，2003.）　　（引自：台州科技信息网，www.tzinfo.gov.cn）

(1) 资源特点

大陈镇坐落于东海之滨的大陈岛，是浙江省著名的海岛渔业集镇。大陈镇驻地距台州市椒江区52km，总面积11.89km^2。大陈岛山海一体，水天一色，环境质量优良，气候温暖湿润，森林覆盖率高，1993年被批准为省级海上森林公园。大陈

---

[1] 中国城市规划设计研究院. 浙江台州市旅游发展总体规划(2004-2025).

岛拥有"东海第一大盆景"之称的甲午岩等自然景观，更有以三军挥戈东海—大陈浩劫—垦荒历史—胡耀邦上岛视察为主线的富有传奇色彩的人文景观。目前，大陈岛已被列入"红色之旅"浙江旅游线之中，是青少年爱国主义教育基地。

(2) 保护与开发模式

1) 重视生态城镇的规划设计，是遵循环境保护的前提

海岛是生态旅游研究的重点区，海岛旅游带来的环境问题比陆地更加突出。大陈岛拥有丰富的森林资源和历史文化内涵，具有发展生态旅游的有利条件。生态型小城镇的景观设计要以环境可持续发展为前提，将观赏价值与充分发挥生态功能效益结合起来，与田园风光、自然生态环境相协调，与以保护生物多样性为主的自然景观和以建筑、道路等为主的人文景观有机结合起来。

生态旅游开发要注重针对具体的地形地貌、气候气象、民俗风情、文化传统和建筑风格进行规划设计。大陈岛的民居建筑风格体现了海岛渔村的特色，城镇布局分散与集中相结合，与周边渔港、海蚀地貌协调统一，多选用岛上石材等建筑材料，并对台风等自然灾害有针对性的设计。今后的城镇建设要积极采用新型环保建材和建筑工艺，妥善处理好建筑垃圾。

2) 营造海岛生态度假旅游环境，开展生态旅游体验活动

对岛上的建筑和基础设施进行整治和维修，建设一定数量和不同层次的度假设施。要大力开展节能降耗工作，在沿海区域要发展潮汐能和风能等再生能源。建设生态度假村，建立会员制服务方式，发展高档次的俱乐部度假，吸引长江三角洲的富人阶层。改造和发展岛上中档宾馆和渔家乐等大众消费层次的住宿接待设施，在环境质量要求相对较低的区域，有选择地建设健康型新概念海水浴场和海上运动中心，注意控制合理的环境容量和游客数量。

大陈岛风能资源丰富，风电厂、风力田的建设，为旅游业提供了能源保障和观光的独特场所。另外，上、下大陈岛森林覆盖率分别达到了61%和52%，乔灌草结合，常绿落叶结合，一些珍贵的海岛观赏性树木生长繁茂，形成了优良的森林植被景观，是天然的海岛植物园，成为生态观光的重要场所。大陈渔场作为浙江第二大渔场，相应产生了生态旅游品牌的旅游项目，如渔村风情观光、海珍品养殖考察、品尝海鲜和滩涂拾贝等。由于大陈岛生态环境的敏感性，所开展的旅游活动宜采取生态化的游览方式，避免游艺型设施和人工化建筑的嵌入，通过合理的游线设计分流游客，保持整个海岛城镇的原有生态氛围和景观特色。

3) 将环境教育融入旅游解说中

应把培养生态旅游专业人才，开展生态环境保护宣传和教育，以及提高海岛居民、当地政府领导、经营者和旅游者的环保意识作为大陈岛生态旅游开发的一项重要工作来抓。熟知海岛地理、动植物生态和环保知识的专业导游是开展生态旅游的前提条件。大陈岛的生态旅游开发还需要配以科学的牌示系统、语音导游

机、电子触摸屏和生态知识展示场馆等解说设施，针对不同年龄和知识层次的游客开展与导游互动的环境教育活动，增加海岛生态旅游体验。

5.4.4 乡村度假型小城镇

乡村旅游（亦称农业旅游），即以农业文化景观、农业生态环境、农事生产活动以及传统的民俗为资源，融观赏、考察、学习、参与、娱乐、购物、度假于一体的旅游活动。❶ 我国的乡村旅游于20世纪90年代开始迅速发展，各种乡村观光和乡村度假层出不穷，往往表现为"农家乐"与"渔家乐"等形式，主要集中在大城市周围。这类小城镇的区位条件优越，其所属的乡村田园风光优美，是城市居民对回归大自然、融入大自然追求的理想场所。旅游项目主要有：以住农家屋、吃农家饭、干农家活、享农家乐为内容的民俗旅游；以收获各种农产品为主要内容的采摘旅游；以春节、端午、中秋等民间传统的节庆活动为内容的乡俗节庆旅游，或以地方农事特色的节庆活动为内容的节庆旅游。

5.4.4.1 休闲度假类小城镇旅游资源和环境特点

（1）生态环境良好，有一定的旅游资源基础

良好的生态环境是休闲旅游的基础，如广东清远市三坑镇的自然环境较好，并发现有河中温泉，就吸引投资兴建了滑草场、温泉区和娱乐馆等一批休闲设施，成为附近地区度假的好去处。高明市杨梅镇的山水在珠三角广阔平原中较有特色，目前也吸引了附近一些游客休闲度假。不过从大范围比较来看，这些旅游资源并不突出，这适于休闲度假类开发，而并不适于发展为以观光为主体的景点旅游。

（2）客源市场潜力较大

由于能满足大中城市居民休闲度假需求，休闲度假类小城镇广受大中城市客源市场的青睐，尤其近域大中城市居民更是其重要的客源市场的支撑。随着经济社会发展水平的提高，城市居民休闲度假需求更为旺盛，休闲度假类小城镇市场前景十分广阔。

5.4.4.2 休闲度假类小城镇旅游资源保护和利用中出现的问题

（1）存在着严重的资源破坏和浪费现象

度假旅游业的快速发展为度假旅游小城镇带来了可观的经济收入，带动了当地的经济发展。但由于在开发中缺少统一政策、区划和规划，没有统一的原则和规范，许多地方不经论证和严格的审批程序就自行选划和圈占度假旅游景点，粗放建设、管理和经营。工作中不注意资源利用的总体效能，只顾眼前和局部的利益，不关心全局与长远的发展，更不考虑目前的开发经营对资源的影响等，造成

---

❶ 王兵. 从中外乡村旅游的现状对比看我国乡村旅游的未来［J］. 旅游学刊, 1999(2).

度假旅游资源的使用不当和大量的破坏与浪费,而且对今后的继续深化开发和充分完整利用制造了许多障碍与困难,其中不少是难以克服的或恢复代价非常高昂的。

(2) 宏观调控能力不足,缺乏科学指导和统一规划

小城镇度假旅游资源开发中各自为政、无序开发和近距离重复建设现象严重,景区、景点建设缺乏相互协调,未形成统一的旅游网络。譬如分工不明确,度假旅游产品存在雷同趋势,一些度假旅游小城镇盲目地兴建了诸如主题公园等人造景观,造成社会、经济效益低下。以荣成市石岛镇为例,镇内铺设了宽敞的水泥街道,街道两旁是高耸的钢筋混凝土大楼,其风格基本上都是内地建筑的翻版,缺乏地方特色,现在已很难感受到传统海滨渔村的气息。

(3) 旅游资源的开发力度不够,开发方向不明确,旅游资源优势远远没有转化为产业优势

目前很多度假旅游小城镇在开发上出现4个方面的主要问题:开发模式落后,缺乏创新性;开发定位不明确,缺乏特色性;开发档次不高,缺乏知名度;精品意识不强,缺乏文化性。从总体上看,度假旅游产品的开发还主要停留在对传统度假旅游产品的设计与组合上,对新型度假旅游产品和度假旅游资源的文化内涵挖掘不够,旅游资源特色没有发挥出来,造成游客在度假旅游地停留天数少,购物和娱乐等消费少,旅游经济效益低。

由于对资源特色与开发方向把握不够,度假旅游区出现了较严重的旅游产品同质化和区域旅游产业同构化现象。旅游产业的同构化导致了恶性竞争,并使旅游业整体抗风险能力大大降低,不利于规避风险,不利于充分发挥区域特色。

(4) 其他产业开发建设不当,破坏了度假旅游资源的环境质量

旅游业与其他产业共存于同一个地域系统中,彼此之间存在着密切的联系,因此,其他产业开发建设不当将造成度假旅游环境和资源质量下降,从而降低度假旅游资源的吸引力。如港口建设造成海滩侵蚀和海滩退化,从而降低海滩资源质量;近海养殖业发展造成海水污染严重;工业三废的排放导致度假旅游资源的污染等。

5.4.4.3 休闲度假类小城镇旅游资源的保护和利用原则

(1) 度假设施开发充分尊重和利用原有资源与环境

无论小城镇度假旅游资源是否优良,在度假旅游资源开发时,建立起度假区设施和自然环境之间相互兼容的、协调的比例关系是非常重要的。因此,度假区项目设施的营建、度假环境和氛围的营造以及旅游形象的塑造,应充分考虑环境特点,营造合理、经济和典型的地方景观特色。

(2) 加强对城镇的旅游景观和环境的保护

重点抓好以下几方面建设：协调好其他产业与旅游业发展的关系，降低其他产业对旅游业造成的破坏；从治理各种污染源入手，加强度假设施和度假活动的环境污染控制；进行环境污染成本核算，将环境治理费用纳入到旅游费用中；对旅游容量进行有效控制；加强重点旅游资源的保护。

(3) 加强度假旅游资源的深度开发

重点在于：把握资源特色和市场需求，明确开发方向和主题；丰富旅游产品类型，增加文化内涵，提升资源开发档次；探索新的开发模式，对旅游项目、旅游内容进行创新设计，增加度假旅游产品的整体吸引力等。

5.4.4.4 休闲度假类小城镇旅游资源开发方向

该类小城镇旅游资源的开发应加强以下几方面建设：

(1) 应对度假旅游资源进行详细的调查。尤其是以环境为依托的度假类小城镇，进行旅游资源开发前，除对度假环境有一个大致性的了解外，对重要的度假旅游资源要有详细的调查。如海滩的长宽、沙砾度和坡度，山区的氧离子含量、温泉的成分及相应的疗效等，这些基础资料是决定度假旅游发展规模和发展等级的重要依据之一。

(2) 在开发度假旅游设施时要充分利用自然环境。在以环境为依托的度假类小城镇里，区内及周边地区的造景与环境保护，能让旅游者更紧密地接触自然，并强化旅游者对不同环境的体验。

(3) 在开发各类度假旅游资源时应围绕一定主题进行。以环境为依托的度假小城镇中，旅游形象的设计应以当地资源和环境特色为依据，度假区设施应只起到强化和补充这种形象的作用，而不能喧宾夺主。环境特色不突出的小城镇，旅游设施建设应体现一种特有的主题或表现出当地独有的建筑风格，且各设施之间、设施与周边环境之间风格须协调统一，共同形成统一的开发主题。主题的最终选择要充分考虑到当地环境特色、目前的市场需求以及周边同类项目的竞争分析等要素。

(4) 加强度假旅游资源的保护。保护小城镇中特殊的环境特征，包括海滩、池塘、湖泊、历史遗址、滑雪山地、大型树木、树丛和特殊的地质景观等。保留城镇中不宜开发的地区，如沼泽和陡坡，通过造景、设立人行通道以及在陡坡上设立观景点或乘船穿越湿地等设计，把这些地区利用起来，成为度假旅游中的环境吸引物。

(5) 在旅游资源开发过程中增加文化内涵。如将渔文化和农耕文化有机融入到现代休闲产品的开发中。

(6) 增加度假旅游资源开发的参与性。让旅游者通过亲身参与，满足其休闲和社交等多方面需求，尤其是乡村旅游小城镇，可通过采摘与农家乐等方式，大力开发参与性强的休闲旅游产品。

案例7：阳山镇——都市边的世外桃源（图5-17）

图5-17 大阳山桃花胜景

[引自：中国城市规划设计研究院．江苏无锡市旅游发展总体规划（2004-2020）]

（1）资源特点

阳山镇位于江苏省无锡市西15km，南临太湖，北靠京杭大运河，地理位置优越，水陆交通便捷。境内有4座山丘，其中大阳山顶有古代火山喷发口。小镇山明水秀，土壤肥沃，拥有远近闻名的阳山水蜜桃。全镇9.6km² 的土地中，水蜜桃栽培基地面积3万多亩，投产面积1万多亩，年产量1.2万吨以上。阳山镇充分利用水蜜桃采摘期，开展农家乐、体验式农业观光和水果采摘等活动。

另外，小镇的自然和人文旅游资源也比较丰富，古代火山喷发口——大阳山，千年古刹——朝阳禅寺等都是度假休闲的好去处。阳山镇每年还举办阳山桃花节，开展各类游客参与性活动。目前，每年一度的桃花节吸引了周边地区的大量游客光顾，成为都市周边的度假胜地。

（2）保护与开发模式

1）休闲观光式的度假方式

这类度假方式主要包括以下内容：游客住在农民家里，吃着农民自己耕种的粮食和蔬菜，观赏周围的田园风光。有些乡村观光还包含"农业观光"和"绿色旅游"等生态旅游内容，通过参观塑料大棚蔬菜种植、禽畜饲养场等高科技环保型农业设施，增加对现代农业生产方式的认识和了解。阳山镇依托农家小院吸引无锡市内游客进行周末两日游的短时度假，并可参观大面积的桃园美景和其他农作物生产。

2）参与各种农业劳动的度假方式

从国际上看，游客参与农事活动的度假方式主要有两种典型模式：其一是波兰乡村旅游与生态旅游的结合，游客的活动内容也是参与种植、采摘等，然而接待的农户均是生态农业专业户，一切活动在特定的生态农业旅游区内进行；其二是匈牙利乡村旅游与文化旅游的结合，把优美的田园风光和悠久的历史文化有机融合。❶ 阳山的乡村旅游包含了以上两种方式的内容，既有每年阳山水蜜桃成熟期的采摘、品尝等活动，又有桃花节、朝阳禅寺、火山口等人文和自然旅游资源作为补充，构成了比较完备的休闲度假旅游吸引物结构体系。

5.4.5 要素型小城镇

要素性小城镇是指以吃、住、行、游、购、娱等六大旅游要素为主要旅游资源的小城镇，此类旅游小城镇中除具备一定的风景及人文旅游资源外，主要以旅游要素作为旅游吸引物来出现，作为主要的功能来吸引游客。

下面以饮食和购物这两个最主要的旅游要素为例，来研究此类小城镇开发利用中常见的问题及其开发利用的方式。

(1) 饮食

美食是一种融物质与精神为一体的特殊文化现象，在六个旅游要素中，食是第一位的。通过领略游览地的风味小吃、特色菜肴和名特产品，进而深入了解旅游地的风俗习惯、风土人情和文化特征等是游客的主要需要，所以特色美食在旅游经济中占有很重要的地位。

1) 特色饮食发展中一般存在的问题

A. 宣传力度小。美食知名度的高低对小城镇旅游业的发展，吸引客源的范围有较大影响。旅游美食收入尚有很大潜力，与旅游行业的协作性有待加强。

B. 美食旅游精品意识不强。旅游美食与旅游景区景点一样，应具有旅游精品意识和创新意识，应将美食作为特色旅游产品来开发。

C. 科技含量不高。从旅游业的发展趋势来看，未来的旅游服务设施科技含量要求很高，目前的美食旅游还缺乏一定的科技含量。

2) 特色美食的开发构想

A. 树立饮食文化资源观

特色饮食要注重在"文化"上突出特色，弘扬饮食文化，加强饮食文化资源的开发利用。

B. 实施美食旅游品牌战略

提倡饮食的旅游精品意识和创新精神，使有着深厚文化底蕴的品牌发挥效能。实施美食旅游品牌战略，还要结合当地旅游的特点开发系列品牌，要从整体和全局的角度进行开发。

---

❶ 王兵. 从中外乡村旅游的现状对比看我国乡村旅游的未来 [J]. 旅游学刊，1999(2).

C. 加大宣传美食的策划力度

在策划宣传时,应正确处理好以下几个方面的问题:首先,要有正确的宣传理念与宣传战略;其次,应组建市场营销策划组织,制定正确的市场营销战略和方针;再次,要采用不同方法进行宣传。

(2) 购物

这方面著名的地方品牌:广东省(佛山陶瓷、新会葵扇、江门宫灯、阳江漆器、肇庆端砚、河源绿湖春茶、饶平菜脯等)、东北三宝、宁夏的枸杞和青海的冬虫夏草等。

地方特色是旅游纪念品的本质特征。一个旅游纪念品的地方特色可以来自下列一个或者几个因素:

1) 自然地理因素:由于常住地和目的地在气候、地貌、地质、生物等自然地理环境方面存在差异,所以目的地可能出产有特色的农副产品,即土特产,这里仅指农副产品,例如东北三宝、宁夏的枸杞和青海的冬虫夏草等。

2) 社会文化因素:主要表现为区域特有的文化、民族文化、宗教信仰和民俗等,旅游纪念品是上述文化的物质载体,如反映丽江东巴文化的东巴文字木刻画,表现关中文化的五毒布贴绣马夹等。

3) 经济因素:主要表现在由于地区经济发展不平衡,出现目的地某些商品质量、价格和种类方面的相对优势。

4) 历史因素:主要指某些旅游纪念品的生产有历史渊源,或者工艺精湛、知名度高,常被称为"中华老字号",如唐三彩、六必居酱菜等。

5) 地方特色还可以表现在旅游景点内容方面。❶

成功开发旅游纪念品有三个前提:一是该纪念品必须承载当地的历史文化内涵;二是具有一定艺术价值;三是代表一定民族、民俗特色。

此外,旅游纪念品的开发还要注重以下原则和策略:

1) 突出旅游纪念品的民族风格和文化内涵,使其能激发起旅游者的购买欲;

2) 注重旅游纪念品的实用性、装饰性、欣赏性、纪念性、地方性和情感性特点,还要考虑它的便携性;

3) 根据旅游消费者的需求,及时调整旅游纪念品结构和新产品的开发,形成研—产—供—销的良好机制;

4) 提高旅游纪念品的工艺质量、装潢水平和文化品位;

5) 旅游纪念品发展走集约化之路。❷

---

❶ 苗学玲. 旅游商品概念性定义与旅游纪念品的地方特色 [J]. 旅游学刊, 2004(1).

❷ 王雪梅. 羌族特色旅游纪念品开发对策探析 [J]. 阿坝师范高等专科学校学报, 2004(6).

5.4.6 民族风情型小城镇

这类小城镇集中在少数民族聚居的地域,其特色是集民族生产生活习俗、民族文化、民族建筑和自然风光等于一体,主要的旅游产品包括文化旅游、生态旅游和观光科考等类型。中国是多民族聚居的国家,特别是中西部地区分布着众多的少数民族。自国家提出"西部大开发"的战略以来,旅游业成为带动西部经济发展的重要产业。在许多边远地区,旅游业已经成为核心的支柱产业,其中,少数民族风情游和相关的地域与城镇也相应地成为中国旅游的热点。由于文化上与沿海发达地区存在着巨大差异,少数民族地区原始神秘的人文氛围、清洁无污染的优越环境条件以及旅游接待服务的相对完善,民族风情型小城镇对国内外的文化旅游者产生了极大的旅游吸引力。

在这类地区,旅游发展主要面临文化同化和环境污染两个问题。

(1) 少数民族地域由于历史上一直处于主流文化的边缘,战乱、迁徙和民族融合等比较频繁,民族文化的传承比较困难,只有少数远离战乱的地区能够比较完整地保留民族特有的文化遗产,我们称这种现象为"文化脆弱性"。

随着旅游发展和外来游客增多,各种舶来品和现代生活充斥着民族城镇。一些旅游发展迅猛的小城镇缺乏对历史街区和历史地段的保护措施,很多民居建筑甚至是文物建筑被成片拆除,代之以钢筋水泥的方盒子;传统的手工艺和家庭作坊由于不如旅游服务收益高,越来越不受重视并有失传的危险;原有的家庭结构和邻里关系受到经济利益的驱使,出现了恶性竞争带来的人情冷漠和唯利是图;拉客宰客现象愈演愈烈,严重破坏了民族地区纯朴民风在游客心目中的印象等。民族城镇特色的保持由于文化脆弱性的先天不足,很容易出现文化断层,如果再不科学合理控制旅游的发展,这些城镇旅游吸引力的下降和缺失将在不远的将来变成现实。

(2) 少数民族地区由于因袭古老的习俗传统,许多偏远地区保持着依赖于自然的生产生活方式。这种相对原始的社会生活和偏居一隅的地理区位,虽然造成地方经济的长期落后,但从另一个角度看,却使生态环境和自然景观良好地保存下来,人们与自然和谐共生。然而,旅游开发带来的外来游客和服务人口大量涌入民族地区,尤其是一些小城镇,生活垃圾、机动车和噪声等充斥着老街区的角角落落,脆弱的环境容量被屡屡突破也就不足为奇,这可称为"环境脆弱性"。

缺乏科学规划的开发和对自然生态元素的破坏(比如一些地方为了修路而大面积开山毁林,在自然保护区或风景名胜区的核心地带兴建大量现代化的宾馆住宿设施,肆意侵占耕地兴建主题公园等),造成整个旅游区域环境质量的下降,很多具有民族特色的建筑和传统社区交流的场所逐渐消失,草原、湖泊、森林等自然地域上的民族生产活动慢慢萎缩，少数民族地区和城镇的自然环境不断退化。

以下的泸沽湖畔民族小城镇旅游发展的经验是对这类城镇的良好借鉴，从永宁和泸沽湖两个城镇的不同发展阶段和旅游开发效果，可以发现民族风情型小城镇保护和利用的一些基本原则与方法。

案例8：永宁乡、泸沽湖镇——世外仙境女儿国❶（图5-18～图5-23）

图5-18　水天一色的泸沽湖

图5-19　湖畔的小旅馆

图5-20　摩梭少女的歌舞表演

图5-21　雪后黎明的天上人间

（图5-18～图5-20引自：西祠胡同论坛 www.xici.net）　（图5-21引自：无忌图片论坛 www.cameraunion.net）

（1）资源特点

四川凉山彝族自治州盐源县的泸沽湖镇和云南丽江地区宁蒗彝族自治县的永宁乡分别位于泸沽湖的东西两岸，与整个湖域共同组成了泸沽湖风景名胜区。泸沽湖是国家旅游局1997年中国旅游年十大精选游线之一和四川省八条王牌旅游线之一，它将自然景观和人文景观融为一体，尤其是摩梭族独特的文化和民族风俗

---

❶ 中国城市规划设计研究院. 泸沽湖风景名胜区总体规划纲要(2002-2020)；中国城市规划设计研究院. 四川凉山彝族自治州盐源县泸沽湖镇总体建设规划(2002-2020).

5 小城镇旅游资源保护与开发模式

图 5-22 泸沽湖风景名胜区总体规划纲要规划总图

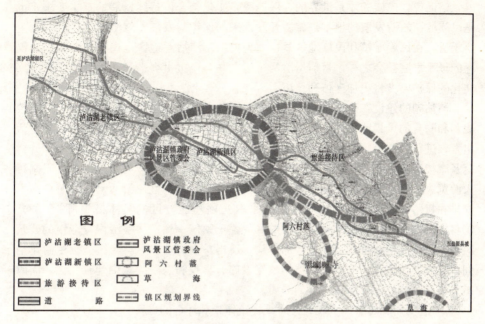

图 5-23 泸沽湖镇功能分区图

使其具有独特而丰富的内涵，在全国乃至全球都是不可替代的世界文化遗产。壮美秀丽的湖光山色，古老原始的社会形态，淳朴独特的民族风情，原始神秘的宗教文化，如痴如醉的歌舞之乡，为旅游开发提供了极其宝贵的资源。

泸沽湖的人文景观十分独特而又丰富多彩，它至今仍然保留着古老的"母系"社会形态和独特的"走婚"风俗，被称为"现代的女儿国"。有近20个自然村以一座座独具建筑风格的摩梭人母系家庭院落为主体，形成一大天然而难得的民俗村景观。目前，云南片区的泸沽湖村镇旅游发展比较成熟，集中了主要的客流，四川片区也加快了协同发展的步伐，形成以永宁乡和泸沽湖镇为接待基地、环湖摩梭村寨和湖光山色为资源依托的发展格局。

"现状旅游设施建设得到初步发展，沿湖一带现已有旅游床位2600床。2001年接待游人26.02万（其中云南一侧24.12万人，四川一侧1.9万人），年旅游总收入7300万元（其中云南一侧7000万元，四川一侧300万元）。旅游发展已促进了地方的经济发展。"❶

(2) 保护与开发模式

1) 保护民族文化，强调功能分区

---

❶ 中国城市规划设计研究院. 泸沽湖风景名胜区总体规划纲要(2002-2020).

俗话说，民族的才是世界的。保护民族文化符合可持续发展的基本要求，也是民族城镇旅游发展的根本。旅游开发带来的保护与发展、旅游与生活这两个主要矛盾，在民族城镇和民族地区显得尤为突出。泸沽湖地区是现代人类文明中仅存的母系家庭社会之一，目前川滇两边正在联合申报世界遗产，世界遗产对民族文化的保护要求将更加谨慎和严厉。

泸沽湖的建设在走过了无序开发的初始阶段后，在东西两岸分别制定了城镇规划和联合的风景区规划，从尊重当地群众的文化习俗和不干扰人们的日常生活出发，进行合理分区，限制"全面开发"（图5-22）。沿环湖主路附近选出部分村落及摩梭家庭供游人游览、探访和做客，其余村落及环境作为重点保护，限制游人游览。在选出的旅游村落中，结合民族节日开展参与性旅游活动，旅游住宿不安排在村落中。东岸的泸沽湖镇规划采取三项功能分区的具体措施（图5-23）：①将旅游接待区作为一个相对独立的区，置于镇区一端；②整治恢复老镇的建筑风貌，拆迁改造对景观破坏最大的公建，适当扩大商业街区，为游人提供游览空间；③规划新镇区，将拆迁调整的公建设施、学校和医院等集中建在新区，同时扩大居住用地规模，满足发展的需要。

2）适度开展自然山水观光游，重视整体景观环境的保育

民族风情型小城镇多处于风景优美的自然地域，具有优良的自然生态环境条件，这也是旅游开发所依托的重要资源禀赋。泸沽湖地区在加强对风景资源保护的同时，通过抚育山林和调整农业种植结构，恢复生态环境，改善风景区整体景观风貌（图5-24）。同时，结合山水自然风光，开辟多种自然游览线路与旅游项目，建设相应的游览道路和配套的旅游设施，控制游客数量不超过景区合理的环境容量。

5.4.7　名人圣地型小城镇

顾名思义，这类小城镇因历史上名人的诞生成长、学习工作或其他联系闻名于世，逐渐成为旅游开发的热点地区之一。名人的知名度和成长经历构成了人们崇拜敬仰的源泉，进而产生去名人故里的旅游愿望，从旅游目的上讲，是一种好奇心的满足和受教育的经历。

名人的产生脱离不了其生长环境和社会背景。中国自古讲究风水，"山不在高，有仙则名；水不在深，有龙则灵"，"人杰地灵"是对一个城镇或地区最高的评价。目前，我国正在兴起一股"伟人故里游"和"名人圣地游"的旅游浪潮，如毛泽东之于韶山冲、邓小平之于广安、蒋介石之于奉化溪口、鲁迅、周恩来之于绍兴，孙中山之于中山翠亨村等，这些已经成为人们耳熟能详的旅游小城镇，在其所在地区的旅游发展甚至经济发展中起到举足轻重的作用。

案例9：翠亨村——人杰地灵的革命圣地❶（图5-24～图5-27）

图5-24 翠亨村旧貌
（引自：中山文化信息网 www.wh3351.com.）

图5-25 翠亨村全貌
（引自：孙中山故居纪念馆网 www.sunyat-sen.org.）

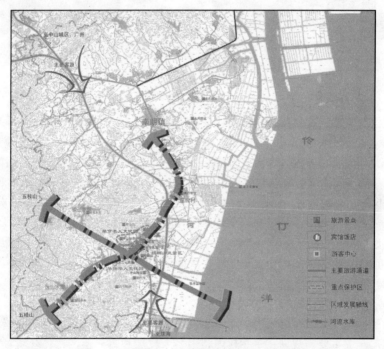

图5-26 以翠亨村为中心的两条区域发展轴

（1）资源特点

翠亨村位于广东中山市南朗镇，地处五桂山东面余脉与珠江口的伶仃洋之间的山前冲积平原上，背山面海是其最基本的地理特征。孙中山故居和中山城等主

---

❶ 中国城市规划设计研究院. 广东中山市旅游发展总体规划(2004-2025).

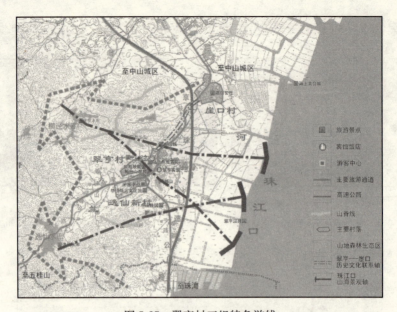

图 5-27 翠亨村三组特色游线
[引自：中国城市规划设计研究院，广东中山市旅游发展总体规划(2004-2025)]

要景区东侧紧靠广珠公路，京珠高速公路也从旁经过，对外交通十分便利。

孙中山故居于 1988 年 1 月 13 日由国务院公布为第三批全国重点文物保护单位，2001 年又被国家旅游局命名为首批国家 4A 级景点，故居和新建的孙中山纪念馆也是全国爱国主义教育示范基地。作为中山市和南朗镇旅游发展的核心和龙头，故居景区吸引着海内外大量游客前来瞻仰和游览，年游客量稳定在 70 万人次左右。

目前，围绕孙中山故居和翠亨村，已开发的旅游项目和主要旅游路线是"伟人故里游"，由孙中山故居四周紧邻的中山影视城、翠亨民居和中山纪念中学等组成，形成规模较大的中山文化旅游景区群。

（2）保护与开发模式

1）名人文化挖掘与名人环境营造

除了整理挖掘翠亨名人的史籍资料外，加强名人生长环境的营造对翠亨村的旅游发展至关重要。规划在翠亨村内利用名人故居和古村落的整体环境，打造翠亨名人博物馆，主要方法是：保护和恢复名人故居、故居周边环境与历史事迹发生点等认知要素，将这些空间实体通过景观设计和游线导引，创造出"中山故里"的翠亨旅游新形象；通过高科技的手段和设施展示近现代名人的历史事迹，让游客从中体会翠亨名人层出不穷，加深旅游的知识性和体验性。

2）以"名人文化"和"山海景观"为主线脉络的资源整合

在南朗镇域内以翠亨村为中心，策划形成一横一纵、功能互补的两条区域发展轴(图 5-28)，整合丰富厚重的名人文化和依山傍海的自然景观，丰富翠亨村的名人文化旅游内容。以这两条轴线为主线，从山海景观、水景和文化内涵等方面延伸出三组特色旅游线：珠江口山海旅游线、兰溪水景旅游线和翠亨—崖口文化旅游线(图 5-29)。

3) 现有景点的改造提升与新项目的策划创新

将规划区划分为两个功能区块：翠亨村名人旅游区和槟榔山风景旅游区。翠亨村名人旅游区位于翠亨村和逸仙新村，策划开发翠亨名人文化园和华侨华人文化园两大部分旅游项目和活动；槟榔山风景旅游区则要结合优美的自然风光和地形地貌，合理设置游步道和观景台等设施，开发山海观光旅游。

4) 旅游核心区域的纪念性氛围营造

革命圣地，尤其是伟人故里，更应该在环境营造和景观设计上突出庄严肃穆的纪念地氛围。首先，以孙中山纪念馆作为附近地区的建筑高度控制点，通过改造不和谐和过高的现状建筑及设施，突出其地标式的景观效果。其次，在主要出入口设计 1~2 个小型纪念性广场，通过广场的地形起伏、纪念雕塑、小品设计、纪念性植物配置和游步道设计等，创造庄严肃穆的纪念性氛围。

5) 旅游基础设施与服务设施的配套完善

旅游交通方面：将现状故居前的公路改为游览步行道，解决交通和游览的矛盾，在核心区域外的逸仙新村设立游客中心，作为综合性服务基地。景观整治方面：对不和谐建筑进行改造和提升，建筑风格和景观环境的整治要符合民居群的整体要求。

购物及食宿方面：在翠亨村及周围选择合适的场所开展旅游购物活动，将餐饮、住宿等功能外移至较近的南朗镇或中山城区。

5.4.8 水域型小城镇

5.4.8.1 以水的历史文化及其形态为主的旅游特色开发性保护

这种策略主要适宜在以水为生产生活的核心且孕育了丰富水乡文化，并形成了独特历史底蕴的地区的旅游特色创新。水乡特色是这类地区旅游开发的核心价值，可以挖掘传统的水的历史文化，延续其特有风韵，以水为纽带带动一系列水特色的文化旅游活动。

(1) 水乡环境空间整体形态的保留与开发

植根于水的水乡城镇空间，与其他自然条件造就的空间形态相比有着与众不同的气质。水乡城镇空间不同于纯天然的水环境，它能单独成为旅游环境特色的骨架。特有的水乡与水域塑造的空间形态，在城镇空间结构上呈现出多样性的特点，或是"十"字形，或是"上"字形等。如苏南的昆山、周庄就是"镇为泽国，四面环水"的水乡型结构，相近地区的同里镇也是"诸湖环抱于外，一镇包含其中"的围合式结构。水乡型城镇的建筑、街道等与水的关系是虚实互生,往往有着独特的空间构成形态,如前街后市、一街一河式和两街夹河等形态结构。

这些凝聚历史文化和饱含人类改造痕迹的水乡,若保持它们的原有风貌,必须对一些形态典型的地区加以强制保护,实现控制性规划和开发,而对一些不太典型的地区,可适当结合旅游的发展进行特色创新,融入一定的时代特色。

(2) 水乡历史文化的保护与旅游开发

水乡是人们长期生活和生产的地方,往往有着丰富且独具风情的水文化与历史,形成亦雅亦俗的旅游文化特色,如江南水乡文化与其衍生的稻作文化、手工艺文化、园林文化等一起构筑的立体水文化。此外,水乡的生活方式作为活的水文化也是很有旅游价值的资源,而且水乡独特的风俗和日常生活,如以蔬菜为主的饮食生活、户户通舟的交通方式、春节吃年糕、年岁"摇灯船"和"鱼戏"等的风俗活动,无不透露出水乡的文化气息。

水乡旅游特色开发应充分利用水文化,把它同行、游、住、娱等旅游要素结合起来,使之变成旅游开发中活的特色。对于易受外部影响,且已出现变迁的生活方式,可采取适当补偿的方法,投入一定的旅游收入以保护生活方式的留存,把它同整个水乡实体空间的保护结合起来,从整体上对水文化的历史进行保护性旅游开发。

水乡环境中,人的行为生活成分较重,传统生活方式较浓郁。为了保持良好的水乡特色历史,应适当运用一些现代措施,有组织地进行策划、包装、宣传和保护。

5.4.8.2 通过遗产旅游带动水环境特色系统创新

以遗产旅游去推动水环境改造与建设,强化水环境特色,创建更富魅力的遗产旅游特色,是开展水环境创新的重要途径。把水环境特色挖掘与遗产适度开发保护结合起来,是遗产旅游特色系统创新的策略。将水环境特色创新纳入到遗产地区的旅游规划中,与遗产地区的景区结构、景区布局、景区轴线、景区轮廓线、景区标志性景点、景区生活、生态环境和景区的视廊结合起来,形成可远眺、可近游、可品味和可赏析的丰富效果。❶

5.4.8.3 恢复城镇传统地段昔日活力的对策

(1) 对城镇空间结构进行重新整合,延续水乡风貌

恢复传统地段的活力必须统筹规划,将这一地段重新融入城镇发展的空间结构中去,带动其发展。可以通过增加公共服务设施,凝聚人气;适当增加传统地段的路网密度,提高交通的可达性;激活传统地段的商业活动,促进其繁荣。

在传统地段的更新中,应该充分保护和利用城镇固有的景观特质和价值,保

---

❶ 陈圣浩. 中国"水域型"小城镇环境特色营造 [J]. 小城镇建设,2003(2).

持这种紧密而连续的空间形态，延续传统的物质环境。

（2）在传统地段设置步行区，恢复商业及公共活动

在城镇传统地段开辟步行区具有得天独厚的优势，老街的空间尺度适合步行，留存的文化设施和传统店铺具有历史和商业价值。可以通过增加商业、文化和旅游等公共设施，注入新的活力，引入新的城镇生活要素，改善传统地段的空间环境质量，与周边的商业设施协调发展，形成一个完整的公共空间系统。

（3）保护和修复传统建筑，以适应当今的居住生活

城镇传统地段的民居应该进行合理分类，针对具体情况采取不同的保护或更新措施。

（4）努力改善传统临水地段的景观面貌

重视河道的整治和水质保护，改善周边景观环境。❶

5.5 旅游综合型小城镇

本文所指的旅游综合型小城镇，从旅游功能要素的角度上看，兼有旅游接待型和旅游资源型小城镇的特点，旅游资源开发比较成熟，接待服务设施比较完善，旅游业对城镇其他相关行业的带动作用比较显著。

该类型小城镇的开发利用方式也兼具旅游资源型与旅游服务型小城镇的开发模式，在开发利用上兼顾两种类型的融合，或以其中一种类型的开发为主。

---

❶ 黄春，赵和生. 恢复水乡古镇传统地段昔日的活力［J］. 小城镇建设，2004(4).

6　小城镇旅游资源开发与保护的政策研究

6.1　国外区域政策研究

6.1.1　美国的区域经济政策研究

(1) "二战"后美国区域经济差异的变化

"二战"期间美国经济不仅没有受到战火蹂躏，相反，由于受到世界范围内的大量军火需求的刺激而急剧增长。但是，美国也曾是一个地区经济发展极不平衡的国家。第二次世界大战以后，美国国内地区差异的变化经历了两个时期：战后至20世纪80年代初，美国地区差异呈逐步缩小的趋势；20世纪80年代中期以后，美国地区差异再度出现缓慢扩大的趋势。

在第一个时期，从大区域看，长期落后的美国南部地区经济有了较快的发展，美国传统的发达地区即东北部地区在美国经济中的地位逐步下降。从小区域看，一些经济衰退和长期落后的地区，如密西西比河流域及阿巴拉契亚山区，经济有了较快发展。

1965～1976年，是美国地区差异缩小比较显著的10年。这期间，不仅南部地区有了较快发展，事实上，在美国八大地区中，所有低于全美平均水平地区的经济都有较快发展，人均收入的增长率都超过全美平均水平，而所有高于全美平均水平的地区，其人均收入增长速度都低于全美平均水平。

在第二个时期，20世纪80年代中期以来，经过长达20年的经济结构调整，美国东北部地区的经济得到了恢复，经济增长速度重新加快，美国原来已经开始缩小的地区经济差距重新开始缓慢地扩大。美国南部与平均水平的差距出现重新扩大的趋势。进入90年代后，大湖区经济开始恢复。

(2) 美国政府促进区域经济协调发展的主要特点

1) 市场导向为主与政府适度宏观干预相结合。在促进区域经济发展方面，美国联邦政府长期以来实行市场导向为主的政策，主要依靠市场引导资本、人口、资源等在各地区互相流动，靠市场竞争来优化结构，配置资源，激发活力，促进发展。联邦政府认为自身没有多少义务去扶持区域经济发展，而有责任从战略利益上考虑国家宏观经济、社会发展和环境保护的统一协调，为各地区的可持续发展创造条件。20世纪30年代以来，美国联邦政府从宏观上促进区域协调发展主要抓了几件事：一是全国公路网，特别是高速公路网的建设。公路建设开始主要是为了军事目的，"二战"后主要用于经济发展。随着高速公路的自北向南、从东往西不断延伸，美国南北和东西差距在不断缩小。二是全国信息网络的建设。20世纪80～90年代以来，美国政府特别重视信息高速公路的发展。目前，各行各业广泛运用电子计算机并相互连接形成网络，全国乃至全球的经济、科技等信息，各地区均能平等享受，在信息的获取、处理、运用上，区域之间几乎没有什么差别。这使一些落后地区和老工业基地通过及时掌握市场、科技信息，发展高新技术产业而后来居上。三是环境保护。联邦政府制定了比较完整的环保法规和政策，各地区经济发展的项目无论大小，都要向联邦政府有关部门特别说明对环境的影响，否则就要受到干预。联邦政府还负责协调州际合作治理环境污染。四是基础教育。美国从小学、中学到州立大学基本是义务教育，州政府每年财政支出的85%用于教育，联邦政府在教育方面的财政支出主要用于发达地区。

联邦政府的干预在缩小地区差距方面的作用是十分明显的，地区收入差距缩小的时期恰好是联邦政府加强经济干预的时期，而地区收入差距扩大的时期恰好是自由放任和联邦政府干预削弱的时期。

2) 实行若干区域优惠政策以培育欠发达地区自我发展能力。美国政府促进欠发达地区发展的政策导向主要是着重提高劳动者素质，鼓励私人资本投资，支持中小企业发展，创造新的就业机会增加劳动者收入，以及减少贫困人口，核心是要培育欠发达地区自我发展的创造能力和持续发展的竞争力。政府对欠发达地区的态度"不是给他们多少钱，而是教他们怎么挣钱"。各级政府援助的资金首先投向教育和培训事业，特别是为失业人口搞培训，以提高他们的文化技术水平，提高失业人口重新就业的能力和本领。培训的方式主要有：为社会服务机构提供资金搞培训；组织社会自愿者帮助培训；提供资金组织社区管理人员到外地考察学习先进社区发展经济的成功经验等。

同时，从联邦政府到州政府都制定了一些鼓励资本向欠发达地区流动的优惠政策。在税收方面，联邦政府扩大州和地方政府的税收豁免权用于工业生产和商业活动中，州政府也运用减免税收政策鼓励工商企业到欠发达地区投资。在金融方面，经联邦政府批准，欠发达地区的建设项目可以向社会发行债券，可由州政府担保向社会各界集资，然后给企业长期低息贷款；在特别贫困地区还实行特殊政策，以增加地区税收。

3) 健全机构，完善法规，保障援助欠发达地区工作的顺利进行。1961年，美国在商务部设立地区再开发管理局，目的是通过对持续失业率超过全国平均水平或人均收入低于全国平均水平的经济困难地区提供援助。受援助的地区主要包括两种类型：一是过去12个月内的平均失业率至少为6%或过去两年内至少有一年的失业率超过全国平均水平50%以上的工业区；二是农户家庭总收入和生活水平都较低的乡村和小城镇地区。在此基础上，地区再开发管理局选择了1061个经济困难地区作为再开发区，几乎包括美国全部县数的1/30，管理局主要通过提供公共设施项目贷款和投资补助来帮助再开发地区改善其基础设施状况。1965年，美国商务部在原地区再开发管理局的基础上组建了经济开发署，旨在通过财政援助、规划指导和技术服务等途径促进贫困地区经济的长期发展。

美国有专门的法律促进欠发达地区的开发，国会1961年通过的《地区再开发法》旨在全面解决地区经济发展的严重不平衡问题，1965年通过的《公共工程和经济开发法》明确规定，联邦政府应帮助困难地区发展必要的公共设施。与此同时，美国政府还把援助欠发达地区经济发展置于严格的执法和司法过程中，联邦政府对欠发达地区的援助主要是根据国会通过的上述法律和其他法规制定具体援助计划，审查批准援助项目的申请报告，拨付一定比例的款项给州政府并定期审计资金的使用情况。州政府要制定如何使用援助资金的法规及会计制度，具体指导和监督援助计划的实施。由于所有的程序和过程都在严格的法规控制之下，因此很少发生将资金挪作他用而使项目夭折的事情，这就保障了援助项目落到实处，提高了资金的使用效益，从而促进了欠发达地区的发展。

6.1.2 德国区域经济政策研究

（1）德国区域经济政策的形成

第二次世界大战以后，原德国分裂为（原）联邦德国和（原）民主德国两个国家，经过40多年，这两个国家走过了一段政治和社会经济发展彻底决裂的道路：民主德国建立了中央集权的计划经济，其特征是内部缺乏效能；而联邦德国则创建了带来"经济奇迹"的民主法制国家，建立了社会市场经济。1990年德国统一后，虽然统一的愿望实现了，但同时也带来了地区经济发展不平衡的问题。西部地区经济一派繁荣，而东部地区经济则极端恶化。对于一贯奉行以"平等"和"公正"为核心的社会市场经济理论的德国政府来说，对这种区域经济发展严重失衡的情况必须做出反应，区域经济政策正是在这一背景下应运而生。

（2）德国区域经济政策的主要内容

1）德国区域经济政策目标

德国区域经济政策追求的目标主要有三个，即增长目标、均衡目标和稳定目标。

A. 增长目标：即通过生产要素在空间范围内的最佳配置来实现国民经济的最大增长。根据这一目标，区域经济政策应使生产要素不断流向拥有最大边际效益的领域。具体做法是通过经济资助和促进基础设施建设来支援贫困地区的发展，而不是让生产要素从贫困地区向富裕地区流动。

B. 均衡目标：该目标旨在缩小各地区在收入和福利方面的差距。由于经济衰退，东部地区的工作岗位急剧减少，失业人数急剧上升，1991年3月东部地区失业者达200万，失业率超过20%，1992年失业者达到140万。加之严重的通货膨胀，东部地区的居民感到生活无保障。据此，德国的区域经济政策十分注重促进各地区（特别是东西两大地区）拥有大致相同的就业岗位、住宅、服务设施以及良好的自然环境。

C. 稳定目标：德国政府的着眼点是促进各地区产业平稳发展，以增强各地区适应经济周期的能力。据此，区域经济政策鼓励各地区实现产业部门多样化，并尽可能地发展那些具有潜在能力的产业。

2) 德国区域经济政策手段

德国政府依据市场经济理论采用了传导式的区域经济政策。这种独特的区域经济政策既不同于计划经济体制下的指令性的区域经济政策，也不完全等同于自由市场经济下的纯粹信息式的区域经济政策。其政策手段有：

A. 信息与咨询政策。即通过一定方式，将不同区域的区位质量等有关信息传递给企业和居民，并提供相应的政策咨询。

B. 刺激政策。即对某些落后地区采取鼓励发展的政策，来影响该地区的区位质量，以达到企业、居民和生产要素等向这些地区流动的目的。

C. 基础设施政策。即将具有高度现代化水平的高效率的交通运输网络、发达的邮政通讯网络以及能源供应网络在各地区作均衡分布，从而为地区经济的协调发展提供必要的保证条件。

D. 行政性的强制措施。这其中包括通过创造就业措施、职业培训措施和缩短工作时间措施等解决东部地区就业问题，通过工资机制拉平东西部工资水平，提高东部地区企业及产品的竞争能力等。

(3) 德国区域经济政策的制定和实施

区域经济政策在德国是由联邦和州政府来制定、完成的，前联邦德国在1969年10月颁布了关于《改善区域经济结构共同任务法》（简称"共同任务法"），规定区域经济政策的具体内容主要由州来执行，联邦只在经济上给予资助（联邦提供区域经济促进费用的50%），从此"改善区域经济结构"的共同任务成为德国区域经济政策的核心。共同任务的决策机构是计划委员会，它由州和联邦共同组成，代表联邦政府进入该委员会的是联邦经济部长和财政部长，各州政府由其经济部长代表。计划委员会每4年制定一项常规计划，这一计划对区域经济促进只进行原则性规定。其主要内容包括：促进地区的划分，促进区内重点的确定，受促进地区应达到的目标，列举所有促进措施和资金，每项促进措施的性质、程度和前提。在这5项工作中，州政府是区域经济政策的重要推行者。

德国实行经济资助与补贴，以促进贫困地区经济的发展。国家对贫困地区的经济资助与补贴重点集中在三个方面：对贫困地区的一次性投资补助；对生产性的基础设施建设进行补助投资；对高技术的职业位置予以补贴。国家之所以如此做有其理论依据，区域经济理论认为区域间产生差距主要由三大因素造成：交通运输、投资和知识的积累。如果资产和脑力资本能在区域间流动，区域间的差距就会缩小。因为贫困地区的最大特点是缺少就业机会，而就业机会只有通过投资才能实现。因此，加大对贫困地区的投资补助，尤其是对生产性基础设施的投资补助显得格外重要。投资一方面能够影响区域经济的竞争条件，刺激生产，创造就业机会；另一方面又能提高当地居民的生活水准。而界定年薪必须相当于普通职工连续5年工资一半的金额以上的高技术职业位置予以补助，对于贫困地区来说也很重要。首先这种职业位置极具竞争力；其次从事这种职业的人往往购买力旺盛，能带动当地第三产业的发展。

6.2 国外区域经济政策对我国的启示

我国的区域经济战略大致经历了20世纪50年代的区域经济平衡发展战略、60年代的区域经济反不平衡发展战略和80年代的区域经济不平衡发展战略三个阶段，90年代后，我国区域经济政策的着重点是实现地区间非均衡的协调发展。我们认为，在制定和实施我国的区域经济政策时，有必要借鉴国外的成功经验。

(1) 区域产业政策要在因地制宜的基础上逐步向高级化方向发展

因地制宜一方面指产业布局要考虑当地的自然资源条件，另一方面指产业布局要依据地方已有的产业发展条件和基础。从我国的情况看，东部地区具有适宜发展农业的优越的自然条件，与外界沟通便利且已利用国外资金、技术、信息发展了一批以轻纺、家电为主的轻工业，东部地区还有一批重化工业基地。因此，东部地区经济的发展应在现有的基础上继续发展农业、商业、轻纺工业和重化工业等，然后逐步实现产业升级，发展高新技术产业并积极发展金融、服务等第三产业。西部地区具有发展农牧业的自然条件，矿产资源丰富但开发利用能力不高，中西部地区也有一批军工、资源开发型工业基地。因此，西部地区应首先在开发资源基础上发展能源、加工等基础性产业。但从发展眼光看，中西部产业也要向高级化方向发展。

(2) 重视欠发达地区和特殊困难地区的经济发展

欠发达地区既包括东部经济比较发达的中心城市周边的欠发达地区，也包括中西部地区。欠发达地区的发展，一方面要注重解决欠发达地区交通运输业相对落后、地理环境条件相对闭塞等问题，加强交通运输、通信等基础设施建设，打通欠发达地区对外联系的通道；另一方面要选择一些临近交通线且有一定基础的城镇或资源富集区作为"增长极"，并通过它们的辐射功能带动周边地区的发展。

目前，我国有特殊困难的地区主要有两类：一类是中西部贫困人口较集中的贫困地区；另一类是部分老工业基地，这类地区由于多方面的原因，处于十分困难的境地，企业开工不足，大量职工"下岗"，从而使一部分人成为城市贫困人口。解决这些地区的问题，需要国家给予特殊的扶持政策。具体讲，对于前者，应重点解决民众的温饱等最基本的需求，努力充实教育卫生等公共服务；对于后者，需要采取综合性的对策，进行老工业基地的配套改造。

（3）建立关于地区发展的法律体系

我国在地区发展立法上仍处于空白状态，必须尽快着手填补这方面的空白，以便为各级政府实施地区发展提供法律依据。实现地区协调发展，中央政府对各地区利益关系进行调节是不可或缺的，地区发展过程中所涉及的有关政府的责权利关系也必须明确界定。这些问题的解决，如果没有相应的法律作为依据，中央和各地方政府之间就可能陷入无休止的讨价还价之中。一方面，发达地区总觉得付出太多，欠发达地区总觉得得到的太少；另一方面，地区政策如果停留在抽象的政策表达上，如"优先安排"、"投资倾斜"等，就会给具体实施工作留下很大的随意性、主观性和讨价还价的余地。只有以严肃而又严密的法律条文将中央协调地方利益的方式和方法加以明确界定，才能避免用政策代替法律，才能维护地区发展政策的权威性和稳定性。

（4）注意中央和地方区域经济发展政策的协调性

在区域经济发展政策的制定和实施方面，应注意中央和地方的协调，要按总体效益优先的原则，使地方的局部利益服从国家的总体利益，并兼顾当前利益和长远利益。中央对区域经济要制定一个长远的总体规划，地方规划不能有悖于中央的总体规划精神。在这方面，主要防止出现地方政府因过分强调本位利益而相互盲目攀比的现象，中央可以尝试打破行政区域界限规划开发区，从而淡化地方政府的干预。❶

6.3　采取的政策

6.3.1　小城镇发展资金上的政策不足

大力发展小城镇，资金问题是关键。按照民政部的预测，"十五"期间及后10年，我国城镇化水平力争每年提高1％。这意味着每年新增城市人口1400万人，按人均城市建设费9万元计，则每年需投资1.26万亿元。这样庞大的资金

---

❶ 晏敬东，阎炳珠. 美、德两国区域经济发展政策的比较及启示 [J]. 中南财经大学学报，2000(3).

量，必须调动社会各方面的资金积极参与。但小城镇的建设中，特别是初期建设，多涉及一些投入大、回收期长的项目，且具有较大的不确定性，因此政府要起到示范作用，但目前政策性投入还有相当的束缚。

(1) 财政政策的束缚

小城镇的建设，政府投资应占一定的比例。这一方面是由于城镇建设中，许多公益方面的项目政府应承担主要职责。另一方面也为了有效吸引社会各方面的资金，而目前这方面的资金投入严重不足，很大一部分原因在于现有的财政政策。

随着财政体制的改革，小城镇也在逐步建立分税制的财政管理体制，但这一改革和完善工作没有切实到位。每个小城镇上缴的利税基数由上级政府划定，每年给小城镇确定的基数很大，小城镇很难超收，更谈不上建设资金的来源。已经实行分税制的乡镇中，有相当部分是名义上的分税制，乡镇财政并没有真正成为一级完整的预决算财政单位。已经实行分税制的小城镇，其运行也存在很多问题，其原因是分税制主要解决了中央和地方的收入分配问题，但地方政府之间如何分配收入，分税制并没有明确划分，特别是小城镇在省市县之间的收入分配问题没有解决。往往县财政提取比例过大，返还到镇的财政资金非常有限，使得小城镇的建设资金受到极大的限制，从而导致小城镇建设资金主要靠预算外资金——相当多的小城镇政府职能部门开始向农民和乡镇企业乱收费，极大地挫伤了投资者的投资热情，阻碍了社会资本向小城镇建设流入。

(2) 金融政策支持的薄弱

建设融资问题一直是我国小城镇发展的"瓶颈"。目前金融支持力度的薄弱是一个重要因素，突出表现在：

1) 为小城镇服务的农村金融组织单一，金融机构投入积极性不高。近年来，随着国有商业银行的改革，一些基层机构由于效益不佳，出于成本考虑，撤并了一些基层网点。目前除个别重点小城镇外，多数小城镇只有农行与农村信用社两家金融机构，个别小城镇甚至只有农村信用社一家金融机构。而且由于贷款权限的上划，农业银行仍在继续收缩农村金融服务，农村金融服务的主要力量只能由农村信用社承担，很难满足小城镇建设和发展的要求。

2) 小城镇建设开发的主体缺位。村镇政府作为行政组织，按照贷款有关规定，不能作为贷款主体，因此金融机构对小城镇提供贷款支持找不到合适的贷款主体，即使有贷款投入的意愿，也难以实现。另外，信用缺失也影响了金融机构的信贷积极性。银行贷款首先要考虑安全性，对于小城镇建设资金的支持，周期长且风险大，还款缺少保证，多数银行不愿涉足。

(3) 土地政策的改革滞后

以地聚财，做活土地文章，是小城镇资金来源的又一重要途径。目前，按照土地法和国家有关规定，农转非的土地必须由集体所有征为国家所有，并且在征用中主要是靠行政手段,经济手段作用很小。农民进城后,仍保留自己的承包地,造成一方面建设用地供不应求,另一方面农村土地闲置和低效率运行比较普遍,成为制约小城镇发展的一大障碍。

6.3.2 解决小城镇资金问题的政策供给

(1) 改革现有财政管理体制

1) 明确小城镇的职能范围

要界定小城镇的财政职能,关键是要明确小城镇政府的职能,要从以往微观管理为主转向全面区域管理。体现在财政职能方面,要逐步退出对竞争性领域的投资与扶持,着重从调节分配收入、维护市场环境、宏观调控以及创造良好投资环境方面进行重点投入与扶持。明确了小城镇的职能,还应划清县镇之间的财权,使小城镇的财权与其职能相适应。

2) 合理划分县镇之间财税的分配比例

分税制的完善,应首先把预算权还给小城镇,并明确县镇之间的分配比例,25%的增值税应当返还给小城镇,地税部分也必须有一定的分割比例,使小城镇的财权得以保证。

3) 完善小城镇的财政"独立"

为使小城镇财政独立,必须将预算权下放给小城镇,由小城镇自行安排预算和决算,特别是实行分税制的小城镇,上级政府应无条件地将预算权和决策权下放给小城镇,但可辅以必要的监督与指导。同时还要加强小城镇一级的国库建设,没有国库,财政就无法根据自身的决算制度上调下拨资金,不能真正发挥"独立"财政的作用。

(2) 加强金融政策的支持力度

1) 商业银行应不断拓展新的服务领域。小城镇建设关系到未来国民经济的健康发展,银行应充分发挥自身优势,推动小城镇建设的顺利进行,这就对银行部门提出了新的课题,必须以创新实现突破。除搞好传统的储蓄业务外,根据形势发展的要求,大力发展各类新型业务,如购房贷款、教育贷款、储蓄与保险双重功能的服务产品,最大限度地聚集各方面的资金以支持小城镇的发展。

2) 农村信用社作用亟待加强。农村信用社在城镇化进程中发挥着主体作用,虽然地区分布分散,但对农户、乡镇企业的支持却十分有分量,但目前发展还有待进一步加强。主要表现在:第一,增强对乡镇企业的贷款支持,扶持民营企业的发展。企业是小城镇发展的主体,也是小城镇发展的财源。除贷款外,还可通过票据贴现业务为其提供贷款支持。第二,发展小额信贷业务。小额信贷业务是发展中国家比较适合采用的农村金融方式,由于多采取联保的方式,可有效解决贷款担保的问题,因此有利于农民获取资金进城务工经商,进行经营投资等。

3) 拓展直接融资市场。目前我国一些发达地区的乡镇企业通过股票市场融通资金得以迅速发展，同时促进了其所在城镇的发展，这也为我国小城镇建设资金提供了新的思路，特别是二板市场的建立，为中小企业提供了机会，也为小城镇的融资提供了新的渠道。同时还应大力发展债券市场。发展基金是解决小城镇长期资金短缺的有效途径，小城镇的发展基金主要有两方面的来源：一是中央和地方政府的财政专项基金，一般多为特定用途，且封闭运行；二是通过债券市场发行债券，向社会直接融资。在小城镇建设方面，应适当放宽对小城镇起促进作用的企业发行债券的限制，同时可加大以地方政府作为担保发行专项债券，筹集建设资金。

(3) 加快推进土地政策的改革

1) 建立市场机制为主的土地转让制度

要用法律的形式明确农村土地的集体所有权和农民的承包权、使用权，允许集体和农民凭土地承包权、使用权直接进入土地市场，对土地进行出让、出租、转包、抵押等活动，但要对土地流转的主体、对象、范围、形式、年限和收益分配等进行规范，尽快建立相应的土地管理政策。政府征用只限于公共目的，并且要确定合理的征用价格，充分体现土地资源的稀缺性及市场供求状况。在土地征用的过程中，要注意保护农民的利益，使农民出让土地得到合理的补偿，促进其真正向小城镇的聚集。

2) 合理利用土地资源拓展资金来源

土地在一定程度上具有公共性的特征，政府作为其代表，应充分利用这块资源，作为建设资金的一部分。对土地的使用权和公共设施的冠名权，进行有偿使用，不仅可解决建设资金，同时对小城镇的持续发展和社会资本的引入，都将产生积极作用。此外可以积极发展小城镇的房地产业，满足农民进城购房的需要，同时还可以以地生财，盘活土地资源，提高利用效率。❶

6.3.3 推进古镇保护与旅游利用的良性互动❷

关于村镇的保护问题，近年已经让人感到越来越迫切。罗哲文先生在一次谈话中就说到："村镇保护是非常非常必要的，现在属于抢救。县以上的城市真正完整保护的不多了，我们曾经也提出过，保护历史文化名城的大城市，但是现在已经不可能了，大城市基本没有完整保存的。但是县以下的村镇，有的是镇，有的是村，一般的镇和村有很多很多保存完整的，而且从建筑的价值、地形的选择、建筑保存的完整、文化内涵的丰富，都是非常非常有价值的。如果现在不保

---

❶ 徐晶. 解决小城镇发展资金的政策供给 [J]. 商业研究，2005(11).
❷ 刘德谦. 古镇保护与旅游利用的良性互动 [J]. 旅游学刊，2005, 20(2).

护，要城市化、现代化，村镇肯定不到几年全都没了。这是非常非常重要的建筑，是历史文化遗产。目前面临着一个大变革，如果我们不主动地保护，这是一个很大的损失。村镇是我们文化最根基的，大城市是从城镇发展起来的，几千年从原始社会从小的城镇发展起来，文化内涵特别是一些很了不起的建筑艺术，比如说砖雕、木雕、石雕精彩得不得了。这些非常重要，我想应该继续再选择一些来公布。"❶ 当然了，保护与利用是相互促进的，谢辰生先生2004年做客搜狐时，还说到文化遗产保护与旅游相互促进的关系，他说："发展旅游业应该说是可以的，比如说丽江是历史文化名城，平遥也是历史文化名城，原来都很贫困，现在都发了，好得不得了。现在经济收入不是说随随便便种点儿菜、种点儿粮食能解决的问题。发展旅游是绝对应该的，但是有一条，不能过度，过度了，反过来就会成为破坏。因此，要发展旅游，而且旅游跟文物必须密切地配合，这样是双赢的局面，既有利于文物保护，又有利于发展旅游；如果不正确认识，有可能变成两不利。一定要掌握一个度，不能超越这个度，不能破坏，只有在不破坏的情况下才可以搞旅游。"

近年，我国国家标准《旅游规划通则》在关于规划的"前期准备阶段"工作中，特别提出了对"相关政策、法规进行系统研究"的要求，这就更进一步加强了旅游规划中有关文物政策和文物法规的权威地位。尽管国家标准《旅游规划通则》已经有了明确的规定，而且在这之前，旅游规划界也已经有了关于这一内容的共识，但是旅游开发与文物保护不和谐的消息仍不断地见诸报端。虽然这并非普遍的现象，但是却不能不让人十分关注，甚至几乎让人误解，以为是旅游发展与文物保护的必然冲突。其实，这正是前面我们已经提及的文化遗产保护研究的机构ICCROM所说的人为因素造成的——基建工程、市区发展、现代耕作等导致剧烈损害的人为因素；缺乏专业基础的决策、规划、立法、管理等行为导致剧烈损害的人为因素；无知行为、观众超量等导致渐变损害的人为因素。因此，如果要保护，那么涉及文物的地区发展、基本建设，就必须首先征求文物专家的意见，谋求在文物保护原则下的共识；如果要以此发展旅游，那么就必须谋取旅游专家的参与，取得有关旅游科学的共识。

为了推动古镇保护与利用的良性互动，从而实现在良性互动中的更广泛的共识，笔者在这里大胆地提出一些自己的理解，来与同仁们商榷。

(1) 旅游利用，不失为是对古镇保护的一种最佳方式，或者它正是当前对少数幸存的古镇的一种最及时的抢救

古镇的利用，这个难题实际上是与它的保护联系在一起的。因为保护需要大量的资金，如果是国家财政拨款，这个使用的办法无疑地应该属于国家；如果国

---

❶ 罗哲文. 做客搜狐谈古建与文物保护［EB/OL］. 搜狐网(搜狐校园)，2004-06-04.

家没有足够的经费,那么谁来保护它和维护它呢?在目前没有资金来源、保护又十分迫切的时候,是不是可以从合理使用中获取保护与维护的资金呢?

对古镇的利用,或者也像人们对其他古建筑的利用一样,抑或也有许多相同之处。对古建筑的使用,我们曾经走过了一段曲折的历程——作为工厂和仓库的利用,早已为大家所否定;作为学校和博物馆的利用,曾经被认为是最佳的用途。但是,如果真正就其完整的文化价值来考虑,以上的使用实际上是把它当成了一般的建筑物,如果这些使用没有与它原有的用途相一致,那么,实际上就是对它的文化价值的否定。

在当前幸存的古镇已经不多,抢救性保护迫在眉睫,而且眼下又拿不出钱来或者没有人能够拿出足够的钱来进行抢救和保护的时候,基于前面我们已经说到的旅游业的四个因素来考虑,旅游利用,不失为是对古镇抢救保护的一种最佳方式。

1) 尽管人们的旅游活动也是在使用资源、享用环境,但这种使用和享用却不需要改变环境,更没有必要消耗资源。

2) 比起第一产业和第二产业来,旅游业对资源的耗用,以及它对环境、生态和文化遗存的负面影响,实际上是小而又小的。如果引导得当、法制健全,旅游者和经营者还可以成为资源、环境、生态和文化遗存的保护者。

3) 旅游者在旅游中支付的费用,不仅为当地居民开辟了财源,使之改变原来对资源的耗用和攫取,同时也使当地居民对原有资源的价值和使用方法有了新的认识。

4) 在旅游收入中,还有相当大的一部分可以直接用于遗产的抢救和保护。

(2) 保护古镇必须保护它的原生性、完整性、真实性和多样性,以达到保存古镇的价值

从1931年《关于历史遗迹修缮的雅典宪章》,到1933年的又名《城市规划大纲》的《雅典宪章》,再到1964年的《威尼斯宪章》,再后到1987年的《华盛顿宪章》等,其中有关历史遗迹及名城古镇的保护、修缮、利用等的有关规定,无不体现为对它们的原生性、完整性、真实性和多样性的保护。

1) 原生性:《关于历史遗迹修缮的雅典宪章》所强调的"防止发生丧失个性和历史价值的错误"、"不要破坏其原有风格"、"一些有特色的建筑群体和其周边的优美风景也应该注意保护"、"应从保护古迹的角度研究装饰性植被如何与古迹协调"等❶,无疑地都是在强调原生性。北京曾经发生的琉璃厂一条街的改造(现在的琉璃厂,是在拆除原琉璃厂后改建的,虽然借鉴了一些中国传统建筑的营造法式,显得更加富丽堂皇,但却与原存琉璃厂街道没有任何关系,因而是一个完完全全的"假"琉璃厂),显然是不值得效仿的。

---

❶ 国际现代建筑学会. 雅典宪章(1933) [A]. 所在文件集同 [8].

2) 完整性：《华盛顿宪章》在述及"历史城镇城区中需要保护的是当地的历史风格以及表现这种风格的所有物质的、精神的要素"时，特别强调了"城市建筑街道格局"，"城镇或城区与其周边自然和人文环境的关系"，"长期以来形成的城镇或城区功能"❶等，无疑地是在突出完整性的重要。上海意在保护石库门的"新天地"的策划和实施，显然与以上的原则是格格不入的，自然也不值得效仿。因为，商业运作的成功绝不意味着保护的成功。

3) 真实性和多样性：《威尼斯宪章》认为，文化遗址价值的基本特质就是它的真实性。而1994年体现《威尼斯宪章》精神的《奈良宣言》(全名就是《奈良真实性宣言》)，强调的正是《威尼斯宪章》的"真实性"和与之密切相联的"多样性"，"真实性是文化遗址价值的基本特征，对真实性的了解是所有关于文化遗址科学研究的基础"❷，"保护一座文物建筑，意味着要适当地保护一个环境，任何地方，凡传统的环境还存在，就必须保护"，❸"文化和遗址的多样性是我们这个世界不可取代的精神资源和全人类的智慧财富"，"所有文化和社会都有一定的表现形式，由有形或无形的遗产表现出来"，"文化和遗址的多样性是跨时空存在的，需要得到各种文化和信仰的尊重"❷等。如果以人类学、历史学、社会学和民俗学的观点来看待这一事物，那么其间自然还包括着当地居民的生活和民间的历史传承——民俗——这个无可替代的活化石。由此看来，目前以某些建筑学家为代表的把遗产保护等同于保护单体建筑物外观的保护思想，应该得到扭转。

(3) 必须十分注意古镇的空间布局保护，注意原有视廊和原有视野的保护

古镇，不同于某些历史建筑或历史园林的单体，它的环境保护是与单体保护同等重要的。古镇的空间布局，是古镇历史遗存的精髓，所以在保护上更需要精心又精心。为了实现严格认真的保护，也不妨效法生态保护区的三个区域(核心区、缓冲区、实验区)的办法，把它分为三个不同的层次，以便居民在安排改善自己生活和其他合理利用时能够更好地把握分寸。由于人们视线的贯穿力和视觉审美的完整性，在保护时，还必须十分注意保护古镇的原有视廊，保护原有视野的完整、和谐与统一。基于目前不少地方已发生了无法复原的变化，实在不得已时，不妨考虑发挥我国传统造园手法的"隔"❹的效应。

(4) 对古镇的保护利用，还应该提倡先期编制概念性规划

概念性规划是编制实施性规划前的一个很有价值的准备，尤其是涉及历史遗存的地方，这种属于先期预谋的概念性规划更是十分必要的。要注意概念性规划的"四高"、"四宽"的选择性运用：①规划理念和总体构想更具充分的前瞻性；

---

❶ 国际古迹遗址理事会. 华盛顿宪章(1987) [A]. 所在文件集同 [8].
❷ 奈良会议. 奈良宣言(1994) [A]. 所在文件集同 [8].
❸ 历史古迹建筑师及技师国际会议. 威尼斯宪章(1964) [C]. 所在文件集同 [8].
❹ 陈从周. 说园(四) [A]. 说园(摄影珍藏版) [C]. 济南：山东画报出版社，2002.

②理论基础和规划手段更重科学的求真性；③运行机制和结构组成更富有机的关联性；④资源配置和因素聚集更需整合的一致性；⑤中心概念对当前现实，允许留有相当的距离间隔度；⑥布局安排对土地环境，允许留有一定的可变适应度；⑦规划本身对实施细节的非约束性；⑧规划本身对时段限定的可模糊性。❶

概念性规划对古镇的保护与利用或许显得更加重要，因为在保护和利用古镇时，如果稍有疏忽，就有可能出现某些无法弥补的失误，如果仓促地一步到位编制实施规划，其不良后果将是难以想象的。诸如目前一些地方历史建筑前方或者古镇里面就是拆除古建后修建的现代化停车场的现象，即使找出千百种理由来解释，也仍然不能摆脱那种令人尴尬且更令人痛心的局面。

(5) 不断完善管理体制，并根据时代的发展趋势进行新体制的探索

就古镇保护与利用的实践工作而言，加强管理和不断完善管理体制，尤其显得重要。必须认真贯彻落实《文物保护法》和国际性的宪章与宣言。但是，基于目前法规条款和宪章内容仍多偏于原则性的现实，在具体实施时往往还有许多难于解决的问题，所以在《文物保护法》的新的实施细则没有出台之前，在文物保护与利用法没有制定之前，还需要我们认真本着《文物保护法》和国际性的宪章与宣言的精神，对"保护基础上的利用、以利用促保护"的管理办法和管理体制进行不断的探索。必须认真研究时代的发展，必须要有与时俱进的精神，一方面借鉴国际成功的经验，另一方面总结自己的成功经验，从而取得更多的共识，进一步推动古镇保护与利用的良性互动，创造出古镇保护与利用的更多的和谐。

---

❶ 刘德谦. 旅游规划需要新理念 [J]. 旅游学刊，2003(5).

附　　录

《华盛顿宪章》——保护城镇历史地段的法规(1987年)

前言和定义

不论是或多或少自发地形成的，还是经过精心规划的，世界上所有城市都是社会在历史长河中多样性的物质表现，因而都是历史性的。

本宪章所涉及的正是大小城镇和历史性城市中心或地区，包括它们的自然的或人造的环境。上述这些，除了具有历史文献作用外，还体现着传统的城市文化的固有价值。但是，在今天已经遍及一切社会的工业化时代所引起的那种城市化的影响下，它们已经面临着没落、颓败甚至破坏的危险。

面对着这种常常具有喜剧性的会导致文化的、社会的甚至经济的特色丧失的情况，文物建筑与历史地段国际议会(ICOMOS)认为有必要制定一个《保护历史性城市和城市化地段的宪章》。

这份新的文件补充了通常被称为《威尼斯宪章》(1964年)的《保护文物建筑及历史地段的国际宪章》，它确定了原则和目标、方法和行动手段来保护历史性城市的素质，协调个人的和社会的生活，并使构成人类记忆的东西，哪怕是不太重要的，得以传之永久。

正如1976年联合国教科文组织在华沙—内罗毕大会上通过的《关于保护历史的或传统的建筑群及它们在现代生活中的地位的建议》和其他国际条约所提出的，本宪章中所说的"保卫历史性城市"指的是采取措施保护它们、恢复它们、整体地发展它们以及使它们与当代生活和谐地适应。

原则和目标

1. 为了发挥最大效果，历史性城市和城区的保护应该成为社会和经济发展的整体政策的组成部分，并在各个层次的城市规划和管理计划中考虑进去。

2. 应该予以保护的价值是城市的历史特色以及形象地表现着那个特色的物质和精神的因素的总体，尤其是：

(1) 由街道网和地块划分决定的城市形式；

(2) 城市的建造房子的部分、空地和绿地之间的关系；

(3) 由结构、体块、风格、尺度、材料、色彩和装饰所决定的建筑物的形式和风貌(内部和外部)；

(4) 城市与它的自然的和人造的环境的关系；

(5) 城市在历史中形成的功能使命。

对这些价值的任何损坏都会混淆并搅乱这历史城市的真实性。

3. 为了使保护取得成功，必须使全城居民都参加进来。应该在各种情况下都追求这一点，并且必须使世世代代的人意识到这一点。切不要忘记，保护历史性城市或城区首先关系到它们的居民。

4. 对历史性城市或城区的干预(Intervention)都必须十分谨慎，讲究方法并且一丝不苟，要避免武断，要考虑每一个案例的特殊问题，考虑方法与手段。

5. 在制定历史性城市和城区的保护计划之前应该先作多学科的研究。保护计划应该包括对资料的分析，主要是考古的、历史的、建筑的、技术的、社会的和经济的资料，应该确定基本方针和在法律、行政和财政方面所要采取的行动方式。保护计划应该使历史性城区在城市整体中发出和谐的声音。保护计划应该确定需要特别保护的建筑物和建筑群，需要在某种情况下保护的以及在特殊情况下要拆除的。在采取任何干预行动之前的现状应该严格地立档。计划应该得到居民的支持。

6. 在保护计划等待批准期间，应该采取必要的保护措施，当然，要遵守本宪章和《威尼斯宪章》的原则和方法。

7. 历史性城市和城区的保护包含着对建筑物的经常维修。

8. 当代生活所要求的新的功能和基础设施网络应该适应历史性城市的特点。

9. 改善住宅应该是保护的基本目的之一。

10. 当必须改建建筑物或者重新建造时，必须尊重原有的空间组织，主要是原来的地块划分和尺度，并要把原有的建筑群的价值和素质赋予新建筑。引进具有当代特点的因素，只要不破坏整体的和谐，是有助于建筑群的丰富的。

11. 通过鼓励对城市的考古研究并恰当地在不损害城市体系的整体组织前提下展示城市考古的发现，对提高历史性城市的历史知识是至关重要的。

12. 在历史性城市或地区内部要严格控制汽车交通；停车场须妥善管理，不要败坏它们和它们环境的面貌。

13. 国土整治规划中的干线道路不要穿过历史性城市，只要使交通易于接近这些城市并使进入这些城市较为方便就可以了。

14. 对历史性城市必须采取抵抗自然灾害和其他一切有害影响（主要是污染和震动）的防卫性措施，既要保证保护居民的文化遗产，也要保护他们的安全和财产。为防御和修复一切自然灾害的后果而采取的措施，都要和被保护的东西的特点相适应。

15. 为了保证把居民吸引到保护工作来，必须从学龄开始就对他们进行普遍的教育。要鼓励各种保护协会的工作，要采取财政措施鼓励保护和修复工作。

16. 为了保护，必须组织起对各有关专业的教育训练。